金融创新
问题分析与纠纷解决思维

深圳市福田区法学会 编　余智晟 主编

法 治 实 践 前 沿 丛 书
深圳市福田区法学会 主编

法律出版社 LAW PRESS·CHINA

《金融创新：问题分析与纠纷解决思维》
编 委 会

总　序

法者，治之端也。法治作为治国理政的基本方式，是实现治理体系现代化和强国战略的重要手段之一。当代中国的法治现代化之路，既包括了中央“自上而下”的顶层规则体系设计，也包括了地方“自下而上”对治理制度体系的执行、参与和推动。自改革开放以来，国家法治建设的推进和制度演变，很多是先从地方探索和实践开始的。在国家法治发展战略的指导下，地方法治对经济社会发展问题进行具体回应，部分地区根据区域经济发展和社会治理的法律需求，先行先试探索新制度、新规范和新路径，有些更是被总结推广为国家制度或法治实践的通行做法。这些法治前沿领域的探索，蕴含制度创新的蓬勃生机与活力，使法治从抽象延伸至具体，呈现出纷繁复杂和丰富多彩的实践智慧，推动着法治中国建设的大潮澎湃、奔涌前行。近年来，中央更是提出了全面推进依法治国的战略部署，开创了中国法治建设的新篇章，“法治中国”建设驶入了“快车道”，特别是在当前全面深化改革的背景下，作为法治国家建设“试验田”的地方法治实践和探索，完全有可能成为最大限度激发制度活力和社会活力、大力推进“法治中国”建设的一股新的重要力量。

百舸争流，奋楫者先。深圳作为改革开放的前沿阵地，在国家战略的支持下，率先进行发展理念的革新和发展方式的变革，取得了举世瞩目的成就。从法治进程的角度来看，深圳特区的建设和发展，本身就是一场中央授权、地方先行的制度变革与法治实践，对国家经济制度及整个社会生产方式的变革产生了巨大而深远的影响。近年来，在新一轮深化改革和法治建设进程中，深圳先后提出了建设“一流法治城市”“法治中国示范城市”，勇当法治建设的“排头兵”“试验田”等法治追求，在制定法治政府建设指标体系、权责清单改革、司法体制改革、商事登记制度改革等领域，继续领跑全国并保持了亮眼的成绩单。其中，福田区作为深圳市辐射能力、综合环境、现代化水平最突出的中心城区，基于辖区在总部经济和现代服务业、金融产业、公共服务、人才交流、国际交往等方面的先发、集聚和辐射优势，法治实践活动呈现出很强的前瞻性、创造性和引领性，展现出法治实践前沿领域的蓬勃生命力，审判权、检察权运行机制改革等做法开全国司法责任制改革之先河，政法工作实务、金融、知识产权等领域的创新和纠纷解决，也都走在了全国法治实践的前沿，为法治中国建设提供了许多有价值的探索和经验。

“自古圣贤之言学也，咸以躬行实践为先。”国家法治进程的推进，既需要法学理论的蓬勃发展，更离不开法治实践的检验、磨砺与融合。鉴于此，深圳市福田区法学会策划和出版“法治实践前沿丛书”，希望从地方法治实践前沿的视角，对相关问题进行梳理与研究，进一步丰富法治中国实践和理论研究的素材和领域，以期为国家法治和制度现代化的整体发展提供有益的经验和研究样本。

“大鹏一日同风起，扶摇直上九万里。”愿在法治中国建设这一宏伟目标的统领下，各地法治实践的创新之泉和智慧成果持续喷涌，支撑国家法治建设的航船昂首致远！愿福田区新时期的法治事业取得更加辉煌的成绩！

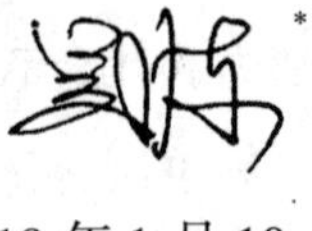 *

2018 年 1 月 10 日

---

* 吴汉东，中南财经政法大学资深教授、博士研究生导师、知识产权研究中心名誉主任，国家知识产权战略咨询专家。

序　一

金融是现代经济的核心,金融中心作为一个国家或地区金融活动的集聚地,是国家经济发展的制高点和参与全球经济竞争的重要依托。深圳特区作为国家改革开放的“试验田”、“排头兵”、示范区,经过30多年的飞速发展,已经成为中国三大金融集聚区之一。市场化和改革创新是深圳金融业最大的特色与优势,深圳市委、市政府已将“加快建设国际化金融创新中心”作为城市发展的重大战略予以推进。根据最新的“全球金融中心指数”排名,在遍布全球各大洲的92个金融中心中,深圳已经跃居全球前20位。深圳依托科技和产业创新,有望在未来取得更显著的成绩。

金融中心的形成与健康发展,离不开良好的金融法治保驾护航。金融法治发展在激发行业活力、投资热情、完善制度等方面起着举足轻重的作用。在金融业与现代科技、实体产业日益深化融合的大背景下,各类金融创新持续迸发,为金融法治体系建设带来了新的挑战和机遇。

福田区是深圳金融业的核心区,汇聚全市70%以上持牌金融机构总部,金融业综合发展实力位居全国三强区之列。辖区银行、证券、基金、期货、信托、保险等业态全面布局,互联网金融、供应链金融、公益金融等特色金融标杆效应突出,全国第一个私募基金行业协会、第一个小额贷款行业协会均在福田发起成立。金融业多元纠纷解决机制健全,深圳市中级人民法院、深圳市福田区人民法院、深圳证券期货业纠纷调解中心、深圳市银行业消费者权益保护促进会(全国首家银行业消费者权益保护第三方机构)等众多纠纷解决机构分布辖区。在维护金融创新中心、推动金融法治实践发展的过程中,纠纷解决机构特别是司法机关,遇到了很多前沿性、代表性的新型疑难问题,它们对这些问题的梳理和裁判,极大地丰富了金融法治发展的内涵。

福田区法学会专门成立了课题组,以深圳金融创新的发展背景为研究视角,以深圳金融纠纷解决的前沿实践为研究载体,希望为国家金融法治的发展提供有益的探索。在编撰过程中,课题组通过扎实的访谈调研,以及海量裁判文书的汇聚整合,最终遴选出 20 件具有前沿性、典型性、代表性的金融纠纷案件,特别涵括了场外配资纠纷、证券市场欺诈纠纷、互联网金融纠纷、银行卡及票据纠纷、委托理财纠纷等类型。这些案件的审判工作多领国内风气之先,体现了高度专业的裁判水平,展现了深圳作为先发地区最前沿的法治实践。在提炼案件的基础上,课题组特别邀请了金融法领域知名学者和实务专家,对上述案件进行了理论挖掘与分析点评,各位专家结合自身专业特长,从不同的角度对案件进行了透彻的分析,归纳总结了深圳金融创新的发展和治理规律,深入探讨了深圳金融纠纷解决的前沿问题和经验,集中展示了法学理论的思考、对司法实践的观察、对审判经验的总结,具有很强的现实指导性。

希望本书课题组的探索,可以为国内金融审判实践和金融纠纷解决提供有价值的参考,为推进国家金融创新的纵深发展与法治进程贡献一份崭新的“深圳样本”!

*

2018 年 1 月

* 余智晟,深圳市福田区法学会会长,原中共深圳市福田区委副书记、政法委书记、社工委主任,深圳市民政局副局长。

序　二

深圳既是我国改革开放的前沿，也是我国乃至世界重要的金融中心，“深圳经验”常常成为金融领域改革创新成果的代名词。在金融创新的法治保障和司法实践方面，深圳有关部门和审判机关也开展了积极的探索，并取得了可资借鉴的宝贵经验。由福田区法学会组织编写的本书作为金融法领域的一部实证研究型著作，就是这一“深圳经验”的集中展示。通览之后，我认为本书有以下三大亮点：

一是主题之“新”。本书以“金融创新”为题，选题颇具前瞻性。金融创新作为金融生态中的重要一环，其状况直接影响和制约着金融生态的未来走向。尽管改革开放以来，我国金融创新在渐进式的演化进程中，逐步建立了相对完备的金融法律体系和较适宜的金融业监管机制，并初步形成了金融发展所需要的法律秩序环境和金融市场主体利益平衡机制，但在金融业固有的指标性、垄断性、高风险性和效益依赖性等特征，以及如今各类金融创新迸发和“互联网＋”的经济背景下，新型金融纠纷案件频出，既有法律规范往往无法对之作出有效应对，进而导致投资者和金融消费者的利益不能得到有效保障，并从根本上阻碍了完善成熟之金融市场的建立。深圳经济特区作为我国改革开放的先行者，不断引领着我国金融创新的风尚，以深圳金融创新问题和纠纷解决经验为对象进行研究，有利于促进我国金融法治体系的健全完善，保障金融生态的健康发展。

二是案例之“精”。本书精选了20件案例作为深圳金融创新和纠纷解决经验的研究范本，尽管总数不多，却极具典型性与代表性，可收“窥一斑而知全豹”之效。本书课题组结合访谈、调研与裁判文书检索，精心遴选出的这20件金融纠纷案件，主要包括证券市场纠纷和银行与互联网金融纠纷两大案型。在前一案型中，场外配资中的主体资格与合同效力、金融消费者视角下的证券投资者保护、证券市场内幕交易的民事责任承担、证券咨询报告的知识产权侵权认定等在司法实务中引发高度关注与争议的问题得到了广泛讨论和分析。后一案型则主要涵盖了网络借贷平台的权利范围、互联网支付中的安全保障义务、信用卡被冒用的风险损失负担、营业信托视角下的委托理财合同、银行票据中的风险应对等法律现象和法律问题，充分反映出深圳金融法治实践的高度前沿性。这些案件的裁判工作不仅展现了深圳作为先发地区的最新法治实践，也体现了深圳法律人高超的业务水平和专业素养，对国内其他地区的金融法治建设具有极高的参考价值。

三是评析之“深”。本书立足于对深圳金融法律纠纷的调查研究，主要围绕司法实务中的金融纠纷案件展开，却又不止于对案件事实、争议焦点、法院观点和裁判结果进行简单概括和提炼。详言之，本书课题组特别邀请了来自浙江大学、中央财经大学、深圳大学等国内知名高校的学者，以及深圳仲裁委员会等实务部门的专家，对所遴选的案件进行理论挖掘与点评，各位专家结合自身专业特长，从现行立法、学说与实务等多个角度对案件进行了全方位的研判分析。其中，既有对信赖责任、侵权责任中的因果关系等专业理论问题的探讨，也不乏对法院不当裁判的指正和纠偏。专家们深度归纳和总结了深圳金融业的生长治理规律与纠纷解决经验，对进一步提升深圳乃至全国金融案件的裁判水平，具有重要指导意义。

正因其主题之“新”、案例之“精”和评析之“深”，本书既可作为金融纠纷类案裁判之参考，也可作为金融法学研究之素材，实为金融法领域一部有特色、有价值的著作。

*

2018年1月

* 温世扬，中南财经政法大学法学院教授、博士研究生导师，《法商研究》常务副主编，中国法学会民法学研究会副会长、中国法学会保险法学研究会副会长，法学博士。

序　三

深圳是我国金融创新最活跃的地区之一，它在金融法治建设方面明显走在了全国前列。由于长期参与广东省尤其是深圳市法学界的学术交流、研讨等活动，我对深圳市的法官和法学教育研究工作者积极投身金融法治创新，以及求真务实的工作作风和勤勉的学风深有感触。他们展现出新时期深圳人“敢为天下先”的一贯风范。在我看来，深圳非但不是“文化的沙漠”，反倒是我国金融法治建设的一片热土。

从 1984 年起，我就投身于我国法学期刊的编辑传播工作之中，30 多年间，一直义无反顾、无怨无悔地固守法学期刊这个精神家园，亲身感受并见证了我国法治建设波澜壮阔的历史进程。我的职业生涯中对我国法学研究的热点主题、研究方法、研究范式的不断提升与进化有着切身感受。长期与法学出版打交道多少养成了职业懈怠，但我看到本书时，眼前还是为之一亮。本书为深圳市福田区法学会以金融创新问题分析和纠纷解决经验为线索，对新的时代条件下的金融纠纷解决经验及金融法治进行了系统的疏理与总结。全国每天出版的书、报、刊汗牛充栋，在这个学术信息过剩和冗余的传播时代，如果能够引人注目肯定有其缘由。在我看来，本书至少具有三个鲜明的特色，兹分述如下。

一、集众家所长，多视角探讨分析问题

众所周知，我国是成文法国家。我国法治体系以成文法为主，以司法解释和立法解释为辅,有关立法和司法机关的法条释义可以被视为一种辅助性的法律渊源,同时最高人民法院公布的指导性案例和北大法宝等法律数据库收集的判例,对司法机关和诉讼参与人具有程度不同的指导和参考意义。在互联网、大数据环境下,对司法判决书运用人工智能进行多层级的语义分析,从而快速、准确地提供裁判依据亦为大势所趋。尽管如此,能够在理想与现实之间,根据现有条件,有机整合各种法律或司法资源,不失为一种符合我国司法实际、顺应时代潮流的明智之举和创新性选择。

本书寻此路径进行了有益的尝试。全书分上、下两篇,通篇以“评案”的方式加以贯通。上篇主要是关于“证券市场纠纷”,下篇主要是关于“银行与互联网金融纠纷”。本书上下两篇基本上涵盖了证券市场纠纷和银行与互联网纠纷的大部分热点疑难问题。比如,上篇选取了10个典型的疑难案件作为分析样本,涉及“场外配资纠纷”“股灾与强制平仓”“金融消费者”“内幕交易的民事责任”“虚假陈述”“投资者利益”“私下接受客户委托”“未举牌所收购股份的表决权限制”“证券咨询报告”等疑难问题。下篇同样选取了10个典型的疑难案件作为分析样本,涉及“网络借贷平台”“应收账款质押”“互联网支付”“信用卡冒用”“电话挂失信用卡”“委托理财合同”“银行票据公示催告”“银行票据承兑风险”“商业保理”等疑难问题。再以若干具体案件为线索,根据纠纷中的主要争点提炼出各自不同的主题,并基本按照法律关系(主体、客体、法律行为、法律救济)这样一个逻辑理路进行有序排列,从而增加了本书的理论色彩与学术价值。

本书在每个典型的疑难案件的处理上也颇具匠心,分为“案情介绍”、“争议焦点”、“法院观点”(一审和二审)、“裁判结果”、“专家评析”。尤其是“专家评析”部分,对不同的学术观点进行了点评,并发表了专家自己的见解。这就将法律适用、司法裁判、学理解释整合到一个个具体的疑难案件中,从而能够为相关立法、司法和学术研究提供鲜活的实例和有针对性的解决方案。

二、贴近司法实际，搭建理论与实践的桥梁

“时代是思想之母，实践是理论之源。”法学家一直苦恼于如何走出书斋，法官苦恼于不知道如何从象牙塔中获得学术的灵感和智识的力量。我们一直说要解决理论与实践“两张皮”的问题。高校所开设的法律诊所课程也许是案例教学法的升级版，以案件为线索开展法律教学；而本书也许有异曲同工之妙，它围绕不同的案件，展开研究评析。本书将所有与案件相关的知识激活，再融会贯通，既可谓实现“微观法律”，也可谓实现“活的法律”。这种研究方法的着眼点在于促进法官公平合理、公正合法地化解诉讼纠纷，达到裁决结果使当事人各方口服心服，经得起历史检验的程度。在这个意义上，它正是在新时代理论与实践之间架设了一座虽小但坚固的桥梁。

从世界范围来讲，大陆法系的法官判案所采用的方法通常是演绎性的，即依据作为大前提的法律和作为小前提的案件事实，最后推出结论，作出判决。英美法系一般采用的方法是归纳和类比性的，即从既有的案件判决书中归纳出一般原则用于裁判，或者将“先例”与案件事实进行对比，再综合判断。而我国走了一条中国特色的法治进路。从我国法律的传统和现实来看，在我国司法审判实践中，强调严格有法可依、有法必依。在社会主义法律体系已基本建成的基础上，注重准确理解法律条文、注重客观分析案件事实、注重科学解读法律行为的后果，这就需要法官掌握化解纠纷的高超技巧。

法律的生命力不在于法条文本自身，而在于为国家法治建设、社会治理和经济建设做出实实在在的贡献。令法学界倍感欣慰的是，习近平总书记在党的十九大报告中指出：“成立中央全面依法治国领导小组，加强对法治中国建设的统一领导。”面向现代化的奋斗目标，法治国家、法治政府、法治社会一体建设不仅需要政法系统协同推进，还需要包括法学家、法律服务工作者在内的全社会的共同与广泛参与。因此，出版这样一部集法官、律师、法学家及各方面智慧于一体的疑难案例评析论著，不失为顺应时代大潮的应时之举、创新之举。

三、引领时代潮流，探索法学前沿

无论是改革开放以来逐渐发展壮大的证券市场，还是新型的银行信托、票据业务，抑或是网络时代新兴的"互联网＋金融"，都给法官和法学家提出了新的时代课题，处在全面深化改革和不断扩大对外开放最前沿的深圳市，为金融创新提供了宽广的平台和丰富的地方法治资源。

从人民司法的性质来讲，法官一方面不能回避推诿解决这些纠纷的法定职责，另一方面要作出公正合理和有说服力的判决，要做到事实清楚，证据确凿，说理充分，准确下判。我们对于冤假错案的认识，不应当停留在改革开放初期拨乱反正的历史阶段那种聚焦于公民政治权利、人身权利和文化权利方面，而应当更新观念，即如果因"裁判不准，司法不公"侵犯自然人、法人和非法人组织的经济权利，这样的案子仍然属于冤假错案。金融领域法律风险，往往关涉相关各方重大利益，而波及面大。金融领域公正司法的现实需要十分迫切，法官责任重大。2015 年 9 月，最高人民法院全文印发了《关于完善人民法院司法责任制的若干意见》，明确法官在七种情形下致错案将被终身追责。上述意见明确法官应当对其履行审判职责的行为承担责任，在职责范围内对办案质量终身负责："在审判工作中，故意违反法律法规的，或者因重大过失导致裁判错误并造成严重后果的，依法应当承担违法审判责任。"其中的"因重大过失导致裁判错误"一项，从追责的角度对法官严格执行法律规定、提高判案能力和水平提出了新要求。

深圳市福田区法学会将地方经验上升到法治理论的高度，本书的绝大部分作者兼收并蓄法律解释学和法律实证主义的有益成分，将我国地方金融法治的研究提档升级，从而呈现出一种能够对话司法界、金融界、学术界的学术品性和格调，从而使本书可以为服务地方金融法治建设、繁荣地方金融法治研究作出积极的贡献。

当然，金无足赤，人无完人。本书也存在一些这样或那样的不足。比如，在专家点评部分，由于学者的认识水平和视角不一致，点评质量略有差异；如在内部编排体系上或许能够进一步类型化，以便与金融法学、银行法学、网络法学等学科的学术体系与学理逻辑更加契合。但是总体来讲，瑕不掩瑜，本书不愧为集体智慧的结晶，散发着智慧的光芒。

本书围绕鲜明的主题——金融法治创新，总结本地经验，精选素材，巧妙安排，其各方面足以同时与一些畅销的学术专著媲美。据悉，从2013年开始，南京大学社会科学评价中心就在建设“中文社会科学引文化索引”（CSSCI）的基础上启动了“中文学术图书引文索引”（CSSCI－BKCI）项目。CSSCI－BKCI的遴选将由来自出版行业协（学）会、学术界、出版界的专家学者组成的“中文学术图书引文索引指导委员”负责指导项目的规划和建设。我个人希望，本书能够成为首批入选者。尽管这也许是一种期望，但从本书的选题质量、写作质量，以及理论和实践意义上来讲，并非纯属空想。

感谢深圳市福田区法学会，让我提前一睹本书内容，领略其中所包含的丰富内涵与地方法治经验。从长期从事法学成果遴选，推广优质法学论著的工作感受来讲，我认为这是一本极具创新意识和时代特征的有用之书、管用之书，也期盼广大读者能有此同感！如此，也算是尽了作序者的本分。

*

2018年1月

* 林士平，西南政法大学期刊社副编审，中国法学期刊研究会理事、重庆市高校期刊研究会副理事长。

目 录

上篇
证券市场纠纷

上篇　证券市场纠纷

案例 1　场外配资纠纷中的主体资格与合同效力

——评陈某与史某某、深圳 A 投资控股有限公司合同纠纷案

(一) 案情介绍

原告史某某与被告陈某及第三人深圳 A 投资控股有限公司(以下简称 A 公司)于 2015 年 5 月 13 日签订《投资合作协议》,被告作为甲方、原告作为乙方、第三人作为丙方。《投资合作协议》主要内容包括:甲方委托丙方筛选出合适的乙方,由乙方对甲方股票账户进行操作及管理;甲方委托丙方通过动态跟踪、监督、管理乙方,及时调整乙方对受其管理之甲方股票账户资产的配置方案。乙方同意以自有资金向甲方支付一定比例的保证金作为履约保证。甲乙双方同意根据该协议提供和使用资金,乙方向甲方按月支付资金使用费,综合管理费由甲方与丙方另行结算。双方签订《合作确认书》之日起 2 日内,甲方向乙方提供甲方指定银行账户和股票账户,前述银行账户和股票账户以甲方或其关联人名义建立,但均属甲方控制。甲方应将受托管理资金存入甲方股票账户,乙方同时应将足额保证金存入甲方银行账户,甲方收到乙方保证金后应将其转入甲方股票账户,前述资金操作完成后,甲方将甲方股票账户的交易密码告知乙方。乙方可以使用甲方股票账户内资金总额购买上海或深圳证券交易所上市交易的股票,以甲方提供资金和乙方保证金的总额为限,甲方股票账户高于其之盈利部分归乙方所有,低于其之亏损部分由乙方承担。乙方应根据《合作确认书》的约定支付保证金到甲方银行账户,并及时根据管理之委托管理资金补足保证金,保证金担保范围包括但不限于甲方委托管理资金的本金、乙方应缴纳的资金使用费、滞纳金、

违约金、损害赔偿金、诉讼费、律师费等为保护甲方委托管理资金及乙方应付费用之安全所发生的一切费用。如在清盘日,乙方未及时付清甲方所提供任意一笔资金的本金、资金使用费,甲方及丙方有权从该笔资金对应的股票账户内平仓出金或修改密码限制买卖,然后从该笔委托管理资金对应的保证金中直接收取拖欠的本金、资金使用费。乙方授权甲方和丙方,如乙方未履行协议约定任何义务,甲方和丙方均可直接从乙方保证金中划扣乙方应付欠款。合作期满,乙方应将甲方所提供委托管理资金的本金归还给甲方并不再使用甲方股票账户进行股票交易。《投资合作协议》第6条第6点约定,合作期满甲方账户仍未解除强制措施的,该协议自动终止,甲方将乙方保证金和乙方已支付资金使用费、盈利退还至乙方指定账户;《投资合作协议》第9条第5点约定,乙方违规进行股票操作或有严重违约行为,甲方有权解除协议,平仓锁定账户,收回甲方所提供的资金本金,已支付的资金使用费不退还乙方,乙方还须支付一个月额外资金使用费作为违约金给甲方,在确定不会给甲方造成损失的前提下,甲方向乙方退回剩余保证金。

2015年5月13日原告向被告支付2万元、2015年5月15日原告向被告上述合同中账户支付4,068,000元,原告确认本金400万元,其中88,000元系预付一个月的利息。被告向原告提供配资800万元,共1200万元进行股票交易。未有证据显示双方签订过《合作确认书》,双方确认至2015年8月证监会禁止场外配资,双方终止合作。被告提交了原告名下自2015年5月15日至8月5日交易明细,显示2015年5月15日存入资金400万元,融资借款800万元。同日开始有多笔股票交易至2015年7月31日,2015年6月17日有一笔资金88,000元被取出,备注为利息,2015年7月2日有一笔人工还款520万元,2015年7月9日有一笔人工还款200万元,2015年7月20日有一笔资金48,400元被取出,备注为利息,2015年8月5日有一笔资金635,528元被取出,备注为销户本金,还有一笔人工还款80万元,其余均为股票交易信息。

被告提交的原告账户汇总表显示2015年5月15日开户，本金400万元，配资800万元，总金额1200万元，月利率1.10%，签约方式为半年签。2015年9月30日子账户资金查询显示原告账户可用金额4.98元，证券市值233,700元。2015年12月28日原告名下停牌股票卖出，扣除印花税、手续费后成交金额224,662.50元。被告确认原告现存资金应为136,667.48元(4.98+224,662.50-88,000)，其中88,000元为一个月罚息，称系因合同履行未达半年的罚息。

被告提交了其与第三人的劳动合同及被告的社保记录、名片，主张双方系劳动合同关系，并确认2015年6月后被告系第三人的主要管理人，用于签署合同的被告印章系其交给第三人使用的；被告还提交一份2015年3月24日授权委托书，显示第三人委托被告以其名下招商银行账户收取公司往来款项，并归第三人所有。被告主张原告系与第三人合作，即使退款亦应由第三人退还。另外，法院向双方释明本案中《投资合作协议》为无效合同，原告明确其诉求为返还剩余款项100万元。

(二)争议焦点

二审法院认为，本案二审争议焦点为退款义务应由被告陈某承担还是应由第三人A公司承担。被上诉人史某某明确其要求陈某承担本案的退款义务，亦明确表示其不请求A公司承担责任。上诉人陈某则主张其行为系职务行为，本案相关责任应由A公司承担。

(三)法院观点

1.一审法院观点

《中华人民共和国证券法》第166条第1款规定："投资者委托证券公司进行证券交易，应当申请开立证券账户。证券登记结算机构应当按照规定以投资者本人的名义为投资者开立证券账户。"《证券公司监督管理条例》第28条第1款规定，"证券公司受证券登记结算机构委托，为客户开立证券账户,应当按照证券账户管理规则,对客户申报的姓名或者名称、身份的真实性进行审查。同一客户开立的资金账户和证券账户的姓名或者名称应当一致。”上述规定应为效力性强制性的规定。本案中,根据《投资合作协议》,被告向原告提供股票操作账户及操作资金的合作模式,实为股票场外配资,双方签订的《投资合作协议》违反《中华人民共和国证券法》《证券公司监督管理条例》关于股票账户实名制、禁止违法出借证券账户的相关规定,规避了证券市场的监管,放大了市场风险,而且在市场急剧震荡时极易发生纠纷。在当前市场背景下,场外股票融资交易客观上破坏了金融证券市场秩序,损害了社会公共利益,属于《中华人民共和国合同法》第 52 条第 4 项、第 5 项规定的情形,应当认定为无效合同。

虽涉案协议无效,但在合同无效后民事责任的处理上也应原则上坚持“无效合同按约定处理”,并结合合同的约定、当事人履约的情况、当事人的过错程度,公平合理划分民事责任。原告与被告间配资炒股的协议,因证监会的政策终止履行,双方应进行清算,清算后如原告账户还有款项,被告应予以退还。合同具有相对性,从本案协议约定来看,由被告向原告提供资金、股票账户并收取保证金,第三人仅为风险监督,在特定情形下系由甲方即被告向原告退还保证金或返还款项,故本案中原告诉求被告退还款项,合法有据,法院予以支持,被告辩称应由第三人退款,法院不予采信。原告主张其估算账户仍有款项 100 万元,原告虽未提供任何证据证明,但被告作为股票账户提供方应保存交易明细。现被告提交的原告股票账户的明细,记载了自 2015 年 5 月 15 日至 7 月 31 日的具体交易情况及至 2015 年 8 月 5 日的配资还款情况与法院向上海某软件技术有限公司提供的数据一致,法院予以采信。从该明细来看,至 2015 年 8 月 5 日销户时原告账户本金为 635,528 元,此后被告亦分多笔退还原告。除停牌股票外,原告账户没有其他款项,现停牌股票已于 2015 年 12 月 28 日处分,所得款项被告应退还原告,被告提交的汇总表显示,原告账户还有4.98元,自认对其不利事实,法院将该款项计为原告账户款项。虽被告主张因合同期限不到一年即终止,故统计时扣除一个月利息88,000元,但双方《投资合作协议》无效,且于2015年8月已终止合作,被告扣除原告一个月利息作为罚息,没有依据,法院不予采信,故被告应退还原告款项为224,667.48元(224,662.50+4.98),对原告过多部分的请求,法院不予支持。双方合作已终止,被告应于处分停牌股票后即退款,原告诉求从起诉之日即2016年2月3日起计算利息,未超过其可主张权利的范围,法院予以支持,利息标准法院确定为中国人民银行同期贷款利率的标准,计至实际清偿之日止。

2.二审法院观点

本案双方当事人对一审法院判决应当退还史某某款项224,667.48元均未提出异议,二审法院予以确认。一审法院认为本案涉案《投资合作协议》违反《中华人民共和国证券法》《证券公司监督管理条例》的强制性规定,应属无效合同,该认定合法有据,上诉人陈某认为上述规定系管理性规定并非效力性规定,其理由不成立,二审法院不予支持。本案争议焦点,为退款义务是应由陈某承担还是由A公司承担。被上诉人史某某明确其要求陈某承担本案的退款义务,亦明确表示其不请求A公司承担责任;上诉人陈某则主张其行为系职务行为,本案相关责任应由A公司承担。对此二审法院分析如下:第一,本案《投资合作协议》中的甲方(信托发行方)为陈某,A公司为丙方(监督管理方),即史某某与陈某系合同双方当事人。虽然该合同仅加盖陈某私章并没有其签名,但陈某作为A公司的员工,其公司未经其允许私刻其个人私章明显有悖于常理。第二,本案相关款项依据《投资合作协议》的约定汇入陈某个人银行账户,应当推定陈某对该款项拥有支配权,该事实与陈某作为合同一方当事人合同约定相互印证,能够认定陈某即为一方合同主体。第三,退一步说,陈某作为有完全民事行为的成年人,即便公司在合同上加盖其私章其并不知晓,其亦应完全明白相关款项转入其个人银行账户应承担的法律责任，但无证据显示陈某曾对此提出过异议；陈某关于该账户被A公司无偿使用的意见仅有其和A公司的单方面陈述，并无史某某的确认，二审法院不予采信。第四，陈某与A公司内部权利义务进行界定并不影响陈某对外责任的承担，如陈某认为A公司侵犯了其合法权利，其可在承担对外责任后依法追偿。基于以上分析，陈某上诉理由不成立，其上诉请求二审法院不予支持。

（四）裁判结果

一审法院判决：依照《中华人民共和国合同法》第52条，《中华人民共和国证券法》第166条第1款，《证券公司监督管理条例》第28条，《中华人民共和国民事诉讼法》第64条第1款、第142条之规定，判决：（1）被告陈某应于判决生效之日起10日内退还原告史某某款项224,667.48元及利息（利息以224,667.48元为基数，按中国人民银行同期贷款利率的标准从2016年2月3日起计至实际清偿之日止）；（2）驳回原告史某某的其他诉讼请求。如果未按判决指定的期间履行给付金钱义务，应当按照《中华人民共和国民事诉讼法》第253条之规定，加倍支付迟延履行期间的债务利息。案件受理费13,800元、保全费5000元（已由原告预交），由原告负担14,576元，由被告负担4224元。

二审法院判决：原审判决认定事实清楚，适用法律基本正确，依照《中华人民共和国民事诉讼法》第170条第1款第1项之规定，驳回上诉，维持原判。

（五）专家评析（蔡元庆　深圳大学法学院教授）

因场外股票配资所引发的纠纷，往往涉及多方当事人，涉及多种法律关系，在法律适用方面，要综合考虑行政法、合同法、公司法、证券法等多个法律制度,因此此类纠纷在审理过程中较复杂。本案是陈某与史某某等因场外股票配资协议而引发的合同纠纷的上诉案,上诉人(原审被告)是配资方自然人陈某,被上诉人一(原审原告)是融资方自然人史某某,被上诉人二(原审第三人)为陈某任职的公司法人A公司。二审法院支持一审法院对涉案合同性质、合同效力和合同效果的认定,即场外股票配资合同应当被认定为无效合同,但在民事责任处理上坚持"无效合同按约定处理"。另外,二审法院对陈某的上诉请求,也即退款主体的认定,进行推理论述,最终认定自然人陈某为退款主体。从本案涉及的法律问题来看,本人认为主要有三个焦点:一是案件诉讼主体问题;二是合同效力问题;三是对案件的处理方式问题。三个问题之间相互关联,相互影响,无论从理论研究的角度还是从实践操作的角度都有很高的研究价值。由于没有看到涉案合同原文,因此本人关于本案判决的评析皆依据二审判决书的内容。

场外股票配资合同应当被认定为无效合同,但在民事责任处理上坚持"无效合同按约定处理"。

1. 关于案件诉讼主体的问题

本案的三个焦点:
(1)案件诉讼主体。
(2)合同效力。
(3)案件的处理方式。

本案原审原告是融资方自然人史某某,原审被告是配资方自然人陈某,原审第三人为陈某任职的公司法人A公司,陈某上诉称A公司应当为原审被告,自己仅为A公司普通员工。此外,陈某还主张史某某与A公司存在恶意串通,要求二审法院撤销一审法院的第一项判决。对于上诉人陈某是否应该为原审被告,是否为适格的诉讼主体问题,二审判决书中并未提及一审法院对此的判决内容。由于该问题是上诉人的主要上诉理由之一,因此二审法院做出了明确的回应,并从四个方面阐述了判决的理由,通过对事实进行分析,对上诉请求明确给予回应。

(1)关于行为主体的认定问题

上诉人认为其并非合同当事人,合同中并无其签名而只有加盖其私章,主张因为私章不由自己控制因而否定自己合同当事人的地位。二审法院驳回上诉人主张的理由有以下四点:①推定陈某了解私章的存在;②推定陈某可以控制其个人名义银行账户;③推定陈某了解相关款项转入其账户的事实;④陈某与A公司的内部约定不能对抗善意第三人。以上四点理由相互独立,但同时又可以形成相互印证,最终形成完整的论据支撑法官的观点,对此应给予充分的肯定。但同时,在一些细节处理方面还可以进一步完善。

上诉人陈某是否为合同的当事人的主要判断依据,是签订合同是否基于其真实的意思表示,当事人意思表示是否真实的主要依据是合同加盖私章的行为是否为陈某本人所为。否认与对方成立合同关系时,应由主张合同关系成立的一方当事人承担举证责任。

首先,依照合同法的规定,上诉人陈某是否为合同的当事人的主要判断依据,是签订合同是否基于其真实的意思表示,因此所有的论证应该围绕意思表示是否真实展开。就本案而言,当事人意思表示是否真实的主要依据是合同加盖私章的行为是否为陈某本人所为。对于这个问题,依照最高人民法院《关于民事诉讼证据的若干规定》第5条的规定,在私章所代表的一方否认该私章为其所有,盖章行为是其所为,即否认与对方成立合同关系时,应由主张合同关系成立的一方当事人承担举证责任[参见中华人民共和国最高人民法院民事判决书(2012)民抗字第55号]。因此在本案中,如果主张涉案合同成立,应由原审原告史某某承担加盖私章行为有效的举证责任。对此,史某某从两个方面进行了举证:一是提出由于2015年6月后陈某才将其私章交予A公司,因此推定2015年5月涉案合同为陈某本人盖章;二是主张陈某自认在合同上盖章的行为构成民事诉讼法上的自认。由于上述两个举证都并不充分,因此二审法院运用自由裁量权,以“用常理推断A公司未经员工允许私刻私章有悖常理”,推定陈某了解私章的存在。但是,这个结论仅能推定私章可能是合法存在的,是由陈某所有的,对合同上的私章是否为陈某本人加盖的,合同是否有效这些重要的问题,并没有佐证作用。因此,针对私章及其盖章行为的判断应力求严谨,否则很容易引发新的质疑。

其次,作为判决理由的另外一个内容,法院依据银行账户推定陈某为一方合同主体,并认定该事实能够与当事人合同约定相互印证。同时,二审法院基于史某某款项转入陈某个人银行账户的事实,以及陈某未能证明其账户被A公司无偿使用的事实,认定其为合同一方主体,应当承担合同责任。“陈某作为有完全民事行为的成年人,即便公司在合同上加盖其私章其并不知晓,其亦应完全明白相关款项转入其个人银行账户应承担的法律责任,但无证据显示陈某曾对此提出过异议”,将该理由对关于私章的推定形成有效的补充。当然,考虑到账户是否为陈某所支配是认定陈某行为的性质是否为职务行为的依据,有可能改变整个诉讼中相关主体的诉讼地位,因此法院在该问题的论证方面,应该更详细。

(2)关于上诉人与第三人的法律关系问题

本案第三人为依法设立的公司法人,依照《中华人民共和国民法总则》规定,法人要对其法定代表人及其工作人员的职务行为负责,如果上诉人与史某某间签订合同的行为被认定为职务行为,则一审法院就应该将A公司列为被告展开审理。对于上诉人的该项上诉理由,二审法院仅以“陈某与A公司内部权利义务进行界定并不影响陈某对外责任的承担”,内部约定不得对抗善意第三人为由予以驳回,忽略了对陈某职务行为的认定。对此,考虑到关于私章的效力,陈某账户是否为其本人所支配的法院认定结果皆存在推定的情形,本人认为应该进行更详细的论证。第一,上诉人主张其非A公司的股东、董事或监事,因此无法从身份上判断其有法定代表权。第二,上诉人主张自己仅是公司的一名普通员工,在无法举证证明自己与第三人之间存在委托代理关系的前提下,不能将上诉人与被上诉人一(原审原告)之间签订的合同视为代表公司(第三人)订立的合同。第三,虽然陈某提交了 2015 年 3 月 24 日签订的授权委托书(载明 A 公司委托陈某以其个人账户收取 A 公司往来款项,并归 A 公司所有),但该委托发生于该合同成立之前,并未明确所收款项包含该合同所涉款项,也并未约定该委托书有向付款人提示的义务,因此在没有证据证明原告了解该委托书的情况下,判断陈某具备原审被告诉讼主体地位,本身在逻辑上是更为完整、妥当。

此外,被上诉人史某某在答辩中称:"……陈某已经在一审主张其在合同上盖章行为为职务行为,即等同于自认其在合同上盖章的行为……"被上诉人 A 公司的答辩也没有否认公司对史某某的还款责任,说明陈某与 A 公司之间有可能存在职务关系。对于这些事实,二审法院都没有论及。

(3)诉讼主体与合同效力的关系

如果认定配资方为自然人,自然人间的配资合同,可以认定为借款合同或其他性质的合同,如无其他违法事由,不能直接认定合同无效。

本案中,案件诉讼主体的认定影响配资合同的效力。《中华人民共和国证券法》第 80 条规定,禁止法人非法利用他人账户从事证券交易;禁止法人出借自己或者他人的证券账户。如果出借的是自然人的证券账户,则不受此条限制。换言之,如果认定配资方为自然人,自然人间的配资合同,可以认定为借款合同或其他性质的合同,如无其他违法事由,不能直接认定合同无效。所以,此处认定配资方为自然人的同时适用《中华人民共和国证券法》第 80 条,在认定合同效力时逻辑上不够周延。此外,在本案中,如认定 2015 年 3 月 24 日陈某与 A 公司的授权委托书合法,则公司法人应当作为实质上的配资方,也即实质控制证券账户,该认定与 A 公司辩称公司自设立初公司账户均用员工的名义开设的事实相印证。如将配资方认定为 A 公司,当公司无金融业务许可牌照时,从事将自行控制的交易账户给一定的自有资金的客户使用,公司按比例进行配资,风险主要依靠平仓及追加保证金的方式来控制,实际上是从事资金借贷业务。基于该认定,在合同效力问题分析上适用《中华人民共和国证券法》第80条认定合同无效能够更加合理。

2. 关于涉案合同效力的问题

在本案中,《投资合作协议》的效力问题是双方当事人争议的主要问题之一,也是审理其他诉讼请求的前提。对此,一审法院认定合同为无效合同,二审法院全面支持了一审法院的判决结果及理由。通过对一审法院的判决书进行梳理不难发现,法院是遵循了以下的逻辑从而判定合同无效的:(1)法院认为认定合同无效的主要法律依据是证券法上的"账户实名制"和合同法上合同无效的情形。(2)关于账户实名制,《中华人民共和国证券法》第166条第1款规定:"投资者委托证券公司进行证券交易,应当申请开立证券账户。证券登记结算机构应当按照规定以投资者本人的名义为投资者开立证券账户。"《证券公司监督管理条例》第28条第1款规定:"证券公司受证券登记结算机构委托,为客户开立证券账户,应当按照证券账户管理规则,对客户申报的姓名或者名称、身份的真实性进行审查。同一客户开立的资金账户和证券账户的姓名或者名称应当一致。"一审法院认为上述规定应为效力性强制性的规定,即如果证券登记结算机构没有按照规定"以投资者本人的名义为投资者开立证券账户"或者"同一客户开立的资金账户和证券账户的姓名或者名称"不一致时,就违反《中华人民共和国证券法》《证券公司监督管理条例》关于股票账户实名制、禁止违法出借证券账户的相关规定,规避了证券市场的监管,放大了市场风险,而且在市场急剧震荡时极易发生纠纷。(3)依照案件中的《投资合作协议》,被告向原告提供股票操作账户及操作资金的合作模式,实为股票场外配资,在当前市场的背景下,场外股票融资交易客观上破坏了金融证券市场秩序,损害社会公共利益,属于《中华人民共和国合同法》第52条第4项、第5项规定的情形,应当认定为无效合同。但是,对于这样的审判逻辑,有以下几个问题值得思考:

第一,对于违反证券账户实名制规定的行为性质。对于违反账户实名制的行为,主要分为两种情形:一是没有以投资者本人名义为投资者开设账户。在这种情况下,账户属于实际名义人(存在名义被冒用、盗用、借用等多种情形),如果该账户的开设没有征得实际名义人的同意,那么将导致账号开设无效,证券登记结算机构有义务帮助被冒用名义人将上述账户注销。如果账户的实际所有人将自己的账户借与他人使用,本身并未违反《中华人民共和国证券法》第166条的规定,即不能依照《中华人民共和国证券法》第166条的规定认定借用合同无效。二是同一客户开立的资金账户和证券账户的姓名或者名称不一致。在这种情况下,证券公司应当要求资金账户所有人或者证券账户人纠正,如果当事人不纠正可以采取冻结上述账户证券交易的措施,但所谓的场外配资行为是否属于"资金账户和证券账户的姓名或者名称不一致"呢?根据一审法院查明的事实:"双方签订《合作确认书》之日起2日内,甲方向乙方提供甲方指定银行账户和股票账户,前述银行账户和股票账户以甲方或其关联人名义建立,但均属甲方控制","甲方应将受托管理资金存入甲方股票账户,乙方同时应将足额保证金存入甲方银行账户"……并不存在《证券公司监督管理条例》第28条规定的情形。

因此,证券法上的账户实名制,实际上是证券登记结算机构,以及受其委托的证券公司对证券账户持有人的账户实施管理的基础性法律规定,即使从强制性规范的角度来看,也应被认为是管理性强制性规范。

第二,针对违反账户实名制的处罚措施。《中华人民共和国证券法》对违反账户实名制设置了罚则(第208条),该罚则仅包括了法人以他人名义设立账户或者利用他人账户的罚则。《证券监督管理条例》第28条的罚则同样援引了《中华人民共和国证券法》第208条,未区分自然人或法人,对出借证券账户也没有罚则。因此,证监会自2015年9月以来对配资公司作出相应的行政处罚,其最终落地的决定多援引《中华人民共和国证券法》第197条非法经营证券业务的罚则,而回避了《中华人民共和国证券法》第 80 条及第 166 条。从法理上说,分析此类行为的民事效力和民事责任分配时,除了基于民商法私法自治、权利本位等理念的基本考虑,还需要有机的结合和考虑金融法的公共政策性。换个角度看,出借账户是配资方进行风险控制的必要措施,与账户实名制所要保护的法益,也即欺诈性证券活动、隐匿资金流向等,是否有必然联系也值得商榷。

第三,场外股票配资合同的性质。从本案的事实以及涉案的合同来看,所谓的场外股票配资行为,是那些从事场外股票配资业务的企业或个人,通过"出借、利用他人账户",使开立证券账户的投资者与实际控制者相分离,是配资方进行风险控制采取的一项措施。但由于场外股票配资合同脱离国家的证券监管,直接冲击了证券市场的资金使用方式和风险防控机制,如果不对其加以规范和限制,就极有可能扰乱金融秩序,不利于证券市场监管,并且会加剧证券市场投资者良莠不齐的情况,进而损害国家利益、社会公共利益。因此,与场外股票配资行为相关联的并非账户实名制,而是账户出借行为。如果法律禁止账户出借行为,限制该种行为针对的是行为内容,那么这个规定才属于效力性的强制性规范。如上所述,《中华人民共和国证券法》第 80 条规定"禁止法人非法利用他人账户从事证券交易;禁止法人出借自己或者他人的证券账户",该条款可以视为效力性强制性规范。但该条款仅针对法人,如果出借的是自然人的证券账户,则不受此条限制。由于在本案中,一审法院和二审法院均认为陈某是合同主体,是账户的出借人,因此无法依据《中华人民共和国证券法》第 80 条认定合同无效。2015 年 7 月 12 日中国证监会公布的《关于清理整顿违法从事证券业务活动的意见》(证监会公告〔2015〕19 号)明确规定"任何机构和个人不得出借自己的证券账户,不得借用他人证券账户买卖证券"。但该规定仅为证监会的公告,是否可以成为判断合同效力的强制性规范,还值得思考。此外,涉案协议于 2015 年 7 月之前签订,之前的出借行为是否必然无效还有值得探讨的空间。[1]

从目前的司法实践来看，认定配资合同无效应当从严和收紧为当下的大趋势。但从公法规制对于场外股票配资行为的态度加以考虑，单纯结合《中华人民共和国合同法》第52条第5款认定配资合同无效，存在一定区分难度。换言之，如前述证监会公告尚不能构成行政处罚依据，则认定为合同法上的效力性强制性，而适用《中华人民共和国合同法》第52条第5款略为牵强。在最高人民法院与证监会尚未达成一致意见之前，参考证监会行政处罚中对配资方行为性质和对证券市场危害性的认定，如果可以从社会公共利益的角度统一认定合同无效，能够避免司法权干涉行政权，或者防止二者割裂造成不利于证券市场稳定发展的局面。

3. "无效合同按约定处理"的裁判意义

由于本案判决的被告是自然人，《中华人民共和国证券法》上用以规范法人出借证券账户的规定无法适用，导致在认定合同效力方面，法院援用了《中华人民共和国证券法》上关于账户实名制的规定和《中华人民共和国合同法》合同无效的认定规则。如上所述，依照这些规定认定本案合同无效较牵强，缺乏充分的说服力。考虑到本案法院在处理无效合同上的立场，本人认为即使不否定本案合同的效力，也可以实现与本案基本一致的判决效果。换言之，本案判决在处理无效合同问题上基于商事纠纷解决的立场，根据公平原则，切割合同效力和合同效果。一方面，在场外股票融资合同纠纷中统一认定"配资合同违反了融资融券的特许经营要求而违法出借资金用于证券投资；配资合同违反了证券账户实名制和不得出借的要求"。另一方面，在诉讼当事人之间的关系以及民事责任问题上，法院在认定合同效果时"结合合同的约定、当事人履约的情况、当事人的过错程度，公平合理划分民事责任"。这种维持配资合同约定状态使合同效果与合同效力相分离，从结果上看符合商法的基本原

① 参见《龚继林、潘颖民间借贷纠纷二审民事判决书》，(2017)闽01民终1785号。

则，十分值得肯定。但换一个角度来看，对合同效力的认定实际上又回到了以往的审判思路上，在今天面对各种各样的市场行为，要面对各种新型商事交易活动的背景下，这种思路不利于商事纠纷的解决。法院还需要从宏观市场安全、金融系统风险防范等角度加以考虑，尊重商事交易的流通性，维护商事交易安全。

首先，肯定合同效力和"无效合同按约定处理"都稳定了当事人的合同预期，能够减少不成熟投机者的数量，降低证券市场的系统性风险。实践中，诉诸法院以期认定合同无效并恢复原状已经成为融资方的主要止损手段，在证券市场失败后诉诸合同无效以减轻或免除合同义务。如果法院都对这种请求予以支持，不适宜保护当事人的合同预期。因此，肯定合同效力和"无效合同按约定处理"都会打击市场投机行为，这实质是尊重商事主体的意思自治和专业判断的表现，有利于筛选成熟的投资者，促进证券市场的成熟。

其次，"无效合同按约定处理"体现了公平原则在商事争端解决中的重要性，稳定金融秩序，在提供司法裁量权的同时平衡了商事解决和金融监管之间的罅隙。合同认定无效后本应适用《中华人民共和国合同法》第58条，但若将责任全部分配给一方，简单要求各自返还从对方取得的财产，可能导致义务由一方承担，不符合公平原则，更何况证券市场中所发生的损益在实务中无法恢复原状。当事人的合同预期也体现公平原则的内涵，因为当事人不能因合同无效而获得比合同有效额外的利益。这样的理念其实与商法中商事交易维持原则相一致，不轻易否定合同约定事项与不轻易否定合同效力，都能体现这一原则。

最后，场外股票配资合同这类合同涉及主体众多、利益冲突多元、因果链条复杂，其牵一发而动全身的性质使以原合同约定来认定责任承担更为必要。虽然一律认定合同无效可以提升司法效率，但从将重点放在具体的权利义务救济的角度来看，对责任认定与损失分配尽可能维持配资合同约定的状态，这实际上是维持合同效力的一种表现。

案例 2 股灾中无法及时强制平仓时的责任分配

——评谢某某与郑某股票融资合同纠纷案

（一）案情介绍

2015 年 6 月 4 日，谢某某与郑某签订了两份委托协议，约定：郑某合法拥有两个备案账户各 1200 万元资产及其在该协议期间产生的孳息。郑某愿意委托谢某某为其合法拥有的上述资金进行上海证券交易所、深圳证券交易所二级市场证券投资。

该协议第 1 条“账户的开立和移交”约定：谢某某以其本人名义开立尾数为 5933 的备案账户一，用以接受郑某按该协议向谢某某分配的投资收益；郑某指定其本人名下尾数为 8095 的账户为备案账户二，用以接受谢某某按该协议支付的投资保证金及该协议中郑某所得的固定收益；委托账户是指以郑某名义开立、用于委托给谢某某进行投资的证券账户，委托账户内的资金由郑某的委托资金和谢某某支付的投资保证金组成。其中，郑某的委托资金为两个委托账户各 1200 万元，谢某某支付的投资保证金为两个委托账户各 300 万元，委托账户内的初始资金总计为两个委托账户各 1500 万元。

该协议第 2 条“投资授权和授权期限”约定：郑某委托谢某某提供投资服务，谢某某承诺在遵守国家相关法律、法规的前提下，对委托账户进行专业的投资服务。郑某向谢某某提供委托账户的授权，授权谢某某对委托账户具有一定的操作权限，授权范围包含资产的交易权限和资产查询权限，郑某自收到谢某某的投资保证金之时起，郑某对谢某某的授权即生效，同时该协议亦正式生效，授权时间截至该协议终止时。郑某对谢某某的投资授权期限为半年，即从 2015 年 6 月 5 日起至 2015 年 12 月

4日止。

该协议第3条“委托账户的运作与管理”约定：委托账户的资产净值＝委托账户总资产/郑某委托资金额×100%，委托账户总资产是指谢某某投资到证券市场的股票市值和委托账户内现金之和。在谢某某未违反该协议约定的情况下，委托账户由谢某某进行日常的交易操作，郑某有权随时查询委托账户的资产情况。若某一证券交易日（以下简称T日）委托账户的资产净值低于相应的风险线值，而谢某某在T+1日开盘前未按该协议的约定进行补仓、减仓和平仓的，则郑某有权对委托账户进行交易操作，并及时按照该协议的约定进行减仓、平仓和冻结部分资金使用权限，因此产生的所有责任由谢某某全部承担，同时郑某有权终止该协议的执行。谢某某自愿接受下列风险控制原则及处置交易风险：经双方同意，对委托账户设置警戒线值和平仓线值，警戒线值为每个委托账户内资产值1425万元，平仓线值为每个委托账户内资产值1350万元，郑某随时可要求谢某某自筹资金补仓至资产警戒线值以上状态。在委托账户的资产净值等于或低于平仓线值时，郑某可自行卖出一部分或全部股票资产，所得款项将用于代谢某某退还郑某的委托资金和向郑某支付固定收益，确保委托账户的资产净值为警戒线值以上状态。在委托账户的资产净值等于或低于警戒线值时，谢某某只能平仓而不能买入股票，并应主动自筹资金补仓至警戒线值以上，若郑某要求谢某某补仓至警戒线值以上状态而谢某某不补仓的，郑某可直接从委托账户中变现一部分或全部股票资产，所得款项将用于代谢某某退还郑某的委托资金和向郑某支付固定收益，确保委托账户资产净值为警戒线值以上状态。

该协议第4条“资产利益的归属与分配”约定：该协议履行期间，谢某某承诺向郑某支付固定收益，郑某固定收益率按委托资金的1.52%/月计算，按月支付。郑某固定收益的支付方式为预收方式，即郑某委托资金进入委托账户的当日开始计算固定收益，谢某某需在该当日将郑某的当月固定收益预付给郑某，之后每月的该日期为郑某固定收益的支付日,谢某某需将每月的固定收益在该日期支付给郑某。若谢某某在每月收益支付日之前未能向郑某支付固定收益的,郑某有权终止该协议,并按天收取郑某委托资金的0.2%作为逾期违约金,同时郑某有权从谢某某的投资保证金中扣除应收的款项后终止该协议。该协议终止后,进入结算过程,在委托资金全部退还给郑某,以及相应的谢某某应支付给郑某的固定收益全部兑现后,郑某可返还谢某某交纳的剩余投资保证金,同时谢某某享有该协议约定的委托账户内的全部剩余收益。在结算完成后的5个工作日内,郑某应将谢某某应得的收益转账至该协议预留的备案账户一。在该协议约定的收益支付日或提前结算时,因委托账户内的非现金资产因停牌等原因不能正常交易、无法变现,则双方按以下方式进行资产收益分配:(1)谢某某需将委托账户内的现金资产首先支付给郑某,用于退还郑某的委托资金及向郑某支付固定收益。之后,该协议自动延期,由谢某某在非现金类资产可交易后的10个交易日内变现,待非现金类资产全部交易变现后,向谢某某进行分配。(2)如委托账户内现金资产不足以全额支付谢某某应退还给郑某的委托资金及应支付给郑某的固定收益,则谢某某应主动追加增强保证金,以足额的现金资产全额支付郑某的委托资金及应得固定收益,同时,该协议自动延期至非现金资产全部交易变现、完成对谢某某收益的分配后止。(3)如谢某某未按上述约定追加增强保证金的,则郑某有权在非现金类资产全部交易变现后,优先实现分配,若此时变现后的现金资产仍不足以全额支付郑某的委托资金及应得固定收益时,由谢某某继续无条件向郑某承担追加增强保证金的义务,否则,谢某某需每月向郑某支付相当于郑某每月固定收益的违约金,直至谢某某全额支付郑某的委托资金及应得固定收益之日止。在该协议终止前3个交易日内,发生委托账户内全部变现的资产净值不足以全额支付郑某的委托资金及应得固定收益时,则谢某某应主动追加增强保证金,并在1个工作日内将追加的增强保证金划入该协议约定的委托账户。追加的增强保证金在划入委托账户后,应保证此时委托账户的现金类资产不低于协议终止时需支付给郑某的委托资金和应得固定收益。在该协议约定的追加增强保证金情形出现时,谢某某需主动追加,这是谢某某无条件向郑某作出的承诺,若谢某某未能履行该承诺的,需每个月按郑某每月固定收益的标准向郑某支付违约金,直至谢某某履行完承诺之日止。

该协议第5条"违约责任及不可抗力"约定:双方均应严格遵守该协议的约定,任何一方违反该协议的约定,均应向守约方承担违约责任,并赔偿因其违约给对方造成的全部损失。若谢某某提前终止该协议,应承担如下违约责任:(1)谢某某提前终止该协议之日距离郑某下一个固定收益分配日不足一个月的,按一个月计算,谢某某应将整一个月的固定收益全额支付给郑某;(2)谢某某还应向郑某另行支付一个月的固定收益作为违约金;(3)如果任何一方因不可抗力不能履行该协议时,可根据不可抗力的影响部分或全部免除该方的责任。

2015年6月2日、4日,谢某某通过本人和案外人杨某某、谢某和麦某的账户多次向郑某汇款,用于支付合同约定的保证金,汇款金额总计为600万元。2015年6月5日,谢某某通过案外人谢某账户先后两次向郑某汇款共计364,800元,用于支付2015年6月的固定收益。郑某通过购买西藏信托有限公司的信托产品——《聚汇赢1号伞形证券投资集合资金信托计划文件》第i期信托单元,取得3900万元信托资金的使用权,并将其中的2400万元出借给谢某某用于证券投资,连同谢某某本人支付的600万元保证金,可供谢某某使用的证券投资资金达到3000万元。

2015年6月2日,郑某通过Y公司取得恒生网络公司开发的证券投资交易软件HOMS系统的使用权。恒生网络公司利用HOMS系统为投资者提供分仓模式的证券交易服务,投资者可在不履行实名开户程序的情况下开立虚拟证券配资账户,配资账户通过HOMS系统与在证券公司开立的合法证券账户实现数据对接。2015年9月中国证券监督委员会发布拟处罚公告,以恒生网络公司等三家软件公司在明知客户经营方式的情况下,仍向不具有经营证券业务资质的客户销售证券交易系统,提供相关服务,并获取非法收益,严重扰乱证券市场秩序为由,拟对三家软件公司非法经营证券业务处以没收非法所得、罚款、主要责任人行业禁入等行政处罚。2015 年 6 月 5 日,郑某以谢某某的名义在 HOMS 系统上开立了两个配资账户,将其分别命名为“谢某某 01”和“谢某某 02”。事后,郑某将两个配资账户的交易密码告知谢某某,向谢某某开放了配资账户的操作权限。

2015 年 6 月中旬开始,中国内地股市出现一波急速下跌行情,导致两个配资账户的资产净值不断萎缩,两个配资账户的资产净值分别于 2015 年 6 月 16 日和 18 日跌破双方约定的警戒线值。2015 年 6 月 19 日、23 日,谢某某先后两次通过案外人谢某的银行账户向郑某追加保证金 200 万元,但受股市持续下跌的拖累,两个配资账户的资产净值不仅未能重返警戒线值以上,反而分别于 2015 年 6 月 19 日和 23 日跌破双方约定的平仓线值。

2015 年 6 月 26 日,郑某通过 HOMS 系统管理端进行操作,取消谢某某买入股票的权限,致使谢某某无法发出买入股票的交易指令。同日,郑某通过操作 HOMS 系统平仓键发出多笔委托卖出的交易指令,但仅有创维数字一支股票交易成功,其余股票因股市下跌过快原因均未能卖出。2015 年 6 月 28 日,谢某某再次通过案外人麦某某的银行账户向郑某追加保证金 60 万元,由于该 60 万元不足以恢复配资账户的资产净值到警戒线值和平仓线值以上,郑某未将其转入证券交易账户。其间,郑某多次通过中间人王某某向谢某某传话,催促谢某某继续补仓,否则将强行平仓或减仓,谢某某对此回应称继续筹款补仓,恳求郑某给予一定的宽限期,但谢某某事后未能兑现补仓诺言。

2015 年 6 月 29 日 9 时 54 分,郑某修改了两个配资账户的交易密码,暂停谢某某的操作权限。2015 年 7 月 2 日 15 时 37 分,郑某通过中间人彭某向谢某某发送手机短信,将新的交易密码告知谢某某,恢复了谢某某对两个配资账户的操作权限。在此期间,郑某曾试图强行平仓,多次通过操作 HOMS 系统平仓键发出委托卖出的交易指令,但因股市下跌过快的原因未能成交或成为废单,两个配资账户的资产净值在郑某暂停谢某某操作权限的数日内下跌 1,032,299 元。郑某于 2015 年 7 月 2 日 15 时 37 分恢复谢某某的操作权限后,因谢某某未及时兑现补仓承诺,又多次通过修改交易密码的方式暂停谢某某的操作权限,之后再将新的交易密码告知谢某某,重新恢复谢某某的操作权限,如此反复多次后,郑某于 2015 年 8 月 20 日最后一次修改交易密码,且未再将新的交易密码告知谢某某,彻底终止了谢某某的操作权限。

2015 年 7 月 14 日,郑某恢复两个配资账户买入股票的权限。2015 年 7 月13 日、17 日,谢某某通过本人和案外人谢某的银行账户向郑某汇款共计 364,800 元,用于支付 2015 年 7 月的固定收益。两个配资账户内的股票现已全部卖出。变现后,两个配资账户的资产现金总值共计 18,993,476.21元,郑某将其全部用于归还西藏信托有限公司的信托资金。

2015 年 7 月 13 日至 27 日,两个配资账户向西藏信托有限公司归还信托资金合计 1278 万元。截至郑某最后一次修改交易密码,且未再将新的交易密码告知谢某某之时,即 2015 年 8 月 20 日 11 时 23 分,两个配资账户内共有资产价值 9,717,839.21 元(证券资产价值 9,668,209 元 + 资金余额 49,630.21 元,该金额不包括已经归还西藏信托有限公司的 1278 万元,也不包括谢某某向郑某支付,但郑某未存入两个配资账户的保证金 60 万元)。恒生网络公司提供的两个配资账户的密码修改情况,其中,89 × × ×05 账户从 2015 年 6 月 5 日到 8 月 20 日,除开户外,密码修改共有 15 次。89 × × ×06 号账户密码修改情况与 89 × × ×05 号账户的修改情况仅是时间上提前或迟延了几秒。

(二)争议焦点

二审法院提出,本案是场外股票融资合同纠纷。一审法院认定《委托协议》属于《中华人民共和国合同法》第52条第4项、第5项规定的情形为无效合同，理据充分，二审法院予以认同，理由不再重复。恒生网络公司仅提供配资软件和系统分仓模式服务，恒生网络公司与本案没有直接关联，谢某某请求两公司承担连带赔偿责任，没有法律依据，一审法院未予支持正确，二审法院予以维持。因此，该案二审中的争议焦点问题在于谢某某和郑某的损失和双方的责任划分。

（三）法院观点

1. 一审法院观点

场外股票融资合同。

场外股票融资合同亦称场外股票配资合同，是指未经金融监督管理部批准，法人、自然人或其他组织之间约定融资方向配资方交纳一定现金或一定市值证券作为保证金，配资方按杠杆比例，将自有资金、信托资金或其他来源的资金出借给融资方用于买卖股票，并固定收取或按盈利比例收取利息及管理费，融资方将买入的股票及保证金让与给配资方作担保，设定警戒线和平仓线，配资方有权在资产市值达到平仓线后强行卖出股票以偿还本息的合同。在本案中，郑某利用信托计划募集资金，将信托资金出借给谢某某买卖股票，且不承担股票买卖的盈亏风险，按出借金额收取固定收益，谢某某则将买入的股票作为借款担保，并设定警戒线和平仓线，当两个配资账户的资产现金总值跌破警戒线和平仓线后，郑某有权限制谢某某的操作权限并强行卖出股票以偿还借款本息。总体来看，双方的权利义务符合场外股票融资合同的法律特征，涉案的两份委托协议应定性为场外股票融资合同。郑某借助恒生网络公司开发的HOMS系统为谢某某开立虚拟证券账户，并提供证券委托交易、清算、查询等证券交易服务，上述行为违反了《中华人民共和国证券法》《证券公司监督管理条例》关于证券账户实名制、未经国务院证券监督管理机构批准不得擅自经营证券业务的强制性规定，严重扰乱了股票市场的交易秩序，损害了投资者利益，构成非法经营证券业务，涉案的两份委托协议应认定为无效合同，不受法律保护。

场外股票融资是伴随我国证券市场发展出现的新生事物，在我国证券立法尚不完善、国家鼓励金融创新的大背景下，场外股票融资客观上满足了部分盈利能力强，但受制于资金有限的投资者的融资需求。与此同时，场外股票融资的合法性问题从出现伊始就备受争议，长期处于“灰色地带”，在投资者保护、风险控制等方面缺乏法律法规进行规制，一些投资者为了追求高回报，盲目加大杠杆率，给股票市场的平稳运行带来了巨大风险。考虑到场外股票融资的出现具有复杂的成因，谢某某融资炒股属于高风险投资，其应合理预见到股市固有的风险，且两个配资账户由谢某某负责操作，行为后果应归属于谢某某，因此，此次股市巨幅波动造成的损失应由谢某某自行承担，但郑某擅自限制谢某某操作权限造成的损失，应由郑某承担。

根据委托协议第3条的约定，在配资账户的资产净值等于或低于警戒线值时，谢某某只能平仓而不能买入股票，并应主动自筹资金补仓至警戒线值以上，在两个配资账户的资产净值先后跌破双方约定的警戒线值和平仓线值以后，郑某于2015年6月26日取消谢某某买入股票的交易权限符合双方事先的约定，且在股市断崖式下跌的背景下，谢某某再买入新的股票亦无盈利可能，暂停谢某某买入股票的权限不会给两个配资账户的资产净值造成损失，故郑某无须对2015年6月26日取消谢某某买入股票交易权限承担责任。

郑某最初在答辩状和反诉状中自认承担2015年6月29日至7月2日修改交易密码期间的股票贬值损失，后在变更、增加反诉请求时又改称自己修改交易密码期间恰逢股市大跌，两个配资账户不存在卖出股票的可能，修改交易密码没有给谢某某造成实际损失，自己无须对修改交易密码期间的股票贬值损失承担责任。最高人民法院《关于民事诉讼证据的若干规定》第74条规定:“诉讼过程中,当事人在起诉状、答辩状、陈述及其委托代理人的代理词中承认对己方不利的事实和认可的证据,人民法院应当予以确认,但当事人反悔并有相反证据足以推翻的除外。”故郑某在有相反证据足以推翻之前自认的情况下可以反悔。具体到本案,委托协议第3条约定谢某某未及时补仓、减仓或平仓的,郑某有权强行减仓、平仓和冻结部分资金使用权限,并有权终止委托协议的执行,郑某依据上述约定暂停谢某某的操作权限并无不当,并且,虽然郑某修改交易密码导致谢某某无法操作配资账户,但郑某在修改交易密码后曾经多次尝试平仓止损,终因股价下跌过快未能卖出或成为废单,两个配资账户的资产净值损失系市场风险所致,与郑某修改交易密码没有关联,郑某推翻之前自认的理由成立,一审法院予以采纳。

郑某通过西藏信托有限公司募集资金后,将其中的2400万元借给谢某某炒股,扣除股票变现后归还给西藏信托有限公司的18,993,476.21元,余额5,006,523.79元已全部亏损。郑某根据不同炒股阶段的资金损失情况提出多项反诉请求,其中的第一、二、三、八项反诉请求均与炒股损失相关,总计金额为4,043,128.08元,与炒股总损失5,006,523.79元之间相差963,395.71元,上述差额损失发生在2015年8月20日彻底终止谢某某操作权限以后,郑某自认由其承担,一审法院对此予以照准。

根据委托协议第2.3条的约定,郑某对谢某某的投资授权期限为半年,即自2015年6月5日起至12月4日为止,根据本案查证的事实,谢某某已向郑某支付2015年6月、7月两个月的固定收益,即已付清2015年8月4日以前的固定收益,郑某要求谢某某继续支付2015年8月的固定收益,相当于要求谢某某支付2015年8月5日至9月4日的固定收益。除此以外,郑某还要求谢某某自2015年8月19日起支付未还本金的利息,显而易见,该利息的起算时间早于2015年8月固定收益的截止时间,二者交叉重叠部分属于重复计算利息,一审法院对此予以纠正。

郑某的第4项反诉请求要求谢某某以本金1,505,263.77元为基数，按月利率1.52%支付利息至本金清偿完毕之日，该请求符合相关法律规定，一审法院予以支持。因委托协议不具有法律效力，郑某要求谢某某支付提前终止委托协议的违约金和未主动追加保证金的违约金于法无据，一审法院对此不予支持。

2. 二审法院观点

二审法院认为该案二审中的争议焦点问题在于谢某某和郑某的损失和双方的责任划分。对此问题，二审法院分述如下：

第一，关于双方的损失。虽然双方委托关系在委托期间一度中断又重新恢复，但在委托期间双方没有就账户的先期盈余和后期亏损进行过分配和分摊，故应当以整个委托期间为单位计算双方实际投资的损益。对于本案的交易数据，因双方约定通过恒生HOMS系统进行股票交易，恒生网络公司作为交易平台的提供者，与双方之间的争议没有利益冲突，因此，二审法院对于恒生网络公司提供或认可真实性的交易数据予以采信。同时，在没有相反证据的情况下，对谢某某和郑某以恒生HOMS系统数据为基础进行整理的数据也予以采信。此外，恒生HOMS系统被关闭后，交易数据应当以西藏信托有限公司的母账户中记载的交易数据为准。

谢某某的实际投资损失。谢某某在接受委托后，累计向郑某转账保证金860万元。郑某将其中的800万元分别转入谢某某名下的两个配资账户进行交易，全部损失。余款60万元，双方均认可未转入谢某某名下的两个配资账户。此外，谢某某还向郑某支付了2015年6月、7月的固定收益729,600元。郑某的实际投资损失。双方委托关系期间从2015年6月5日开立账户、开放权限和支付6月固定收益开始，到郑某最后一次修改交易密码且未再将新的交易密码告知谢某某的前一个交易日2015年8月20日11时23分。从交易数据来看，截至郑某委托最终终止之时，两个配资账户资产总值为9,717,839.21元(证券资产价值

9,668,209元＋资金余额49,630.21元)，郑某此时的亏损金额为1,502,160.79元(2400万元－1278万元－9,717,839.21元)。之后，两个配资账户内的股票陆续卖出。在两个配资账户证券全部卖出后，两个配资账户的资产为6,201,299.46元(9,717,839.21元－福安药业亏损348,644元－海欣食品亏损2,550,041元－神州泰岳亏损617,854.75元)。综上，郑某在委托期间的亏损金额为5,018,700.54元(2400万元－1278万元－6,201,299.46元)。

第二，双方对于投资损失的责任划分。谢某某主张郑某承担损失的理由有：(1)在2015年6月16日、18日两配资账户达到双方约定的平仓线后，郑某没有及时平仓导致损失扩大；(2)郑某在委托期间单方变更密码导致其无法卖出股票止损；(3)郑某未将其保证金如约存入交易账户。郑某主张谢某某承担损失的理由有：(1)平仓是郑某的权利不是其义务，且在达到双方约定的危险线、平仓线后，谢某某承诺郑某追加保证金，请求郑某不要平仓以保留翻盘的机会，郑某因而没有平仓。(2)谢某某未能兑现追加保证金承诺。虽然部分补仓但仍未能将账户资产恢复到平仓线以上，郑某才于2015年6月29日9时54分暂停谢某某的操作权限。谢某某之后又承诺追加保证金，郑某才于2015年7月2日15时37分再次将新的交易密码告知谢某某，开放操作权限，恢复委托关系。(3)2015年6月29日至7月2日，股市暴跌，导致郑某无法抛售账户内股票止损。(4)在恢复委托关系后，谢某某又多次承诺追加保证金并多次不能兑现，故郑某多次修改密码以促进谢某某兑现追加保证金的承诺，但最终因谢某某未如约追加，遂于2015年8月20日11时23分最后一次修改交易密码，彻底终止委托关系。(5)之后，郑某虽然及时出售了复牌的股票，但仍有巨额损失，且对于复牌后郑某未及时出售股票导致的损失，郑某并没有提出索赔要求。

对于双方的主张，二审法院认为：从账户的信息来看，郑某确在双方约定的平仓线后没有及时平仓，也在委托期间多次单方变更密码限制或取消谢某某的操作权限，且未将谢某某最后追加的60万元保证金转入交易账户，在2015年6月29日至7月2日，账户也是由郑某控制。但鉴于：(1)2015年6月16日、18日两个配资账户跌破警戒线后，谢某某于19日和23日分别向两个配资账户共追加保证金200万元。然而两个配资账户内资产仍然继续下跌至平仓线以下，郑某遂于6月26日修改密码、限制谢某某的买入权限。(2)2015年6月28日，谢某某追加保证金60万元后，账户密码又被修改，在不能弥补损失的情况下，6月29日郑某通过修改密码取消了谢某某的操作权限，在30日又有频繁的修改。(3)7月2日，郑某恢复谢某某对两个配资账户的操作权限后，谢某某于13日和17日两次向郑某汇款364,800元，用以支付2015年7月的固定收益。(4)之后又发生多次密码的修改，直到2015年8月20日彻底终止委托。二审法院认为，通过对以上事实的分析可见，每当发生谢某某须履行约定义务的情况时(追加保证金、支付固定收益)，郑某就会修改密码，而谢某某每一次履行约定义务(追加保证金、支付固定收益)，密码就会随之再次进行更改。如此多次往复。按谢某某的陈述，在2015年6月26日、30日郑某变更密码限制或取消其操作权限，之后未将相应的密码再次通知谢某某，谢某某是在后来的诉讼中才知道6月29日修改密码，终止了合同。但从查明的事实来看，谢某某却在6月28日向郑某支付了追加的60万元保证金，并于7月13日和17日分两次向郑某汇款364,800元支付7月的固定收益，上述事实与谢某某的陈述在逻辑上明显矛盾。相反，郑某在修改一次密码就可以实际控制账户的情况下，没有必要如此频繁地修改密码。结合双方陈述和证人证言、对照修改账户密码、谢某某向郑某追加保证金等事实的发生时点和上述事实之间可能存在的逻辑关系，相较而言，二审法院认为郑某的陈述更加符合日常经验法则，应予采信。谢某某多次未能按双方约定和自己的承诺及时补充保证金，导致账户内的亏损已经严重危及郑某的本金，故郑某中断并最终终止了委托，谢某某应当承担郑某由此导致的损失。综上，一审法院驳回谢某某要求郑某赔偿其保证金800万元、投资损失7,279,000元,同时支持郑某反诉请求的第一、三、八项,二审法院予以认同。

关于60万元保证金。郑某在诉讼中主张已经将此款用于保留西藏信托有限公司母账户,因此无须向谢某某返还。对此,二审法院认为:首先,双方明确该60万元的用途是两个配资账户的追加保证金,应当转入两交易账户作为交易资金。其次,母账户还下挂有郑某的其他子账户,在双方没有明确约定的情况下,谢某某没有为保留母账户进行出资的义务。最后,即使谢某某以保留两子账户为目的并有过希望郑某保留母账户的意思表示,但是否保留母账户是郑某的权利。如其不保留母账户,则视为其单方终止委托协议,双方可以在此前提下在委托协议的框架下再进行结算。因此,二审法院对于郑某的该项抗辩,不予支持。

关于两个配资账户在2015年6月29日至7月2日由郑某控制期间的损失承担问题。二审法院认为:依照双方的约定,在账户市值跌破平仓线后,郑某作为借款人有权平仓止损。若其控制账户期间,因市场大跌无法成交时,两个配资账户的资产净值损失理应由其承担。但是,鉴于本案中双方从7月3日至8月20日又进行了8次密码修改,特别是在双方于2015年7月3日恢复中断的委托关系后,谢某某也没有就此提出异议,而是完全依照双方之前的约定履行协议,并分别于7月13日和17日依然按每个账户1200万元的基数,向郑某付款364,800元,用以支付2015年7月的固定收益,而非以扣减该期间损失后的金额作为基数再计付固定收益。结合证人关于谢某某要求郑某不要平仓以图翻盘等陈述,可见双方当时对于该期间的损失计入整体委托期间一并核算,并没有异议。综上可见,在市场大跌的情况下,双方对于账户控制的多次反复,固然是因为谢某某承诺追加保证金,但实质上是双方基于对市场大势及个股走势的判断,就之前损失承担达成新的一致,以承担损失的方式换取不被平仓以等待市场反转而获利。故原审以双方最后一次密码修改作为时间节点确定之前反复期间的损失承担,并无不当,二审法院予以维持。

综上所述，谢某某应当赔偿郑某损失4,055,304.77元（反诉请求第一、二、三、八项之和），一审法院认定为4,043,128.08元，系计算错误，但鉴于郑某未就此提出上诉，故二审法院对一审法院认定的金额予以维持。

第三，该案涉及的其他问题。关于谢某某要求支付违约金、返还利息，郑某要求8月的固定收益和利息等主张。二审法院认为，委托协议无效，且提前终止方也是郑某，郑某要求谢某某支付未主动追加保证金的违约金和提前解约违约金，均没有法律依据，一审法院不予支持正确。给付6~7月两个月的利息是当时双方之间的真实意思表示，利率（1.52%/月，年化为18.24%）也未超过民间借贷的最高保护标准，未超出合理限度，且当事人之间已经实际履行。故对于谢某某要求返还已经支付的固定收益，一审法院判决不予返还正确，二审法院予以认同。对于郑某主张的8月固定收益，因具有借款利息性质，故应当以实际使用天数、按双方约定的利率计（2015年8月5日起计至委托行为终止的2015年8月20日，364,800元/月÷31天×16天=188,283.87元），一审法院按一个月计付，有所不当，二审法院予以纠正。

此外，截至委托最终停止之时（2015年8月20日），两个配资账户资产的亏损金额为1,502,160.79元，郑某要求以该时点的亏损金额为基数的逾期利息，有事实和法律依据，二审法院予以支持，但鉴于从此时起郑某应当返还保证金60万元，故上述金额和起算时间分别调整为902,160.79元（1,502,160.79元-60万元）和2015年8月21日，鉴于双方对于合同终止的逾期还款利率未作约定，二审法院依法认定该逾期利率以双方在合同中约定的1.52%/月计。

（四）裁判结果

一审法院认为，谢某某通过加杠杆的方式融资炒股，在提高营利能力的同时放大了投资风险，按照权利与义务相一致的原则，谢某某应该承担融资炒股造成的损失，并支付占用资金期间的利息。谢某某要求郑某返还保证金、已付固定收益并承担炒股损失，实际是意图转嫁投资风险，明显有违公平原则，一审法院对此不予支持。郑某要求谢某某偿还借款4,043,128.08元、支付2015年8月固定收益364,800元的反诉请求成立，一审法院予以支持。此外，谢某某还应自2015年9月15日起，以本金1,505,263.77元为基数，按照月利率1.52%的标准支付利息至本金清偿完毕之日。恒生电子公司不是HOMS系统的管理运营方，与本案系争事实无关，无须承担民事责任。恒生网络公司通过HOMS系统为谢某某和郑某提供证券交易服务，其行为涉嫌违法，但与场外证券配资不属于同一法律关系，无须承担民事责任。

一审法院判决：(1)驳回谢某某的诉讼请求；(2)谢某某应向郑某支付借款本金4,043,128.08元和2015年8月固定收益364,800元，合计4,407,928.8元；(3)谢某某应自2015年9月5日起，以本金1,505,263.7元为基数，按照月利率1.52%的标准向郑某支付利息至本金清偿完毕之日；(4)驳回郑某的其他反诉请求。上述判决第二、三项应于判决生效之日起10日内履行，如未按判决指定的期间履行给付金钱义务，应当按照《中华人民共和国民事诉讼法》第253条之规定，加倍支付迟延履行期限的债务利息。本案一审本诉案件受理费122,263元，由谢某某承担；反诉案件受理费24,390元，由谢某某承担20,926.28元，郑某承担3463.72元。

二审法院判决：一审法院裁判认定事实清楚，但对于60万元保证金及8月固定收益问题适用法律不当，应予纠正。二审法院依照《中华人民共和国合同法》第52条第3项、第4项、第

98 条,《中华人民共和国证券法》第 80 条、第 122 条、第 142 条、第 166 条第 1 款,《证券公司监督管理条例》第 28 条,最高人民法院《关于审理民间借贷案件适用法律若干问题的规定》第 29 条,《中华人民共和国民事诉讼法》第 13 条、第 64 条第 1 款、第 170 条第 1 款第 2 项、第 175 条,最高人民法院《关于适用〈中华人民共和国民事诉讼法〉的解释》第 323 条之规定,判决如下:(1)撤销一审法院(2015)深福法民一初字第 6031 号民事判决;(2)被上诉人郑某应于本判决生效之日起 10 日内向上诉人谢某某返还保证金人民币 60 万元;(3)上诉人谢某某应于本判决生效之日起 10 日内向被上诉人郑某赔偿配资款损失人民币 4,043,128.08 元;(4)上诉人谢某某应于本判决生效之日起 10 日内向被上诉人郑某支付 2015 年 8 月 5 日至 20 日配资款的固定收益人民币 188,283.87 元;(5)上诉人谢某某应于本判决生效之日起 10 日内向被上诉人郑某赔偿委托终止后的利息损失(该利息损失以人民币 902,160.79 元为基数,按照月利率 1.52% 的标准从 2015 年 8 月 21 日起计至本金实际清偿完毕之日止);(6)驳回被上诉人郑某的其他本诉请求;(7)驳回上诉人谢某某的其他反诉请求。

(五)专家点评(缪因知　中央财经大学法学院副教授)

2015 年“股灾”后,深圳市福田区人民法院和深圳市中级人民法院受理了一系列配资纠纷案件。深圳市中级人民法院自 20 世纪 90 年代起就有审理配资纠纷的经验,此次股灾发生后,深圳市中级人民法院于 2015 年 11 月专门颁布了《关于审理场外股票融配资合同纠纷案件的裁判指引》,并得到了权威学者的肯定。①

---

① 刘燕:《场外配资纠纷处理的司法进路与突破——兼评深圳中院的〈裁判指引〉》,载《法学》2016 年第 4 期。

2017年6月审结谢某某诉郑某、恒生网络公司等案[(2016)粤03民终22183号判决]被法院认为是较典型的一例配资案件。本案一审判决配入方败诉,基本上依照配资合同的约定来赔偿配出方,二审予以了维持。值得注意的是,本案具备了配资案件的多种典型要素。资金配出方郑某并非以自有资金提供配资,而是成为结构化信托产品的劣后级受益人获配资金后,再通过案外人Y公司的恒生订单管理系统(HOMS)使用权为谢某某开设两个子账户和资金使用权。在后一个法律关系中,郑某相当于优先级受益人。强行平仓后,郑某接管了账户,但由于谢某某采取了补交保证金等措施,郑某又多次重新提供密码给谢某某。

配资案件。

本案法律关系复杂,但判决正确,说理清楚。不过一个瑕疵是在编排上略欠合理,先以多页篇幅陈述各方的上诉及答辩理由,而不是从一审诉讼请求开始叙述,阅读起来略为费事。

1. 场外配资合同的效力判定

2015年"股灾"后,有学者仍然坚持基于对《中华人民共和国证券法》的解读,反对视融资业务为专营业务、视场外配资为违法。[①] 但本人认为,场外配资的高杠杆性对"股灾"有一定推动作用,也违反了证券实名制等规定,有一定的危害性、违法性。[②] 只是配资合同的公法违法性不等于民事无效性。事实上各级法院一直没有给出明确的法律依据来论证配资合同的无效性。[③]

① 蔡奕:《伞形信托业务模式及监管对策分析》,载《财经法学》2015年第6期。

② 详见缪因知:《证券交易场外配资清理整顿活动之反思》,载《法学》2016年第1期;缪因知:《中国证券法律实施机制研究》,北京大学出版社2017年版,第249~258页。

③ 缪因知:《证券交易场外配资合同及其强平约定的效力认定》,载《法学》2017年第5期。

不过,既然这是最高人民法院长期以来的立场,该案两级法院由此认定合同无效,并无不妥。法院选取的认定合同无效的理由是违反实名制和证券专营规定,也比其他法院采用的理由(如认为构成非法借贷、非法承诺保底理财)更靠谱。而且,合同无效认定实际上并未导致错误分配双方的责任。

2. 损失的分配

配资引发的民事争议的实质内容主要是双方对强制平仓后交易损失的分担存在异议。因为强行平仓若尚未发生,交易者即便已有较大损失,尚存利用通常倍于自有资金的杠杆资金翻盘的希望,而不太会主动提出终结配资。只有当强行平仓已发生,交易者本金所剩无几,无力继续证券买卖时,才会把精力放到打官司上来。[①] 本案正是如此。

(1)案情与法律背景

在该案中,2015年6月5日郑某通过证券交易分仓软件HOMS提供给谢某某两个子账户,每个1200万元,谢某某为每个账户支付保证金300万元,每个账户警戒线1425万元(95%),平仓线1350万元(90%)。这个数值不算苛刻。在《人民法院报》刊登过的一起结构化证券信托纠纷案件中,杠杆率更低、平仓止损线更高,但厦门中级人民法院认为这不存在显失公平或欺诈之处,故判决驳回了受损的交易者撤销信托计划合同的请求。[②] 该案的两个账户生不逢时,2015年6月16日、18日它们就先后跌破了警戒线,配入方也追加了保证金。6月26日配出方首次修改密码并开始自行平仓,其间由于配入方提交保证金,配出方多次反复将密码重新给配入方,直至8月20日最终修改密码并不再告知配入方。

在早期的配资案件中,在本人看来,各级法院错误地将配出方的强

---

① 缪因知:《证券交易场外配资合同及其强平约定的效力认定》,载《法学》2017年第5期。

② 何春晓等:《厦门一投资人诉请信托公司赔偿被驳回》,载《人民法院报》2015年7月21日,第3版。

行平仓行为视为非法侵入配入方的账户，并倾向于赔偿配入方的账户损失，这等于让本该配入方“旱涝保收”。不过2010年后法院开始正视双方约定的平仓线的意义。2011年最高人民法院二审判决的兴业证券公司杭州清泰街证券营业部与庆泰信托投资公司证券返还纠纷案判决指出：强行平仓虽然缺少合同依据，也减少了原告的股票资产，但实质上亦减少了其相应债务数额，且是以较小的代价最大限度地避免了因股票持续下跌造成更大损失，故不具有违法性，驳回了原告交易者的诉讼请求。①

深圳市中级人民法院《关于审理场外股票融配资合同纠纷案件的裁判指引》第7点认为：即便合同由于损害社会公共利益或违反法律、行政法规的强制性规定而被认定无效，也应当参考“市场背景、交易特征、亏损因果关系及操作性等因素，并结合合同的约定、当事人履约的情况、当事人的过错程度予以综合考虑”。第9点第1项规定，配资方（资金配出方）可依约强制平仓，融资方（资金配入方）无权返还资金或请求赔偿。第9点第2项规定，如果配资方更改了密码导致融资方无法操作，但自身又不及时平仓，融资方可“请求配资方承担股票平仓线与实际借款本息费用之间差额损失。但配资方能够证明系市场风险、非因任何一方过错导致操作系统技术故障造成无法强行平仓的除外”。换言之，配资方不再能主张收回全部配资金，未及时强行平仓导致的损失部分由其自行承担，从而凸显了约定平仓线对配入方的止损意义。若不是由于市场风险，而是由于配出方的过错而未及时平仓，则配入方可以向配出方索赔，但这以密码被更改、配入方无法自力救济为前提。第10点规定，触及平仓线后，配资方未依约平仓或由于市场风险、操作系统技术故障等外因无法强制平仓的，不能要求融资方赔偿实际借款本息费用与股票实际平仓市值减扣后不足部分，即配出方因各种原因未能在约定平仓线平仓导

① 缪因知：《证券交易场外配资合同及其强平约定的效力认定》，载《法学》2017年第5期。

致自身本息无法按计划收回的，责任自负。

掌握平仓权后责任自负。

此规则区分了情形，凸显了当事人在掌握平仓权后责任自负的精神，更为科学，也避免了由法官酌定损失而带来的随意性。刘燕教授对该指引“秉持商事交易与金融监管适当分离的思路”表示赞赏。本人也认为这种“抽象否定，具体肯定”，事实上承认了以有效合同模式来处理配资及强行平仓纠纷值得赞赏。当然，本人对“抽象否定，具体肯定”的概括不代表深圳法院的立场。

(2)具体运用

按照早期的配资合同无效论，配资关系的无效不影响证券交易的效力。资金配出方无权处分配入方账户内的股票，但在新技术条件下，恰恰是配出方提供自己的账户给配入方，在形式上强行平仓也是其处分自己账户内的股票，故而强行平仓侵权论难以立足。该案实际判决结果是参照双方合同约定有效的标准而展开的，如指出条件成就时，配出方暂停配入方的交易权限“并无不当”，[①]配入方作为账户操作人应对股市波动损失承担责任。这些司法观点合理性较强。

①损失分担标准

该案的特殊复杂性是初次触及警戒线后，配出方并未就此彻底收回账户控制权，而是在短期内多次经历了收权和放权的反复。法院指出，既然双方并未就盈亏“进行过分配和分摊”，配入方也仍然继续在支付保证金和按原配出资金总金额固定收益，可见其仍然愿意按原计划执行。而且配入方同样有减损的激励，在股市总体快速下行的背景下平仓未遂情有可原，配入方是由配出方还是配入方实施平仓，区别不大。这就减少了考察

① 不过一审判决书另一处称“擅自限制谢某某操作权限造成的损失，应由郑某承担”，但未落实在判决中，似是草稿中的笔误。

配出方修改密码所产生的强行平仓不及时所产生的责任。双方直接按最后一次修改密码时的账户余额来计算损失即可。

该案配入方契约意识不足，主动起诉配出方，索赔资金多于自身投入资金，令人惊诧。配出方反诉多项，包括索赔本金损失 150.5 万元，这是以 2015 年 8 月 20 日末次修改密码前一日的账户余额计。另外，有所投停牌股票 9 月最终的复牌价和 6 月 30 日停牌价差额 255 万元。这些诉求都被法院认可。其中，二审法院指出，配入方应赔偿配出方损失 405.5 万元，一审法院认定为 404.3 万元属于计算错误。

其实配出方在最终归还信托公司资金时，涉案 2400 万元已经只剩 1899 万元，损失 500 万元。按照配资交易设计的本意，本金损失风险极小。但此番“股灾”规模极大，多次出现千股跌停等系统性风险，本案配出方自认了自己最终接管账户后的部分损失，自担责任的意识较强。

在此之前，尽管配出方间歇性地和配入方共享交易权限（密码），而且保持主导地位，但二审法院认为，配入方没有异议，并继续提交保证金和支付固定收益等，还请求配出方不要强行平仓，这些事实表明双方已经“就之前损失达成新的一致”。一致的意思则是此期间的资产净值损失应当由配入方承担。

换言之，尽管法院似乎没有明确点明，上述特殊情况可以被视为配入方在合同履行中自愿承担密码共享阶段的平仓损失。加上该案配出方也明确自认了最终修改密码后的损失，所以这里不必严格适用《关于审理场外股票融配资合同纠纷案件的裁判指引》第 10 点。[①] 按照第 10 点，法院将不会支持配出方对最终修改密码后的损失的权利主张。法院也可以不支持配出方对最终修改密码前，由于市场风险所导致的本金损失的权利主张。毕竟在本案中，最终修改密码前的平仓不利的原因，要么是配出方的过错，要么是市场风险，而非配入方的过错。

---

① 刘燕教授在本文写作的讨论中指出，第 10 点适用的前提是双方约定不清，故该点不适用于本案。

不过,即便没有配入方的自认,倘若法院仍判决要求其承担市场风险导致的平仓损失,在法理上也可以成立。《关于审理场外股票融配资合同纠纷案件的裁判指引》第1点认为:“场外股票融资合同纠纷的基础法律关系具备以下两种主要法律特征:1.借贷法律关系;2.让与担保法律关系。”从借贷关系的角度来看,双方约定配入方保证全部退还委托资金,是合理的。双方约定的警戒线平仓线可认为属于维护配出方利益的必要条件,而非充分条件。若市场风险导致的强行平仓未能取得预期的效果,类似于质押物或让与担保物变卖拍卖后不足以清偿债务,则债务人仍然需要还债,而不能以担保物的变卖拍卖价为限。

至于配出方最终修改密码的行为,则可以视为自我限制损失的努力,由于配出方自认了这一时点后的损失,客观上为配入方责任设置了上限,亦无不公。而且双方已约定配出方可以在低于平仓线时卖出股票。

如果修改密码后,配出方的最终损失小于修改密码日的损失,配入方的责任也可以酌减,但本案无此情形。如果修改密码后,配出方要配入方继续承担损失,但配入方认为配出方未积极平仓导致损失扩大,也可以主张减轻自己的责任。

当然,由于司法机构认为配资关系无效,在这个前提之下,可以对配出方的利益保护不必如此到位。

②追加保证金的性质

既然双方约定配入方有义务追加,配入方追加保证金800万元的行为应视为自愿按照约定的履行行为,而不能视为就最终的损失予以提前赔偿。虽然巨额资金投入犹如石沉大海,几乎徒劳无功,但这是由交易本身的高风险性质决定的,也是配入方可以预见的。

配入方追加的60万元被配出方截留未投入证券交易,可以视为配入方的提前赔偿金,法院也将之用来折抵配入方的赔偿金。因数额相对较小,该笔60万元投入交易时对配出方账户损失产生的影响可忽略不计(也难以计算)。至于配出方辩称为保住配入方的子账户,而在母账户中打入990万元“自然含有”配入方的60万元,不足为训。[①] 货币虽然是种类物,但仍有转账路径可循,不能简单由收款人“坐支”、自行折抵。

③利息问题

该案判决还支持了配出方对合同期内固定收益(利息)的权利主张。举轻以明重,对本金的权利主张自然也会被支持。

该案法院把配资视为民间借贷,且利率未超出法定标准,故而也支持了配入方支付给配出方的资金固定收益,而非基于无效合同的非法所得。毕竟,配出方让渡资金使用权给配入方是客观存在的、有经济后果的现实。但在无效合同的总前提下,法院的判决否认了提前终止合约等导致的违约金,区分化的思路值得肯定。

计算损失或赔偿额时的粗制滥造是我国行政处罚和司法判决中的常见情形,但该案判决却较精细,如一审法院指出配资关系终止当月的配资本金固定收益和本金未归还导致的滞纳利息存在重叠。二审法院进一步指出,既然2015年8月20日配资关系已经终止,就不能按整月计算这个月的利息。

3. 交易分仓软件商责任分析

该案配入方一并起诉了交易分仓软件服务商恒生电子和恒生网络,其实只有后者才是负责开发维护HOMS的。2015年9月证监会宣布拟对恒生网络等三家交易软件商予以处罚,2016年11月证监会正式以非法经营证券业务为由对上述三家交易软件商予以处罚。

这些处罚本身在法理上存在争议,[②]也的确与本案配资双方的纠纷

---

① 被上诉人郑某辩称,谢某某称其6月28日所追加的保证金60万元被郑某留在自己的账户,没有打入股票账户,这与事实不符。事实是郑某为保住谢某某的两个账户,两天内将990万元打进了信托账户以避免信托账户被平仓,其中自然含有谢某某6月28日所追加的保证金60万元。

② 缪因知:《外部接入信息系统服务商非法证券经营责任研究》,载北京大学金融法中心编:《金融法苑》2017年第96辑,第3～18页。

无关。法院没有同意添加信托公司和直接购买 HOMS 并向郑某提供账户的 Y 公司为被告。实际上恒生公司在其中的法律关系更远。同意添加其为被告,可能的原因:一是由于这是新案件,法院需要做出实体审理来了解恒生公司在其中的地位;二是为了便于从恒生网络处提取诉讼当事人交易数据作为第三方证据。鉴于配资案件较多,如果恒生公司能形成稳定机制配合司法的交易取证需要,那在此番被判决澄清无法律责任后,以后其也不必再被列为被告。不过,这种法院选择被告的做法虽然符合实质正义,节约了司法成本,但这一做法是否限制了原告的程序性诉权,值得商榷。

案例3 金融消费者视角下的证券投资者保护

——评李某某与A证券公司多收取手续费纠纷案

（一）案情介绍

2001年12月5日，李某某在A证券公司开立普通账户，双方签署《指定交易协议书》，手续费为2.3‰。2012年6月13日，A证券公司《客户佣金及利率设置审批表》注明，李某某有效市值人民币107万元，“应客户要求，申请费率标准由2.3‰调到1‰”，李某某普通账户的手续费降低至1‰。

2012年5月17日，李某某向A证券公司申请开立信用资金账户用于融资融券交易，开户时填写了《信用资金账户开户申请表》《融资融券业务申请表》，完成了《融资融券综合测试题》的测试，并签署了《融资融券交易风险揭示书》和《融资融券业务风险面谈记录》。其中，《融资融券业务风险面谈记录》第4条注明“我公司的融资融券业务的收费标准是：信用账户内发生的普通交易和信用交易，一律按照2.5‰的标准收取手续费；我公司将暂免收客户担保品提交/返还，以及还券划转的20元手续费用；目前融资利率与融券费率均为9.1%，您是否理解并同意？”李某某在下面签署了“理解并同意”。在《融资融券业务风险面谈记录》最下方注明“以上访谈内容只作为我们认为需要向你提醒的重要事项，涉及融资融券业务的所有事项要以合同条款为准，请你务必仔细阅读《融资融券业务合同》与《融资融券交易风险揭示书》”。2012年5月21日，双方签订了《融资融券业务合同》，约定由李某某以资金和证券为担保，向A证券公司借入资金供其买入上市证券或借入上市证券供其卖出，从而进行证券交易，但未在该合同中另行约定交易手续费的收取标准。

《融资融券业务合同》签订及信用账户开通后，李某某于2012年5月30日从银行向信用账户转入资金，并于次日开始融资开仓等交易，截至2013年11月28日，李某某在第二次庭审中确认使用该信用账户交易总次数651次、交易总金额为6386万元，其中开展融资融券开仓、平仓交易大概110次，涉及交易手续费大约2.5万元。A证券公司在《调解申请书》中确认其按2.5‰标准收取了李某某交易手续费合计159,670.59元，其中信用交易手续费27,767.31元，普通交易手续费131,903.28元。

2014年7月18日，A证券公司向深圳证券期货业纠纷调解中心申请调解，《调解申请书》的主要内容包括：2013年12月6日，A证券公司接到证监局通知，李某某投诉其证券交易收费偏高，存在价格欺诈行为。截至2014年4月，A证券公司对李某某反映的情况进行核实，并对李某某佣金收费标准及公示情况进行了自查，还与李某某进行了多次沟通，提出了和解方案。李某某对A证券公司提出的和解方案予以认可，但认为A证券公司仍然存在不诚信、欺骗客户的行为，双方当事人和解未成，没有达成和解协议。A证券公司秉承维护社会稳定、共建社会和谐的态度，同意向李某某支付和解金101,460.03元，并希望李某某在收取和解金后不再就此事提出投诉。李某某向一审法院申请调取该中心留存的《调解申请书》、客户信用账户手续费统计、客户佣金及利率设置审批表等5份证据，该中心回复一审法院称，鉴于李某某不同意由该中心调解，该中心未予立案，对相关材料未予留存。

（二）争议焦点

一审法院提出本案当事人争议的焦点包括：(1)本案是否受《中华人民共和国消费者权益保护法》调整；(2)A证券公司是否实施了欺诈行为；(3)A证券公司收取李某某2.5‰的交易手续费是否过高；(4)A证券公司是否公示交易收费标准。二审法院认为二审中争议的焦点有二：一是李某某与A证券公司之间法律关系性质；二是A证券公司是否应赔偿李某某交易佣金损失。

(三)法院观点

1. 一审法院观点

关于第一个焦点,一审法院认为,《中华人民共和国消费者权益保护法》第2条规定:“消费者为生活消费需要购买、使用商品或者接受服务,其权益受本法保护;本法未作规定的,受其他有关法律、法规保护。”显然,《中华人民共和国消费者权益保护法》调整的消费行为仅限于消费者为生活消费需要购买、使用商品或者接受服务的行为,李某某购买股票是一种投资行为,不属于为生活消费而接受A证券公司的服务。同时,我国证券法律、法规等也未规定购买股票是消费行为,受《中华人民共和国消费者权益保护法》的保护,证券公司存在欺诈行为须承担双倍赔偿交易手续费的责任。因此,本案不受《中华人民共和国消费者权益保护法》的调整,不属于《中华人民共和国消费者权益保护法》调整的范围,不存在双倍赔偿多收取交易手续费的问题。

关于第二个焦点,一审法院认为,无论李某某是新股民还是老股民,无论是李某某自己亲自操作还是其妻子帮助操作,在交易手续费收费标准上,A证券公司对李某某是否构成欺诈都应该根据最高人民法院《关于贯彻执行〈中华人民共和国民法通则〉若干问题的意见(试行)》第68条的规定进行判断,该条明确规定“一方当事人故意告知对方虚假情况,或者故意隐瞒真实情况,诱使对方当事人作出错误意思表示的,可以认定为欺诈行为”。具体分析如下:第一,李某某是一个成年人,且文化水平较高,如果认为自己缺乏证券知识,就更应该仔细阅读《融资融券业务风险面谈记录》的内容后再签字,但是,李某某在第4条下面签署了“理解并同意”,证明其阅读并知晓交易收费标准,并不是随便或者被骗签字。第二,李某某诉称其当时没有通读原文,未注意A证券公司在文中隐藏了手续费的收费标准,这说明不是A证券公司偷偷隐藏交易手续收费标准,人为设置收费陷阱,故意对其实施欺诈行为,而是李某某自己阅读条文内容所致。第三,李某某认为,2007~2014年,A证券公司的信用等级均为AA级,李某某在签署相关合同和所谓的面谈记录时才会上当并且被欺骗,A证券公司多年来显赫的社会声望与头衔都是李某某受骗上当的重要原因。一审法院认为,李某某对A证券公司的信任不能证明A证券公司对其实施了欺诈的故意和行为。第四,李某某认为A证券公司故意利用"融资融券业务风险谈话记录"标题来淡化李某某对该文内容的注意,插入收费条款,以骗取李某某签字。一审法院认为,该《融资融券业务风险谈话记录》共8条,内容简单,李某某对8条均逐条作出不同的意思表示,并有三处本人签名。而《融资融券业务合同》共69条,内容复杂,与之相比,《融资融券业务风险谈话记录》条文更少,更容易阅读和理解。李某某提交的证据不能证明A证券公司有骗取其签字的行为。第五,李某某认为,A证券公司私自将其普通账户的手续费降低至1‰就证明A证券公司存在欺诈行为。A证券公司抗辩称是根据李某某的要求申请费率标准由2.3‰调到1‰。原审法院认为,无论李某某申请调低还是A证券公司私自调低普通账户的交易费标准,都不能证明A证券公司有欺诈行为及故意。第六,李某某与A证券公司在《融资融券业务风险面谈记录》约定信用账户内发生的普通交易和信用交易一律按照2.5‰的标准收取手续费,而没有在随后签订《融资融券业务合同》中约定交易手续费标准,该做法并没有违反法律法规的强制性规定。虽然《融资融券业务风险面谈记录》中约定有"涉及融资融券业务的所有事项要以合同条款为准",但是,在《融资融券业务合同》中没有约定交易手续费标准就意味着《融资融券业务风险面谈记录》就是双方当事人达成的合同之一,对当事人具有法律效力。因此,李某某与A证券公司先约定交易手续费,再签订《融资融券业务合同》的做法并不能被认定构成欺诈,更不能因此否定《融资融券业务风险面谈记录》的法律效力。第七,A证券公司申请在证券期货业纠纷调解中心对争议进行调解,目的是解决纷争,不能因此认定 A 证券公司存在欺诈行为。综上,李某某提交的书面证据并不能证明 A 证券公司有告知李某某虚假情况或者故意隐瞒真实情况,诱使李某某作出错误意思表示。

关于第三个焦点,一审法院认为,李某某、A 证券公司作为民事主体,在民事活动中法律地位平等,经过协商,双方签署了《融资融券业务风险面谈记录》,《融资融券业务风险面谈记录》第 4 条明确约定信用账户内发生的普通交易和信用交易一律按照 2.5‰的标准收取手续费,该约定对双方当事人具有约束力。在诉讼中,李某某并未提交政府主管部门认定和查处 A 证券公司违规收取交易手续费的证据,也没有提交证据证明 A 证券公司收取 2.5‰的交易手续费违反了有关规定。而 A 证券公司提交的中国证券监督管理委员会、国家计委、国家税务总局《关于调整证券交易佣金收取标准的通知》,该通知第 1 条规定,A 股、B 股、证券投资基金的交易佣金实行最高上限向下浮动制度,证券公司向客户收取的佣金(包括代收的证券交易监管费和证券交易所手续费等)不得高于证券交易金额的 3‰,也不得低于代收的证券交易监管费和证券交易所手续费等。A 股、证券投资基金每笔交易佣金不足 5 元的,按 5 元收取;B 股每笔交易佣金不足 1 美元或 5 港元的,按 1 美元或 5 港元收取。A 证券公司收取李某某 2.5‰的交易手续费并未超过上述通知规定的标准上限,故不能认为收费标准过高。李某某提交的录音证据,A 证券公司不予认可,且没有其他证据能佐证,不能作为认定 A 证券公司交易手续收费标准违法的证据。李某某既不能以其他证券公司的交易手续费收费标准低来判断 A 证券公司的收费标准过高,又不能以深圳证券交易所、深圳证券协会等公布的平均或者最低佣金率判断 A 证券公司的收费标准过高,更不能以其他股民与 A 证券公司达成的收费协议判断 A 证券公司的收费标准过高。

关于第四个焦点,一审法院认为,《中华人民共和国证券法》第 46 条规定,证券交易的收费必须合理,并公开收费项目、收费标准和收费办法。证券交易的收费项目、收费标准和管理办法由国务院有关主管部门统一规定。《证券公司监督管理条例》第40条规定,证券公司向客户收取证券交易费用,应当符合国家有关规定,并将收费项目、收费标准在营业场所的显著位置予以公示。李某某对A证券公司提交证明其公示收费标准的证据不予认可。对于A证券公司有没有在其营业场所的显著位置公示收费标准或者公示是否符合规定不是法院审理的范围。李某某如果认为A证券公司的行为违反了《中华人民共和国证券法》第46条、《证券公司监督管理条例》第40条的规定,李某某应该向政府主管部门反映,由政府主管部门依法处理。

2. 二审法院观点

二审法院对于李某某与A证券公司之间法律关系性质的问题,认为李某某与A证券公司之间存在双重法律关系。首先,李某某与A证券公司存在证券交易代理合同关系,该类合同是证券投资者与证券公司之间依据《中华人民共和国证券法》规定,因证券经纪业务而签订的约定双方权利义务关系的协议。从投资者角度是为了证券投资需要,基于营利目的,而且李某某作为委托人既可以随时解除合同,也可以与作为受托人的A证券公司对收取的手续费(佣金标准)这一合同主要条款进行议价协商,因此此类合同具有平等主体之间的商事合同的表征。其次,李某某与A证券公司之间还存在证券服务提供商与非职业证券投资者之间的金融消费法律关系。尽管李某某作为证券投资者与为了生活消费需要购买、使用商品或者接受服务的普通消费者并不完全相同,《中华人民共和国消费者权益保护法》之前也并未将证券市场中业余投资者视为消费者加以特殊保护。但是,随着时代的发展及个人和家庭财富的增长,消费者的生活需要不仅仅局限于吃饭穿衣等基本物质需求,为了保障物质和服务消费需求而实现个人和家庭财富保值、增值的金融投资需求也成为消费者的普遍需求,这些需求日益成为个人生活的重要组成部分。在金融市场上的金融商品往往具有无形性、专业性和风险性。

同时，与金融市场上的金融机构相比，个人在专业知识水平、信息收集和理解能力、经济实力、交易经验等各方面处于明显的弱势地位，参与金融投资活动的个人数量庞大却势单力薄，其与金融机构在很多情况下又存在利益冲突，这使个人常常会面临不公平待遇和利益侵害。因此，承认包括业余证券投资者在内的参与金融活动的个人的消费者身份，将消费者保护理论及立法扩展到金融领域，以保护金融消费者合法权益，培育理性的金融消费意识，规范金融市场服务行为，推动形成公平公正的市场环境和市场秩序，有效维护金融创新、发展和安全，是中外金融法和消费者权益保护法领域的普遍理论共识和立法趋势。2013年10月25日新修订的《中华人民共和国消费者权益保护法》第28条更是进一步明确规定："采用网络、电视、电话、邮购等方式提供商品或者服务的经营者，以及提供证券、保险、银行等金融服务的经营者，应当向消费者提供经营地址、联系方式、商品或者服务的数量和质量、价款或者费用、履行期限和方式、安全注意事项和风险警示、售后服务、民事责任等信息。"2015年国务院办公厅进一步下发了《关于加强金融消费者权益保护工作的指导意见》。

根据上述法律规定和政策意见，A证券公司作为证券服务经营者、李某某作为个人业余证券投资者，双方之间属于金融服务提供者与金融消费者关系。本案中的A证券公司与李某某争议交易发生时间为2012年5月30日至2013年11月28日，前述《中华人民共和国消费者权益保护法》第28条已经修订。李某某主张A证券公司违反了《中华人民共和国消费者权益保护法》的相关规定，构成民事欺诈，侵犯了自己作为金融消费者的权益，要求A证券公司及A证券公司S中路营业部赔偿相关损失，故一审认定本案案由为证券欺诈责任纠纷，定性准确，二审法院予以认同。

二审法院针对A证券公司是否应赔偿李某某交易佣金损失的问题认为，李某某一审及上诉主张A证券公司违法背信故意隐瞒融资融券业务真实的收费标准,误导自己开通本不需要的融资融券业务,造成被多收佣金损失,属于民事欺诈行为,应按照修订前的《中华人民共和国消费者权益保护法》规定,双倍赔偿自己的损失。经查双方签订的《融资融券业务合同》未明确约定交易手续费收取标准,A证券公司计收李某某信用账户交易的佣金标准是双方之前的《融资融券业务风险面谈记录》第4条记载:"信用账户内发生的普通交易和信用交易,一律按照2.5‰的标准收取手续费;我公司将暂免收客户担保品提交/返还,以及还券划转的20元手续费用;目前融资利率与融券费率均为9.1%,您是否理解并同意?"李某某在下面签署了"理解并同意"。李某某上诉称《融资融券业务风险面谈记录》只是A证券公司提供的格式化的融资融券业务风险的告知书,从标题名称表明其内容仅限于融资融券业务风险,并不包括收费标准,且文中明确说明访谈内容仅作提醒用,尾部又强调涉及融资融券业务的所有事项要以合同条款为准,因此在A证券公司工作人员不当劝诱的情形下,自己作为没有经验的新投资者只是程序性地在上面签名,实际上A证券公司却在其中偷偷加上了对投资者最为重要收费标准的内容。相反,在双方融资融券合同中恰恰没有约定佣金标准,A证券公司也没有向李某某提供融资融券业务合同的原件。因此,A证券公司的这一做法和行为构成欺诈。对此,二审法院认为:金融商品作为无形商品,信息是金融商品的核心内容,掌握必要、准确和真实的信息对于金融消费者作出正确判断和交易至关重要,而构成金融商品的信息天生具有专业性和复杂性,金融消费者囿于专业知识及获取信息的渠道和能力,金融市场信息不对称不仅客观存在,而且愈加严重。金融机构对金融商品的宣传、推销及劝诱行为,很容易左右个人业余投资者的交易判断,因此,金融消费者保护的一个重要原则,就是不仅要求金融商品及服务经验者要根据不同的投资者出售适合的产品和服务,而且赋予其更加严格的说明义务及信息披露义务。不仅说明和披露要求主动、真实、完整、及时,还特别强调信息说明及披露时的针对性、可理解性和可获得性要求。在本案中,李某某和A证券公司是关于两融业务佣金争议,在证券交易委托合同中,作为受托人的券商收取的手续费(佣金)标准属于合同的重要内容,理应在合同中作出清晰明了的约定,而且A证券公司在订立合同时,还应以简单易懂的方式,明确向李某某加以说明。李某某虽然开户时间较长,形式上满足了融资融券业务开户的适格性要求,但李某某真正亲自操作账户从事证券买卖的时间并不长。尽管没有证据证明如李某某所言,A证券公司业务员在向其推荐融资融券业务时存在不当劝诱行为,但A证券公司一方面在《融资融券业务风险面谈记录》中强调涉及融资融券业务的所有事项要以合同条款为准,另一方面在《融资融券合同》中又没有约定收费标准。无论是A证券公司有意为之,还是因为基于市场竞争的缘故,券商确实存在对收取的交易手续费经常逐步下调的现实需要,更无论是否是如A证券公司所称的所有券商的惯例做法,二审法院认为这一做法确有不当或者有待完善之处,因为合同中约定佣金标准并不妨碍券商在其后双方再行协商或券商单方下调佣金标准。但是,即使如此,二审法院赞同一审法院的观点,即本案双方在达成佣金标准合意问题上,A证券公司不构成民事欺诈。首先,根据最高人民法院《关于贯彻执行〈中华人民共和国民法通则〉若干问题的意见(试行)》第68条的规定:“一方当事人故意告知对方虚假情况,或者故意隐瞒真实情况,诱使对方当事人作出错误意思表示的,可以认定为欺诈行为。”A证券公司毕竟在《融资融券业务风险面谈记录》中明确具体清晰地记载并告知了融资融券业务信用账户交易佣金的标准,而且其后也是按照此标准收取,并无隐瞒真实情况或故意告知虚假情况。其次,李某某也在《融资融券业务风险面谈记录》该条佣金标准内容后签署了“理解并同意”,可以证明或推定其阅读并知晓交易收费标准。李某某诉称其当时没有通读原文,未注意A证券公司在文中隐藏了手续费的收费标准。其作为受过良好教育的成年人,理应履行理性人的注意义务,故其理由不能成立。而且就金融消费者保护而言,在强调对金融消费者全面保护、倾斜保护、加强金融机构说明义务的同时,还有对投资者适度保护的原则,强调投资者自我注意和成长。最后,以《融资融券业务风险面谈记录》这种书面形式,将业务乃至合同中部分重要内容加以强调、告知并要求投资者阅读理解及签字确认,兼顾了金融机构说明信息的针对性(重要事项)、可获得性(订约前和订约中的书面交付)以及可理解性的要求,既简便易行又能够保留证据,被实践证明是对投资者更为有利的行之有效的方式,也被管理部门作为监管要求并推广。因此,A证券公司将相关融资融券账户交易佣金标准订约前在《融资融券业务风险面谈记录》中告知,李某某签字表示“知晓、理解并同意”,构成双方就佣金标准这一重要合同内容达成一致。李某某上诉称A证券公司没有将收费项目、收费标准按照相关监管要求在营业场所的显著位置予以公示等问题,并不影响本案合同的成立和效力,也不构成本案佣金标准约定无效的理由。综上,在A证券公司不构成欺诈的情况下,李某某请求国信证券按照《中华人民共和国消费者权益保护法》的相关规定双倍赔偿其损失,一审不予支持,二审法院予以认同。

关于A证券公司是否应赔偿李某某部分佣金损失的问题。如前所述,尽管A证券公司不构成欺诈,而且其也没有违反融资融券合同关于佣金标准的约定,但是2012年5月17日李某某向A证券公司申请开立信用资金账户,5月30日将之前普通账户保证金转至信用账户用于融资融券交易,同年6月13日,A证券公司内部《客户佣金及利率设置审批表》注明“应客户要求,申请费率标准由2.3‰调到1‰”,即A证券公司将李某某普通账户的手续费降低至1‰。李某某否认是其主动要求,且在李某某否认的情况下,A证券公司并无证据证明其已将普通账户手续费下调的情况及标准通知了李某某,从金融消费者权益保护的角度,A证券公司的行为侵犯了李某某的知情权和消费选择权,并在客观上造成了李某某多支付了交易佣金。首先,双方签订融资融券合同在先,普通账户交易手续费下调在后,李某某开立融资融券信用账户时,其普通账户交易手续费标准为2.3‰,信用账户普通交易及信用交易的佣金标准均为2.5‰,两边差距不大。其次,从交易记录来看,李某某从2012年5月31日至2013年11月28日,该信用账户交易总次数为651次,其中开展融资融券信用交易110次,还本付息也很及时,说明李某某是一个谨慎的投资人,其在大多数情况下仅仅是在信用账户中进行普通交易。如果A证券公司将下调后的普通账户手续费标准告知了李某某,李某某可以自行判断并选择在普通账户进行交易还是在信用账户进行普通交易,如果李某某选择将信用账户的普通交易资金转回普通账户进行相同交易,客观上A证券公司应该少收佣金79,141.97元(159670.59 - 27767.31)×(1 - 1/2.5)。假设李某某融资融券交易为110笔不变,其应按照约定转入转出担保资金或证券,扣除应支付的手续费2200元(110×20),则李某某多支付了手续费76,941.97元(79,141.97 - 2200)。A证券公司侵犯了李某某的公平交易权,A证券公司应该退回该部分多收的佣金并赔偿李某某相关利息损失。李某某请求中虽未主张利息损失,但请求双倍赔偿,故二审法院酌定A证券公司S中路营业部支付从A证券公司S中路营业部接到证监局通知、李某某开始要求A证券公司及A证券公司深南中路营业部返还佣金之日起,即2013年12月6日起至清偿之日止的利息,利率标准按照中国人民银行一年期贷款利率计算。A证券公司深南中路营业部是A证券公司的分支机构,对其不能清偿的债务,A证券公司应承担补充清偿责任。

(四)裁判结果

一审法院认为,本案不属于《中华人民共和国消费者权益保护法》调整的范围,李某某提交的证据不能证明A证券公司对其实施了欺诈行为,A证券公司收取李某某交易手续费标准没有超过中国证券监督管理委员会、国家计委、国家税务总局《关于调整证券交易佣金收取标准的通知》第1条规定的上限,交易手续费标准在合法范围内。因此，李某某要求A证券公司双倍赔偿多收取的手续费268,246.60元的诉讼请求，一审法院不予支持。依照《中华人民共和国民法通则》第4条、第85条，最高人民法院《关于贯彻执行〈中华人民共和国民法通则〉若干问题的意见（试行）》第68条，《中华人民共和国民事诉讼法》第64条、第142条之规定，驳回李某某的诉讼请求。

二审法院认为，李某某作为证券市场的个人业余投资者，其与A证券公司之间属于金融消费者与金融服务提供商的关系。A证券公司及其S中路营业部在《融资融券业务风险面谈记录》中记载融资融券业务信用账户交易佣金标准，李某某签字确认，不构成欺诈行为。A证券公司单方下调普通账户佣金标准，未通知李某某，侵犯了李某某的知情权、交易选择权和公平交易权，应赔偿由此造成的相应损失。原审判决认定事实清楚，但适用法律和实体处理部分不当，二审法院予以纠正。李某某的上诉请求，部分成立，二审法院予以部分支持。依照《中华人民共和国民法通则》第4条，《中华人民共和国消费者权益保护法》第4条、第8条、第9条、第10条、第28条和第48条第1款第9项，《中华人民共和国民事诉讼法》第170条第1款第2项、第175条之规定，判决如下：（1）撤销一审法院民事判决；（2）A证券公司S中路证券营业部应于此判决发生法律效力之日起10日内向李某某返还交易佣金76,941.97元及利息；（3）A证券公司对A证券公司深圳S中路证券营业部上述债务承担补充清偿责任；（4）驳回李某某的其他诉讼请求。

（五）专家点评（董连和　深圳仲裁委副主任）

1. 李某某与A证券公司之间是否成立金融消费法律关系

李某某与A证券公司成立证券交易代理合同关系自不待言。双方是否成立金融消费法律关系，是否适用《中华人民共和国消费者权益保护法》，两审法院存在分歧。分歧的焦点在于对《中华人民共和国消费者权益保护法》第 2 条“为生活消费需要”的理解与适用。本人认为，二审法院对该条法律的解释方法是正确的，其在考虑社会发展及价值变迁的基础上综合运用多种解释方法，是在实践中探求法律意旨的主观思维与客观正义的结合过程。而一审法院任意选择一种解释方法以支持其论点，往往走向主观和绝对，这在审判实践中需要警惕和避免。

第一，从法律文义观之，消费者一般应当限制在“生活消费需要”的范围内。生活消费需要主要是与生产消费需要相区别的。业余证券投资者与以证券投资为专业谋生手段的投资者或投资机构应相区别。业余证券投资者尽管与传统意义上的普通消费者不同，但随着时代的发展，消费者的生活需要不仅仅局限于吃饭穿衣等基本物质需求。为了保障物质和服务消费需求而实现个人和家庭财富保值增值的金融投资需求也成为消费者的普遍需求，并日益成为个人生活的重要组成部分。

第二，从法律调整对象及上下文观之，对“生活消费需要”相应法律关系、法律事实的范围界定也存在一定程度的突破，这一点已经被 2013 年《中华人民共和国消费者权益保护法》确认。《中华人民共和国消费者权益保护法》第 28 条规定：“采用网络、电视、电话、邮购等方式提供商品或者服务的经营者，以及提供证券、保险、银行等金融服务的经营者，应当向消费者提供经营地址、联系方式、商品或者服务的数量和质量、价款或者费用、履行期限和方式、安全注意事项和风险警示、售后服务、民事责任等信息。”2015 年国务院办公厅进一步下发了《关于加强金融消费者权益保护工作的指导意见》。

第三，从立法目的和比较法观之，《中华人民共和国消费者权益保护法》的立法目的是保护现代消费社会中的弱者的合法权益。在金融市场上的金融商品往往具有无形性、专业性和风险性。同时，与金融市场上的金融机构相比，消费者在专业知识水平、信息收集和理解能力、经济实力、交易经验等各方面处于明显的弱势地位，参与金融投资活动的个人数量庞大却势单力薄，其与金融机构在很多情况下又存在利益冲突，这使消费者常常会面临不公平待遇和利益侵害。因此，承认包括业余证券投资者在内的参与金融活动的个人消费者身份，将消费者保护理论及立法扩展到金融领域，以保护金融消费者合法权益，培育理性的金融消费意识，规范金融市场服务行为，推动形成公平公正的市场环境和市场秩序，有效维护金融创新、发展和安全，是中外金融法和消费者权益保护法领域的普遍理论共识和立法趋势。

承认包括业余证券投资者在内的参与金融活动的个人消费者身份，将消费者保护理论及立法扩展到金融领域，是中外金融法和消费者权益保护法领域的普遍理论共识和立法趋势。

第四，从立法背景观之，《中华人民共和国消费者权益保护法》主要起草人之一，中国消费者权益保护法学研究会会长河山认为，从发展趋势上来看，为充分保护消费者的合法权益，维护公平的市场经济秩序，对“生活消费需要”的界定不宜过严，未来应根据实际情况的需要进一步放宽。

综合运用多种法律解释方法，使其相互补足、共同协力，方能贯彻正义理念，得出合理认定结果——双方当事人之间属于金融服务提供者与金融消费者关系。

关于新旧消费者权益保护法的适用及其溯及力，2013年《中华人民共和国消费者权益保护法》施行后，因消费者购买、使用生活消费品或者接受服务引起的民事纠纷，适用2013年《中华人民共和国消费者权益保护法》的规定。本案的A证券公司与李某争议交易发生时间为2012年5月30日至2013年11月28日，前述《中华人民共和国消费者权益保护法》第28条已经修订。因此，本案应适用2013年新修订的《中华人民共和国消费者权益保护法》。

2. 证券公司是否构成民事欺诈

根据最高人民法院《关于贯彻执行〈中华人民共和国民法

要构成欺诈须具备以下要件:(1)欺诈方须有欺诈行为;(2)欺诈方须有欺诈故意;(3)被欺诈方须因欺诈行为而陷入错误认知,并基于错误认知作出意思表示;(4)被欺诈方的意思表示违背被欺诈方真实意思。

通则〉若干问题的意见(试行)》第68条的规定:“一方当事人故意告知对方虚假情况,或者故意隐瞒真实情况,诱使对方当事人作出错误意思表示的,可以认定为欺诈行为。”可见,要构成欺诈须具备以下要件:(1)欺诈方须有欺诈行为;(2)欺诈方须有欺诈故意;(3)被欺诈方须因欺诈行为而陷入错误认知,并基于错误认知作出意思表示;(4)被欺诈方的意思表示违背被欺诈方真实意思。

在本案中,A证券公司将交易手续费收取标准写入《融资融券业务风险面谈记录》告知客户并让客户签字确认,且说明所有事项要以合同条款为准,而又未将其明确约定于《融资融券业务合同》中。这种做法虽有不当或有待完善之处,但对应上述民事欺诈构成要件,A证券公司既没有故意告知虚假情况和隐瞒真实情况的欺诈行为,亦没有因上述做法妨碍李某某的意思表示自由和意思表示真实。两审法院对本案双方在达成佣金标准合意问题上均认定A证券公司不构成欺诈,这在认定事实上是正确的。

在对金融消费者全面保护、倾斜保护、加强金融机构说明义务的同时,需强调与投资者适度保护原则的平衡。

另外,就金融消费者保护而言,二审法院在强调对金融消费者全面保护、倾斜保护、加强金融机构说明义务的同时,还强调与投资者适度保护原则的平衡,这对引导投资者履行理性人的注意义务,促进其注意和成长具有积极意义。

3.《中华人民共和国消费者权益保护法》下的金融消费者

根据《中华人民共和国消费者权益保护法》第8条“消费者享有知悉其购买、使用的商品或者接受的服务的真实情况的权利。消费者有权根据商品或者服务的不同情况,要求经营者提供商品的价格、产地、生产者、用途、性能、规格、等级、主要成分、生产日期、有效期限、检验合格证明、使用方法说明书、售后服务,或者服务的内容、规格、费用等有关情况”的规定,本案金融消费者李某某对金融服务享有知情权。将有关服务信息已经通知消费者的举证责任分配给金融服务提供者，一方面有利于加强对金融消费者消费选择权、公平交易权等合法权益的保护；另一方面也对金融服务提供者提出了更高的要求，能够引导其服务行为，从而有利于促进金融行业的规范运营、制度完善和健康发展。

案例 4　内幕交易的民事责任承担

——评黄某某与光大证券公司内幕交易民事责任赔偿纠纷案

(一)案情介绍

中国证监会在〔2013〕59 号行政处罚决定书中认定:2013 年 8 月 16 日 11 时 5 分,光大证券公司在进行交易型开放式指数基金申赎套利交易时,因程序错误,其所使用的策略交易系统以 234 亿元的巨量资金申购 180ETF 成分股,实际成交 72.7 亿元。经测算,180ETF 与沪深 300 指数在 2013 年 1 月 4 日至 8 月 21 日的相关系数达 99.82%,即巨量申购和成交 180ETF 成分股对沪深 300 指数,180ETF、50ETF 和股指期货合约价格均产生重大影响。同时,巨量申购和成交可能对投资者判断产生重大影响,从而对沪深 300 指数、180ETF、50ETF 和股指期货合约价格产生重大影响。根据《中华人民共和国证券法》第 75 条第 2 款第 8 项和《期货交易管理条例》第 82 条第 11 项的规定,光大证券公司在进行 ETF 套利交易时,因程序错误,其所使用的策略交易系统以 234 亿元的巨量资金申购 180ETF 成分股,实际成交 72.7 亿元为内幕信息。光大证券公司是《中华人民共和国证券法》第 202 条和《期货交易管理条例》第 70 条所规定的内幕信息知情人。上述内幕信息自当日 11 时 5 分交易时产生,至当日 14 时 22 分光大证券公司发布公告时公开。

同日不晚于 11 时 40 分,徐某明召集杨某忠、沈某光和杨某波开会,达成通过做空股指期货、卖出 ETF 基金对冲风险的意见,并让杨某波负责实施。因此,光大证券公司知悉内幕信息的时间不晚于当日 11 时 40 分。当日 13 时,光大证券公司称因重大事项停牌。当日 14 时 22 分,光大证券公司发布公告,称“公司策略投资部自营业务在使用其独立套利系统时出现问题”。但在当日13时开市后,光大证券公司即通过卖空股指期货、卖出ETF对冲风险,至14时22分,卖出股指期货空头合约IF1309、IF1312共计6240张,合约价值43.8亿元,获利74,143,471.45元;卖出180ETF共计2.63亿份,价值1.35亿元,卖出50ETF共计6.89亿份,价值12.8亿元,合计规避损失13,070,806.63元。

对于上述事实,中国证监会认为:光大证券公司因程序错误以234亿元的巨量资金申购180ETF成分股,实际成交72.7亿元,可能影响投资者判断,对沪深300指数、180ETF、50ETF和股指期货合约价格均可能产生重大影响,同时这一信息在一段时间内处于未公布状态,符合内幕信息特征。中国证监会据此依法认定其为内幕信息。光大证券公司自身就是信息产生的主体,对内幕信息知情。按照光大证券公司《策略投资部业务管理制度》的规定和策略投资的原理,光大证券公司可以进行正常的对冲交易,但是光大证券公司决策层了解相关事件的重大性之后,在没有向社会公开之前进行的交易,并非针对可能遇到的风险进行一般对冲交易的既定安排,而是利用内幕信息进行的交易。此时光大证券公司具有进行内幕交易的主观故意,符合《中华人民共和国证券法》中“利用”要件,应当认定为内幕交易。光大证券公司内幕交易行为性质恶劣,影响重大,对市场造成了严重影响,应当依法予以处罚。据此,中国证监会决定没收光大证券公司ETF内幕交易违法所得13,070,806.63元,并处以违法所得5倍的罚款;没收光大证券公司股指期货内幕交易违法所得74,143,471.45元,并处以违法所得5倍的罚款。上述两项罚没款共计523,285,668.48元。

黄某某在五矿期货公司开立账户进行股指期货交易。在本案中,黄某某诉请所涉及的交易品种为IF1309。黄某某主张所诉请的损失152,100元的计算方法为将2013年8月16日当日交易的全部IF1309的亏损即证据2《交易结算单》显示的“平仓盈亏”中的负数累加计算出来。

对于上述交易,黄某某诉请的手续费损失 3000 元的计算方法为:所有的亏损即“平仓盈亏”中的负数所对应的手续费累加取整。关于利息损失是以 152,100 元为基数,按中国人民银行规定的同期贷款基准利率的标准自 2013 年 8 月 16 日起暂计至光大证券公司实际赔偿之日止,为 14,448元。

(二)争议焦点

根据查明的事实以及双方辩诉意见,本案争议焦点可归纳为以下四点:(1)光大证券公司是否存在内幕交易行为。(2)光大证券公司作为内幕交易行为人是否具有主观过错。(3)黄某某经济损失与光大证券公司内幕交易是否存在因果关系。(4)黄某某具体经济损失的认定。

(三)法院观点

关于第一个焦点,黄某某主张中国证监会已经作出行政处罚决定,确认光大证券公司的行为构成内幕交易,该行政处罚决定未被推翻。光大证券公司主张,其行为不构成内幕交易。光大证券公司错单交易影响的是整个证券市场,不应属于证券市场的内幕信息。由于光大证券公司异常交易发生在证券市场,因此也不构成期货市场的内幕信息。错单交易信息在当日 11 时 32 分即在各媒体披露,不具有“未公开性”。光大证券公司于当日 13 时申请临时停牌并发布提示性公告,对投资者和整个市场已经产生了提示性作用。对此,法院认为:首先,中国证监会在〔2013〕59 号行政处罚决定书中已经认定,光大证券公司在内幕信息公开前将所持股票转换为 ETF 卖出和卖出股指期货空头合约的交易,构成《中华人民共和国证券法》第 202 条和《期货交易管理条例》第 70 条所述内幕交易行为。而且光大证券公司作为被行政处罚的对象,并未针对该处罚决定提起相应的行政诉讼,应视为其认同该处罚决定。其次,杨某波提出的行政诉讼,相关法院审理之后,认为被诉行政处罚认定事实清楚,作出处罚决定的程序合法,一、二审判决驳回了杨某波的诉请。上述行政及司法认定,具有约束力,法院据此确认光大证券公司存在内幕交易行为。

在本案中,光大证券公司还提出,媒体已经披露了错单交易信息,信息已经公开,主要依据是当日 11 时 32 分 21 世纪网刊所发表的《A 股暴涨:光大证券自营盘 70 亿乌龙指》报道以及相关网站转载。法院认为这一问题既涉及内幕交易是否构成的认定,也涉及投资者损失因果关系的认定,应当加以审查。鉴于中国证监会行政处罚中并未涉及该情节,法院认定如下:首先,从报道的主体来看,该报道并非由光大证券公司主动披露,而是由财经媒体自主报道,不能视为光大证券公司履行了法律、法规以及证券监管部门、证券交易所要求的公开披露义务。其次,从报道的消息来源来看,该报道提及“独家获悉”,该用语往往体现了财经媒体报道的消息来源为私下、非公开渠道,未经官方确认,不具有权威性,受众未必对此产生信赖。基于以上原因,不能认定内幕信息已经具有公开性。

关于第二个焦点,黄某某认为,光大证券公司在错单交易发生后,不及时披露相关情况造成信息误导,还违法进行内幕交易行为,具有主观过错。光大证券公司认为:首先,错单交易发生时,光大证券公司根本无法判断错单信息属于整个证券和期货市场的内幕信息,并非故意隐瞒。光大证券公司于 14 时 22 分对错单交易事件进行了公告。从事件发生到公告间隔只有 3 个多小时,完全符合我国《上市公司信息披露管理办法》第 71 条对信息披露及时性的标准。其次,错单交易发生后,光大证券公司进行对冲交易,该交易行为是根据既定的、公开的交易策略和《策略投资部业务管理制度》进行的,具有合规性和正当性。对此,法院认为,首先,光大证券公司的错单交易行为引起市场暴涨,可能影响投资者判断,对市场上众多的交易品种价格可能产生影响。暂且抛开对市场的影响,光大证券公司应认识到该信息至少对于光大证券公司本身股票价格的重要影响，因为错单成交量巨大，作为自营业务，足以对光大证券公司的经营业绩产生重大影响，并且因当天的交割结算会引发巨额债务。此类事件已经成为《中华人民共和国证券法》第 67 条所规定的可能对上市公司股票交易价格产生较大影响的重大事件。在这种情况下，无论是否能够判断该信息为内幕信息，无论是否进行对冲交易，均应"立即"披露。法院认为，"立即"，根据《现代汉语词典》的解释，为立刻、马上，紧接着某个时候的意思，应当是一个较短的时间段。本案中，应考虑两方面的因素：第一，就技术层面而言，考虑到目前传播沟通技术的便捷性，光大证券公司有足够的时间在 13 时开市前在监管部门指定媒体以及其他媒体平台广而告之，比如光大证券公司因重要事项未公开向上海证券交易所申请临时停牌，上海证券交易所也在当日 13 时发布了盘中停牌提示性信息。这说明"立即披露"在技术上无任何障碍。第二，就主观层面而言，根据法院查明的事实，当日 11 时 40 分，光大证券公司已经开会准备进行对冲，这说明光大证券公司此时完全知晓其上午的交易属于错单交易，因此才有对冲交易的需要。在此时真相已经明了的情况下，光大证券公司完全可以立即披露，但光大证券公司并未遵守监管部门的信息披露要求，而是实施对冲交易以规避自己的损失，其主观上具有过错。

至于光大证券公司提出的其进行的对冲交易是根据既定的、公开的交易策略和《策略投资部业务管理制度》进行的，具有合规性和正当性，法院认为，任何公司的内部规定均不能违反国家的法律规定，如果违反，应承担相应的法律责任。对冲交易策略本身并不违法，即便因系统故障引起的微量错单交易，可以通过对冲交易规避损失，但在特定情况下，尤其是本案中因巨量错单交易进而产生内幕信息的情况下，基于国家法律法规、监管部门的要求，此时公司就具有更高的义务来确保自己的行为合法，而不仅仅是考虑公司内部的规定。因此，光大证券公司以存在公司内部规定为由主张其无过错，法院不予支持。

关于第三个焦点，黄某某认为，其所交易的品种因光大证券公司的对冲行为造成价格下跌,因此其经济损失与光大证券公司内幕交易存在因果关系。光大证券公司认为,从光大证券公司对冲的总成交量、交易手法、市场价格变化来看,均不会影响市场价格,不会造成黄某某损失,故不存在因果关系。黄某某的交易品种、交易模式也表明黄某某所受损失与内幕交易之间没有因果关系。

法院认为,证券市场中因果关系不同于传统的民事因果关系。首先,证券市场主体人数众多、交易迅速、成交量大。作为一个以计算机网络技术为基础的市场,证券市场中的大多数证券交易是通过集合竞价和连续竞价,采取交易所主机撮合方式而完成的,内幕交易行为人与受害人并不直接对应或接触。因此,投资者交易的股票/期货无法与内幕交易行为人交易的股票/期货完全一一对应。其次,在证券市场中,投资者的损害主要表现为证券价格的下降或上升,但是影响证券价格的因素非常多,往往是多种原因相互交织引起证券价格波动。在这种情况下,由投资者通过证据去证明内幕交易的因果关系几乎不可能,相当于架空了内幕交易惩罚制度,不符合立法的本意。

法院注意到,我国目前的法律、法规或者司法解释并未对内幕交易与投资者损失的因果关系方面作出具体明确规定,但与此最相类似、同样涉及证券市场投资者民事赔偿的最高人民法院《关于审理证券市场因虚假陈述引发的民事赔偿案件的若干规定》第18条,对因果关系作出如下规定,"投资人具有以下情形的,人民法院应当认定虚假陈述与损害结果之间存在因果关系:(一)投资人所投资的是与虚假陈述直接关联的证券;(二)投资人在虚假陈述实施日及以后,至揭露日或者更正日之前买入该证券;(三)投资人在虚假陈述揭露日或者更正日及以后,因卖出该证券发生亏损,或者因持续持有该证券而产生亏损。"根据该规定,在具备一定条件的情况下,推定因果关系成立。

考虑到上述因素,法院认为,在认定内幕交易与投资者损失的因果关系方面,亦应采用推定因果关系的做法。基于有效市场理论,假定证券及期货市场的价格受所有投资公众可获知的公开信息的影响,交易时不披露内幕信息,会极大影响市场价格的真实性。因此,存在内幕交易行为应当推定为会影响投资者所投资的交易品种价格,进而造成投资者的损失。具体而言,法院认为,在内幕信息具有价格敏感性的情况下,在内幕交易行为实施内幕交易行为的期间,如果投资者从事了与内幕交易行为主要交易方向相反的证券交易行为,而且投资者买卖的是与内幕信息直接关联的证券、证券衍生产品或期货合约,最终遭受损失,则应认定内幕交易与投资者损失具有因果关系。

光大证券公司还提出,当日内幕交易时间段,光大证券公司交易 IF1309 和 IF1312 的数量远远低于市场成交总量,每分钟交易 IF1309 和 IF1312 的数量又较为平均,因此并不会导致大盘价格下降,这与黄某某损失之间没有因果关系。另外,光大证券公司于 14 时 22 分发布公告前后,相关市场价格走势呈平稳下跌趋势,没有明显地突变,说明无论光大证券公司是否公开内幕信息,对市场价格走势均不会产生较大影响,故投资者交易受损并非光大证券公司内幕交易行为所致。法院认为,在内幕交易中,交易总量的大小、交易数量是否平均,对因果关系的认定并无影响,因为立法禁止从事内幕交易行为并未区分上述具体实施因素,而是考虑到内幕交易破坏证券市场交易制度的公平性,影响一般投资人对证券市场公开、公正、公平的信赖。在采用推定因果关系的情况下,上述具体交易数量与具体交易模式,对于与内幕信息直接关联的交易品种,并不影响因果关系的认定,最多在赔偿责任限额方面对内幕交易行为人有影响。另外,在本案较短的内幕交易期间内,光大证券公司也没有举证证明存在其他市场风险因素的明显介入,故光大证券公司以自身交易模式为由否认因果关系存在的观点法院不予支持。

在因果关系方面,本案还涉及诸多因素影响因果关系的具体认定,其中包括交易品种关联性、交易方向、交易时间等。分别分析如下:

第一,交易品种对因果关系的影响。与因果关系密切相关的一个问题是交易品种直接关联性问题。光大证券公司所交易的股指期货空头合约为 IF1309、IF1312、50ETF 以及 180ETF,本案黄某某交易的品种为 IF1309,故可以直接认定交易品种与光大证券公司的内幕交易行为具有因果关系。

第二,交易方向对因果关系的影响。交易方向对因果关系的认定有重大影响,如果投资者主要交易方向与内幕交易行为人的交易方向相同,则应当认定投资者的损失与内幕交易行为之间不存在因果关系。证券市场与股指期货市场交易规则有所不同,在判断主要交易方向方面,就股指期货交易方向,法院注意到黄某某反复多次买入和卖出股指期货合约,对此光大证券公司提出,黄某某的操作属于纯粹投机的双向交易,进而表明黄某某从事交易系自主判断和自主决策,不受光大证券公司内幕交易行为影响。法院认为,基于摊低成本、规避风险等交易策略,投资者的交易模式确实可以表明其目的是通过捕捉相关交易品种短时间内的价格波动而通过频繁交易来获利,由于股指期货市场的交易特征,这种做法不违反投资规则,无可厚非。无论是否存在光大证券公司的内幕交易行为,投资者根据其投资策略完全可能在当日进行多次交易甚至频繁交易,但由于光大证券公司内幕交易行为影响了市场价格,根据推定因果关系的理论,只要造成了投资者的损失,亦应认定构成因果关系。

根据本案的具体案情,光大证券公司在当日内幕交易时间段的交易行为是卖出股指期货合约 IF1309。而在当日内幕交易时间段内,黄某某的交易记录显示其买入 IF1309 的总手数大于卖出总手数,故应认定黄某某的交易方向与光大证券公司的交易方向相反。

第三,交易时间对因果关系的影响。本案中黄某某所主张的交易品种既有发生在内幕交易时间段的,也有发生在非内幕交易时间段的,对于发生在非内幕交易时间段的交易,黄某某的损失与光大证券公司的行为是否存在因果关系,亦是本案争议问题之一。法院认为,本案引发诉讼的原因是光大证券公司的内幕交易行为,法律之所以制裁内幕交易行为,确立赔偿机制,是因为内幕交易给相关市场造成了重大的负面影响。市场受信息支撑并由信息左右,信息对交易品种价格的变化具有决定性的影响。内幕交易行为人因提前拥有可靠信息,可以使自己摆脱交易的风险,而一般投资者则要面对巨大风险,相当于内幕交易行为人将其获益转嫁为投资者的损失,这将使相关市场失去公平、公正性和失去效率,并使投资者失去对市场的信心和投资的愿望,从而从根本上腐蚀市场的正常机制,影响市场的健康发展。如果投资者的交易发生于光大证券公司的内幕交易行为时间段之外,这种情况能否索赔,应考虑到投资者所面对的市场风险问题。众所周知,股票与股指期货等交易品种具有流动性、风险性、波动性的特征。在瞬息万变的市场当中,投资于这些交易品种的风险是客观存在的。作为投资者,不仅要面临自身主观行为因素所造成的风险,还要面临外部客观因素所带来的风险,包括各类所投资公司的个体风险、整个市场风险。在市场风险中,除了由于汇率、利率等金融政策、国内和国际的突发事件、经济和政治制度的变动等所引发的风险,计算机的技术故障风险或者其他投资者操作错误亦是每个投资者所必要面对的广义上的市场风险,因为当今世界证券及期货市场的交易架构基本依赖于计算机网络系统,包括硬件与软件。至于其他投资者的错误操作,无论是源自计算机软硬件故障还是投资者自身操作指令不当,除非是属于法律明确禁止之行为,如虚假陈述、内幕交易、操纵市场等,否则难以从民事侵权法律上追究其责任。首先,对于一名投资者而言,根本无法事先判断其他投资者的投资行为是有意、无意或者是存在错误,其所能观察到的,仅仅是市场价格变化,就此意义而言,在交易之时,该投资者并不存在重大误解,也无从要求撤销这种交易行为。其次,在一个价格瞬息万变、波动巨大的市场上,每位投资者作出投资决策时应依赖于自己的判断,而不应对其他投资者的投资行为产生任何信赖。其他投资者的行为,导致某一时刻的大盘或者个股的价格剧烈变化,不代表着跟风必定获利。因此,无法从法律上认定损失因果关系的存在。否则,导致市场波动的每一项突发事件、政策决定、他人投资行为或者其他因素都会引发诉讼,“市场”一词将失去其本意。

就本案而言,法院认为,对于光大证券公司在内幕交易时间段内的行为,属于应受法律制裁的行为,黄某某主张的该时间段的损失依法可以获得赔偿。但中国证监会并未认定光大证券公司当日上午的行为属于内幕交易(即便可能存在极少量的股指期货交易行为),也未认定光大证券公司当日存在虚假陈述、操纵市场等相关法律所禁止的行为,故黄某某主张的在非内幕交易时间段进行的交易,属于跟风买入受损,应自担投资风险,无法认定存在法律上的因果关系。

关于第四个焦点,法院认为,在内幕交易引起投资者具体经济损失的计算方面,由于目前我国法律、法规尚无详细规定,应由人民法院根据内幕交易所涉及交易品种的特点、市场的状况参照类似的国内外规定,予以酌情认定。根据本案的特定情况,法院认为应以投资者在内幕交易时间段内的交易价格与基准价格的差额,乘以交易的具体数量,据此计算损失金额。对于基准价格如何确定,应当以内幕信息公开后的一段合理时间,相关交易品种价格对相关信息的反应结束后的价格为基准价格。光大证券公司内幕交易涉及不同交易品种,在认定基准价格方面,法院认为应考虑以下因素:一是光大证券公司内幕交易事件属于市场首例,经由新闻媒体的大规模报道,消息应能较快在市场上传递。二是不同品种的交易规则区别较大(如保证金交易、T+1还是T+0等),对适格投资者的标准亦不相同,投资者的交易频率也有所差别,故确定基准价格的办法应根据交易品种的不同而有所区别。对于股指期货品种,由于投资者所面对的风险更高,专业性更强,而且日内交易次数较为频繁,应能更为密切关注市场。法院酌情认定内幕信息公开后的合理时间为三个交易日(含当日,因股指期货结算价与股票收盘价确定机制存在较大差别),上述期间足以使交易品种价格对相关信息的反应结束,故法院以三个交易日平均结算价作为基准价格。根据查明的事实,IF1309基准价格为2313.6。在计算损失方面,如果由黄某某采用由其自行决定的开仓、平仓一一对应的计算方式来计算损失金额则会产生不完全合理的结果。股指期货不同于股票交易,由于交易次数较为频繁,而且股指期货交易中有时存在前一交易日的历史仓位,故如何一一对应存在争议,同时也需要历史交易记录来认定,故法院不采用这种烦琐且不合理的计算方法,而是采用以下简便计算原则来认定黄某某的损失额:(1)黄某某内幕交易时间段内的所有反向交易(无论开仓或者平仓)价格减去基准价格形成的差额,乘以交易的具体数量,以此作为损失额。(2)如果黄某某在内幕交易时间段内还存在同向交易的,则应将反向交易与同向交易在同等交易量(手)基础上先行结算冲抵计算交易盈亏额,剩余的反向交易按第 1 项原则计算交易盈亏额,然后两项交易盈亏额相加,以此作为损失额。具体而言,在本案中,黄某某账户中内幕交易时间段内共有 30 手交易,其中 18 手买入,12 手卖出,应先冲抵结算后,再根据实际情况与基准价格比较计算,经计算黄某某涉案交易损失的金额为 110,160 元。关于黄某某主张的手续费损失 3000 元,法院认为,内幕交易与虚假陈述行为有所不同,虚假陈述行为会直接影响投资者是否进行投资的判断,故应赔偿投资者的交易成本费用,而内幕交易则具有秘密性,投资者无法对他人的内幕交易行为产生信赖,因此内幕交易行为对交易品种的价格存在影响,但并不完全和必然影响投资者对是否交易作出决定,故对于黄某某主张的交易手续费法院不予支持。

黄某某还主张光大证券公司应支付涉案损失金额的相应利息,对此,法院认为,虽然侵权案件中的利息损失亦是损失之一,但考虑到本案具有一定的新颖性,双方当事人对于光大证券公司的内幕交易行为与黄某某损失是否存在因果关系存在较大争议,且对于此类侵权造成的利息是否应予支持相关法律规定并不明确,故黄某某该项请求依据不足,法院不予支持。

(四)裁判结果

光大证券公司的行为构成内幕交易,具有主观过错,与黄某某的投资损失具有因果关系,光大证券公司应依法赔偿因此所造成的黄某某损失110,160元。依照《中华人民共和国证券法》第5条、第67条、第70条、第75条、第76条,《期货交易管理条例》第3条、第82条之规定,判决如下:(1)被告光大证券股份有限公司于此判决生效之日起10日内赔偿原告黄某某损失110,160元;(2)驳回原告黄某某的其他诉讼请求。

(五)专家点评(郑观　浙江大学光华法学院讲师)

光大证券公司内幕交易案虽已发生超过4年时间,但对于本案的一系列争论迄今尚未完全结束。光大证券对冲行为的定性问题,诸多学者从证券法、刑法等方面,对中国证监会的处罚决定提出了质疑。[①] 而在投资者提出的具体民事损害赔偿案件中,法院亦以中国证监会对光大证券公司内幕交易的性质认定作为其相关判定的出发点。暂且不论光大证券公司为降低损失而采取的对冲行为的定性争议,由于《中华人民共和国证券法》第76条仅简单地规定内幕交易行为给投资者造成损失的,应承担民事损害赔偿责任,却缺乏内幕交易行为和投资者损害赔偿之间因果关系的具体认定规范,有关法院在其判决中,部分性地参照适用了最高人民法院《关于审理证券市场因虚假陈述引发的民事赔偿案件的若干规定》中关于因果关系的规定,即就投资损失及其具体额度的计算上,基于市场有效理论,采用推定因果关系。相关系列判决的出台,为我国内幕交易民事赔偿制度的司法实践提供了实践参照标准,避免了该条文一直处于具文的状态,其重要意义不言自明。但值得注意的是,法院在其

① 诸如缪因知:《光大证券事件行政处罚与民事索赔之合法性质疑》,载《法学》2014年第1期;刘东辉:《论"光大证券事件"中的期货内幕交易》,载《西南政法大学学报》2014年第5期;李睿:《光大证券异常交易事件的刑法评析》,载《华东政法大学学报》2014年第5期。

判决中基于内幕交易行为和投资行为之间不存在因果关系而对原告手续费用的赔偿主张未予支持。[①] 从侵权法基本理论来看，承认内幕交易损失的同时否认了交易费用，存在逻辑上的悖论。此外，法院在判决中，分别从侵权责任和信赖责任两个方面对虚假陈述的民事责任加以讨论，因此，有必要对该民事责任的定性问题加以进一步厘清。

1. 侵权法中的因果关系

侵权行为与损害结果之间存在因果关系是被侵权人主张其赔偿请求权的前提，唯此方可将产生责任的事实同所主张的损害联系起来。在侵权法框架下，对因果关系的要求，仅在危险责任或数人侵权等特殊情况有所变化。[②] 虽然《中华人民共和国侵权责任法》并没有对于因果关系予以明确界定，但根据该法第 6 条及第 7 条的规定可知，损害赔偿的产生应归因于侵权人的行为。从理论上来看，侵权性因果关系可分为责任成立（haftungsbegründende）的因果关系以及责任范围（haftungsausfüllende）的因果关系。[③] 前者指被主张承担责任之人的行为，同所产生的具体结果之间存在因果关系；而后者则强调该具体结果是否造成了损害赔偿权利人的损害。二者之间存在逻辑上的先后次序，即仅在满足前者的情况下，讨论后者方具有意义。[④]

侵权性因果关系可分为责任成立的因果关系以及责任范围的因果关系。二者之间存在逻辑上的先后次序，即仅在满足前者的情况下，讨论后者方具有意义。

而在本案的判决中，法院忽略了这一逻辑顺序，在支持投资者的投资损害赔偿的同时，拒绝了其关于手续费的诉讼请求。在承认内幕交易导致投资者受损属侵权行为的前提下，就侵权行为及其损害的因果关系逻辑顺序而言，应先是行为人的内幕

① 参见（2015）深中法商初字第 190 号。

② 参见《中华人民共和国侵权责任法》第 10 条及第 12 条中关于无法确定具体侵权人及责任大小时的规定。

③ Lange/Schiemann, Schadensersatz, 3. Aufl. 2003, S. 77.

④ 例外情况为在危险责任的情况下，则无须讨论前者。

交易行为与所产生的客观结果即投资者的投资行为之间存在因果关系，然后方是投资者的投资行为与投资者的投资损害额度之间存在因果关系。

依照法院在其判决中的观点，内幕交易有别于虚假陈述，不会造成投资者的信赖，不必然地影响投资者的投资决定，法院否认了内幕交易和投资者进行投资之间的因果关系，即在否认责任成立的因果关系的同时，却承认内幕交易和投资者损害之间存在责任范围性的因果关系，导致其结论上的逻辑悖论。

2. 损害赔偿框架内虚假陈述与内幕交易民事责任的性质区别

依照《中华人民共和国证券法》第69条及最高人民法院《关于审理证券市场因虚假陈述引发的民事赔偿案件的若干规定》第1条，虚假陈述的民事责任指信息披露义务人违反法律规定而进行虚假陈述，从而造成投资者损失所应承担的民事责任。对此责任的性质认定，我国立法并未予以明确，而司法机关倾向于认为其属于侵权责任，如最高人民法院《关于审理证券市场因虚假陈述引发的民事赔偿案件的若干规定》第6节将其他责任主体同发行人承担连带责任的情况明确界定为共同侵权责任。另外，法院在本案判决中对虚假陈述同内幕交易的差异性进行分析时，则提出虚假陈述行为会直接影响投资者的投资决策判断，而内幕交易则因其秘密性而无法使投资者产生信赖，足以影响投资者的决定。从这一论述中，法院似乎并未将虚假陈述的民事损害作为侵权责任，而转而认为具有信赖责任的特性。

《中华人民共和国证券法》第69条列举的虚假陈述行为包括发行市场的招股说明书和交易市场的定期报告。但从法律后果上，该条未加区分地统一规定了民事责任，并未就虚假陈述的民事责任法律属性予以明确。基于义务主体和投资者之间的具体关系在法律所规定的两种情况下有所差异，有必要对此加以进一步厘清。

在理论上，对于虚假陈述民事责任大致可以分为契约性责任、侵权性责任以及信赖性责任三种学说。契约性责任以违法披露人同投资者之间存在契约关系为依据。此种情况大多针对证券发行市场中的招股说明书造假,而相应的损害赔偿应包括返还原状(Naturalrestitution)。例如,最高人民法院《关于审理证券市场因虚假陈述引发的民事赔偿案件的若干规定》第29条规定,在发行市场中的虚假陈述行为,致使证券被停止发行的,投资人有权要求返还和赔偿所缴股款及银行同期活期存款利率的利息。但该条同时规定了差额性损害(Differenzschaden)赔偿制度。这样的损害赔偿制度实际上以行政决定(是否停止发行)而并非以当事人之间的法律关系作为赔偿方式的区分标准。从投资者和发行人之间的法律关系来看,二者之间存在以证券为客体的买卖合同关系,而招股说明书本身是对发行人及其证券的具体情况的完整性描述,对于投资者而言,招股说明书所载之内容是其同发行人之间签订证券买卖合同的充分依据,由此可以推知招股说明书对于投资者的投资具有确定作用。因此,招股说明书的虚假陈述,意味着作为买受人的投资者,其买卖证券时的意思表示的形成是基于对方提供的错误的信息,这将涉及《中华人民共和国合同法》第54条的合同可撤销情形,从而可以要求出卖人恢复原状。另一种解释路径则可认为其属于《中华人民共和国合同法》第94条第4项所规定的致使合同目的无法实现,从而符合法定的合同解除条件。

但若认定虚假陈述属于合同性责任,却存在难以解释的情况。首先,在发行市场中,招股说明书的义务主体除发行人外,还包括诸如发起人、发行人的董事、监事以及高级管理人员等主体。这些主体同投资者之间并不存在证券的买卖关系,无法纳入合同范畴之内。其次,在交易市场中,投资人的交易相对人并非虚假陈述的行为人,二者之间不存在契约关系。最后,在交易市场中,发行人等信息义务人的信息披露内容,虽可以认为对投资者的决策产生影响,但鉴于此时的信息披露相较于证券发行的招股说明书,无论在信息内容的全面性、披露的详细程度等方面，均弱于招股说明书，投资者进行投资时，已经存在既有的证券价格作为投资判断的重要依据，故无法认为此时的信息披露是投资者作出投资决策的确定性依据，甚至难以作为其作出意思表示的依据，从而难以纳入合同内容之内。最高人民法院《关于审理证券市场因虚假陈述引发的民事赔偿案件的若干规定》第30条将差额作为损害的计算方法，恰好体现了此差异性。由此可见，契约性责任理论并不适用于虚假陈诉的民事责任。

与契约型责任相对，有观点认为虚假陈述的民事责任属于侵权性责任。例如，最高人民法院《关于审理证券市场因虚假陈述引发的民事赔偿案件的若干规定》的共同侵权主体的界定，可以推知司法部门倾向于将虚假陈述的民事赔偿责任定性为侵权责任。《中华人民共和国侵权责任法》第2条采用的是较为宽泛的侵权客体的规定，即规定除法律明确规定的权利之外还包括人身、财产权益。在这一框架之内，投资者基于虚假陈述而产生的损失是可以纳入其保护范畴的。

但将虚假陈述认定为侵权责任的问题在于作为纠正的正义的侵权法，其赔偿范围以具体损害为准。而最高人民法院《关于审理证券市场因虚假陈述引发的民事赔偿案件的若干规定》第29条所规定的则是，虚假陈述导致公司停止上市时，投资人得以主张返还和赔偿所缴股款及银行同期活期存款利率的利息。此时，投资人所遭受的损失并非其全部股款，而应是其股款和发行人股票价值之间的差额，即使股票未能上市发行，仍具有其内在的价值属性。可见，在侵权法框架内，无法合理解释一级市场中返还原状的赔偿方式。

若将虚假陈述的民事责任视为信赖责任，则可以解决上述契约性与侵权性责任的不适之处。依照德国学者Canaris的观点，信赖责任包括三个层次：其一是权利外观性的信赖责任，即存在客观的权利外观如公示登记等作为信赖产生的基础。其二是法伦理性的信赖责任，即虽然不存在客观的信赖基础，而瑕疵亦可为外界所知悉，但基于诚实信用原则，一方当事人不得主张真实情况，如导致合同形式上无效的一方不得主张合同无效。其三则属损害赔偿法框架内的信赖责任，这主要是包括基于表示行为而产生的责任，如瑕疵表示，又如先契约或后契约义务所引起的信赖损害等。就此而言，虚假陈述属第三层次的信赖责任。[①]

无论在发行或交易市场，投资者购买证券的行为虽不一定直接发生于其与披露义务人之间，但相关信息披露势必对投资者的投资产生影响。这一影响基于信息内容的全面性、所处发行或交易市场有所差异，并对损害赔偿的具体形式及额度有所影响，但投资者可被视为均是基于对披露信息的真实、准确与完整的信任，而进行相应的投资，因此，在投资者和披露行为人之间存在法定的特定关系，这一信赖义务面对交易市场以及发行市场中的非发行人时，近似于基于对第三人之信赖而进行交易的缔约过失责任，而在发行市场中，则可认为是发行人的先契约义务，从而将发行和交易市场中的虚假陈述纳入统一的体系之内。不同于侵权责任的损害赔偿方式，信赖责任的损害赔偿具有双轨性，既可以主张当事人所信赖的虚假情况，也可以主张当事人若认识到真实情况而不会发生的损失；既可以是积极利益，也可以是消极利益。依此，则在招股说明书存在虚假陈述的情况下，投资者可以主张信赖责任中的消极利益，即要求发行人返还款项，从而避免了侵权责任框架中无法解释的窘境，而在其他虚假陈述的情况下，则可依照积极利益而主张差额损失。

① Canaris, Die Vertrauenshaftung im deutschen Privatrecht, C. H. Beck Verlag, 1971.

案例5 虚假陈述中"重大性"的构成与民事责任

——评李某与S股份有限公司证券虚假陈述责任纠纷案

(一)案情介绍

被告S股份有限公司股票在深圳证券交易所上市交易,2010年4月15日,被告S股份有限公司发布2009年年度报告。2011年10月11日,财政部发布《第二十一号公告》,公告的主要内容有:2010年财政部组织驻各地财政监察专员办事处对114户企业的会计信息质量和56户证券资格会计师事务所(分所)的执业质量进行检查。该公告所附的《2010年度会计信息质量检查和会计师事务所执业质量检查处理处罚及落实整改情况》中载明,财政部驻深圳市财政监察专员办事处对S股份有限公司2009年年度会计信息质量进行了检查。检查发现,被告公司存在负债不实2356万元、收入不实3088万元、利润不实2300万元等会计违规问题,少缴各项税款430万元。其中,该公司下属公司2009年少计其他业务收入793万元,少计营业外收入1886万元。另一家下属公司2009年员工薪酬等收入1290万元未扣缴个人所得税。针对检查发现的问题,财政部驻深圳市财政监察专员办事处依法下达了处理决定,并对该公司及下属单位予以罚款的行政处罚。S股份有限公司已按照要求进行整改,调整会计账务,并补缴相关税款。

2011年11月1日,被告S股份有限公司发布了《关于财政部驻深圳市财政监察专员办事处对公司2009年度会计信息质量进行检查和公司整改情况的公告》,对《第二十一号公告》中涉及的各项问题的整改落实情况作出说明和通报,同时还说明:"在本次检查中涉及的负债总计2356

万元，占公司 2009 年年底负债总额 145.65 亿元的 0.16%；收入总计 3088 万元，占公司 2009 年收入总额 113.89 亿元的 0.27%；利润总计 2300 万元，占公司 2009 年利润总额 28.31 亿元的 0.81%。公司已按整改要求，在 2010 年度全额补缴相应税费、支付滞纳金和交纳罚款，并于 2010 年 12 月 14 日将整改落实的结果向财政部驻深办报送了《关于落实财政部驻深办财务检查整改意见的报告》。上述事项涉及的金额在公司负债总额、收入总额及利润总额中占比极小，对公司财务状况及经营成果和现金流量未产生实质性影响。”原告李某提供的南京证券高淳宝塔路营业部的交易记录显示，其于 2010 年 11 月至 2013 年 8 月多次买入、卖出被告股票。

（二）争议焦点

本案的争议焦点是：被告被财政部处罚的行为是否构成虚假陈述的行为；被告被财政部处罚的行为与原告投资被告股票的投资损失之间是否存在因果关系。

（三）法院观点

第一，关于被告被财政部处罚的行为是否构成虚假陈述的行为的问题，最高人民法院《关于审理证券市场因虚假陈述引发的民事赔偿案件的若干规定》第 17 条第 1 款规定：“证券市场虚假陈述，是指信息披露义务人违反证券法律规定，在证券发行或者交易过程中，对重大事件作出违背事实真相的虚假记载、误导性陈述，或者在披露信息时发生重大遗漏、不正当披露信息的行为。”可见，虚假陈述行为除行为主体和行为发生阶段特定性外，还须是针对重大事件的违反证券法律行为。关于重大事件，最高人民法院《关于审理证券市场因虚假陈述引发的民事赔偿案件的若干规定》第 17 条第 2 款规定：“对于重大事件，应当结合证券法第五十九条（现为第六十三条）、第六十条（现为第六十五条）、第六十一条

(现为六十六条)、第六十二条(现为第六十七条)、第七十二条(现为七十八条)及相关规定的内容认定。”《中华人民共和国证券法》第63条规定:“发行人、上市公司依法披露的信息,必须真实、准确、完整,不得有虚假记载、误导性陈述或者重大遗漏。”该法第67条规定:“发生可能对上市公司股票交易价格产生较大影响的重大事件,投资者尚未得知时,上市公司应当立即将有关该重大事件的情况向国务院证券监督管理机构和证券交易所报送临时报告,并予公告,说明事件的起因、目前的状态和可能产生的法律后果。下列情况为前款所称重大事件:(一)公司的经营方针和经营范围的重大变化;(二)公司的重大投资行为和重大的购置财产的决定;(三)公司订立重要合同,可能对公司的资产、负债、权益和经营成果产生重要影响;(四)公司发生重大债务和未能清偿到期重大债务的违约情况;(五)公司发生重大亏损或者重大损失;(六)公司生产经营的外部条件发生的重大变化;(七)公司的董事、三分之一以上监事或者经理发生变动;(八)持有公司百分之五以上股份的股东或者实际控制人,其持有股份或者控制公司的情况发生较大变化;(九)公司减资、合并、分立、解散及申请破产的决定;(十)涉及公司的重大诉讼,股东大会、董事会决议被依法撤销或者宣告无效;(十一)公司涉嫌犯罪被司法机关立案调查,公司董事、监事、高级管理人员涉嫌犯罪被司法机关采取强制措施;(十二)国务院证券监督管理机构规定的其他事项。”

具体到本案,首先,关于违法性质和处罚依据,财政部在《第二十一号公告》中明确了被告的违法行为的认定和处罚均以《中华人民共和国会计法》为标准。《第二十一号公告》载明,此次检查是对国民经济基础行业和重点企业上市公司执行会计准则和内部控制规范情况,侧重点在于检查企业内部控制体系是否健全有效,执行《中华人民共和国会计法》和企业会计准则,会计核算是否规范和会计信息质量情况。被告在检查中发现的问题是该公司存在负债不实2356万元、收入不实3088万元、利润不实2300万元等会计违规问题,少缴各项税款430万元。对其处罚的依据是《中华人民共和国会计法》，处罚的措施也只是罚款，要求其进行整改，调整会计账务，并补缴相关税款，没有要求被告S股份有限公司调整或更正2009年年报的内容。

其次，关于重大性问题，《第二十一号公告》列明的主要问题是：被告"存在负债不实2356万元、收入不实3088万元、利润不实2300万元等会计违规问题，少缴各项税款430万元"。而根据德勤华永会计师事务所有限公司出具的"德师报(审)字(10)第P0699号"审计报告，截至2009年12月31日，被告资产总额为3,024,983.87万元，负债总额为1,456,532.53万元；2009年度营业总收入1,138,867.31万元，营业总成本969,700.73万元，利润总额283,129.28万元。负债不实部分占总负债比例为0.162%，收入不实部分占总营业收入比例为0.271%，利润不实部分占利润总额比例为0.812%，少缴各项税款部分利润总额比例为0.152%，并予补缴清结。经对比可见，上述财务会计违规问题所涉及的金额与被告总体资产比例很少，造成的影响较小，尚不足以影响投资者对投资被告公司的判断，也不足以达到《中华人民共和国证券法》所规定的对"重大事件"作出违背事实真相的虚假记载、误导性陈述，或者在披露信息时发生重大遗漏、不正当披露信息的行为。

最后，从《第二十一号公告》发布后对被告股票的影响来看，根据东方财富网等公开网站信息显示，《第二十一号公告》发布的当天，即2011年10月11日，被告股票开盘价为6.28元，收盘价为6.26元，涨跌幅为1.13%，2011年10月12日开盘价为6.26元，收盘价为6.39元，涨跌幅为2.08%，市场反映出的股价涨跌幅并不明显。综上，被告在《第二十一号公告》中所涉行为仅是财务会计违规问题，并不构成证券市场虚假陈述。

第二，关于被告S股份有限公司被财政部处罚的行为与原告李某投资被告股票的投资损失之间是否存在因果关系的问题。如前所述，法院认为被告被处罚的行为不构成证券市场虚假陈述，该行为与原告投资被告股票的投资损失之间不存在因果关系。这一点还可以从同期上证指数和同类企业股票的走势得到印证:自被告2009年度报告公告之次日(2010年4月16日)至《第二十一号公告》发布之日起第30个交易日,上证指数区间下跌752.34点,跌幅23.77%,深圳成指区间下跌2485.09点,跌幅19.86%,300公用指数区间下跌632.12点,跌幅30.58%;被告股票复权后区间下跌4.76元,跌幅35%;与被告同属于地方发电企业的粤电力复权后区间下跌3.05元,跌幅38.22%,宝新能源复权后区间下跌3.18元,跌幅27.36%,申能股份复权后区间下跌3.59元,跌幅33.80%。从上述数据分析,虽然个股受经营状况差异、受国家政策、市场大势等其他因素影响,大盘和地方发电类企业股票价格有不同程度的跌幅,但被告股票的涨跌幅在2009年度报告公告之日至《第二十一号公告》发布之后的一段时间,与大盘及同类企业走势基本一致。《第二十一号公告》发布当天和次日,被告股票价格也没有出现大的波动。由此可见,原告投资损失与被告受到处罚没有明显关联,其损失应当系证券投资市场风险等因素影响造成,原告主张的损失与被告《第二十一号公告》中所涉行为之间没有因果关系,本案也就不再涉及原告损失的计算问题。

(四)裁判结果

法院认为,被告S股份有限公司虽然因2009年年度报告存在财务会计违规问题并受到财政部处罚,但不属于违反证券法律规定的在证券发行或者交易过程中,对重大事件作出违背事实真相的虚假记载、误导性陈述,或者在披露信息时发生重大遗漏、不正当披露信息的行为,不构成证券市场虚假陈述行为,原告投资被告股票的损失与被告上述行为之间也不存在因果关系,原告诉请被告赔偿其损失没有事实和法律依据,法院不予支持。依据《中华人民共和国民法通则》第106条,《中华人民共和国侵权责任法》第 5 条、第 6 条，最高人民法院《关于审理证券市场因虚假陈述引发的民事赔偿案件的若干规定》第 1 条、第 17 条，《中华人民共和国民事诉讼法》第 9 条、第 64 条之规定，判决如下：驳回原告李某的诉讼请求。

（五）专家点评（钟明霞　深圳大学法学院教授）

本案为证券虚假陈述责任纠纷案，上市公司因虚假陈述而引发的民事赔偿诉讼在侵权行为、因果关系、免责事由等方面都具有特殊性。最高人民法院在 2003 年 1 月发布的《关于审理证券市场因虚假陈述引发的民事赔偿案件的若干规定》是现行有效的处理证券虚假陈述损害赔偿纠纷的主要法律依据。最高人民法院《关于审理证券市场因虚假陈述引发的民事赔偿案件的若干规定》第 17 条第 1 款规定："证券市场虚假陈述，是指信息披露义务人违反证券法律规定，在证券发行或者交易过程中，对重大事件作出违背事实真相的虚假记载、误导性陈述，或者在披露信息时发生重大遗漏、不正当披露信息的行为。"证券虚假陈述民事赔偿诉讼的争议焦点通常包括：虚假陈述是否具备重大性；虚假陈述的实施日、揭露日的认定；基准日和基准价的认定；因果关系认定；系统风险的剔除；投资损失的计算方法及损失金额认定等。本案正是因为是否存在虚假行为、是否具备重大性，以及因果关系的认定而引发的纠纷。

首先，在本判决书中，法院判决书很敏锐地抓住一个关键问题即证券证券市场虚假陈述的对象必须是"重大事件"。原最高人民法院民二庭杨临萍庭长在 2015 年年底发表的《关于当前商事审判工作中的若干具体问题》中专门指出，要研究证券侵权行为重大性问题。重大性，是指违法行为对投资者决定的可能影响，其主要衡量指标可以通过违法行为对证券交易价格和交易量的影响来判断。虚假陈述的重大性标准是一个比较含糊的概念，其在立法中难以用准确的词语来进行描述。因此，在很多情况下需要法院在具体案件中进行判定。鉴于此，在该份判决中,法院为了使虚假陈述重大性的认定标准更具有可操作性,明确适用了最高人民法院《关于审理证券市场因虚假陈述引发的民事赔偿案件的若干规定》第17条第2款,这样不仅对焦点问题进行了分析,还阐明了法律依据,极具说服力。

在"重大性"问题判断方面,此判决主要从两个方面考察:一是虚假陈述行为或信息的性质是否属于《中华人民共和国证券法》或相关法律所规定的重大事件;二是虚假陈述行为对上市企业股票交易量及股价产生的实质影响。

从该份判决书可以清晰地看出法院关于认定虚假陈述中重大事件的思路,在"重大性"问题判断方面,此判决主要从两个方面考察:一是虚假陈述行为或信息的性质是否属于《中华人民共和国证券法》或相关法律所规定的重大事件;二是虚假陈述行为对上市企业股票交易量及股价产生的实质影响。比对因素主要包括:(1)虚假陈述实施日前后、更正日/揭露日前后,股票交易量比较;(2)股价走势与大盘指数横向、纵向比较;(3)股价走势与同行业其他个股价格走势横向、纵向比较等。此判决通过对审计报告中被告的资产总额数据分析,得出财务会计违规问题所涉及的金额与被告总体资产比例很少,造成的影响较小,尚不足以影响投资者对投资被告公司的判断,也不足以达到《中华人民共和国证券法》所规定的对"重大事件"作出违背事实真相的虚假记载、误导性陈述,或者在披露信息时发生重大遗漏、不正当披露信息的行为。这一分析和认定体现了审判员较强的逻辑思维和推理能力,从而为准确认定事实和适用法律奠定了基础。

其次,在认定因果关系方面,此判决是通过比较2011年10月12日的《第二十一号公告》发布当天和次日,被告股票价格并没有出现大的波动,得出投资损失与被告受到处罚没有明显关联,其损失应当系证券投资市场风险等因素影响造成,原告主张的损失与被告《第二十一号公告》中所涉行为之间没有因果关系的结论。民商法学界和司法实务部门普遍认为,证券虚假陈述侵权责任中的因果关系要件,包括了交易上因果关系证券虚假陈述侵权责任中的因果关系要件，包括了交易上因果关系（或称为事实上因果关系）和损失上因果关系（或称为法律上因果关系）。前者被用来认定虚假陈述行为是否引起了投资者的交易行为，一般用“but for”规则来判断，即没有虚假陈述行为，投资人就不会进行交易。后者被用来判断交易行为是否导致了投资者的全部或部分损失。

（或称为事实上因果关系）和损失上因果关系（或称为法律上因果关系）。前者被用来认定虚假陈述行为是否引起了投资者的交易行为，一般用“but for”规则来判断，即没有虚假陈述行为，投资人就不会进行交易。后者被用来判断交易行为是否导致了投资者的全部或部分损失。本案审判员对因果关系的理解，思路特别清晰，通过对被告S股份有限公司虽然因2009年年度报告存在财务会计违规问题并受到财政部处罚，但不属于违反证券法律规定的在证券发行或者交易过程中这个时间点，从而得出须为交易上的因果关系。若投资者知道了虚假陈述行为还依旧进行交易，说明虚假陈述行为没有影响投资者的投资决策。此判决在厘清因果关系方面深刻理解了法条的内涵和外延，从而达到准确适用，显示出较高的裁决水准。

最后，综观判决书整体，虽然在原告和被告提出的证据阐述方面，此判决在“本院查明”部分没有逐一地分析和作出声明，但丝毫不影响此判决的事实的清晰性。

案例 6　诱空型虚假陈述的民事责任承担

——评丁某与 A 公司证券虚假陈述责任纠纷案

(一) 案情介绍

A 股票于 2008 年 6 月 25 日在深圳证券交易所上市。2012 年 5 月 24 日,证监会作出了第 20 号《处罚决定书》,认定 A 公司、陈某存在以下违法事实:(1)未及时披露可能给其带来巨额利润的合同事项。2010 年 11 月 23 日,深圳市 B 公司与 A 公司签订《关于 C 公司之合作经营协议书》及相关备忘录,约定共同出资成立 C 公司。B 公司与 C 公司还口头约定:B 公司保证 C 公司销售净利润不低于 10%。B 公司于 2010 年 12 月 12 日与 D 公司签订了两份《产品销售协议》,销售金额共计 192,000 万元。A 公司于 2010 年 12 月 16 日派刘某(时任 A 公司副总经理)和王某(时任 A 公司监事)参加了 B 公司召开的市场与生产计划会,会上着重介绍了 2010 年 12 月 12 日所签订的合同。2010 年 12 月 17 日,刘某将会议上提供的《B 公司目标市场与客户》幻灯片通过秘书金某某传递给陈某(时任 A 公司董事长),并将会议内容介绍给郭某(时任 A 公司监事会主席)。2010 年 12 月 20 日或 21 日,刘某将幻灯片也发给郭某并向陈某汇报会议内容。据此,A 公司知悉 B 公司与 D 公司于 2010 年 12 月 12 日签订合同一事。根据 B 公司与 A 公司事先签订的《合作经营协议书》以及双方口头约定的“B 公司保证 C 公司销售净利润率不低于 10%”,前述《产品销售协议》可能给 C 公司创造净利润 13,010 万元,给 A 公司间接创造净利润 7155.50 万元,这一金额是 A 公司 2009 年度经审计净利润 3891.28 万元的 1.84 倍。A 公司未及时披露 2010 年 12 月 12 日 B 公司与 D 公司签订两份《产品销售协议》可能给 C 公司创造巨额利润,进而给A公司间接创造巨额利润这一重大事件。(2)未及时披露其子公司C公司与B公司商谈变更合同主体事项。2011年2月18日至23日,C公司与B公司就合同销售主体变更事宜进行商谈。2011年2月18日,B公司与C公司召开会议,会上提出变更合同主体一事,陈某、刘某等人参会。2011年2月21日,陈某告诉李某18日会议的内容,并要求李某上报深圳证券交易所并询问是否需要停牌。

2011年2月18日至22日,A股票价格发生异常波动,2011年2月23日A公司发布《股票交易异常波动公告》称,公司不存在应披露而未披露信息的行为,故未披露C公司正在筹划上述重大事项。2011年2月24日,A公司因拟披露重大事项,向深圳证券交易所提交了停牌申请,由深圳证券交易所在其网站发布《关于A股票临时停牌的公告》,公司股票于该日开市起临时停牌。证监会认为,A公司未及时披露B公司与D公司签订总金额共计192,000万元的《产品销售协议》可能给公司生产经营带来重大影响的事件,违反了《中华人民共和国证券法》第67条的规定,构成《中华人民共和国证券法》第193条所述上市公司"未按照规定披露信息"的行为;A公司2011年2月23日披露的《股票交易异常波动公告》内容与事实不符,违反了《中华人民共和国证券法》第63条、第67条的规定,构成《中华人民共和国证券法》第193条所述上市公司"所披露的信息有虚假记载"的行为;A公司董事长陈某是A公司上述两项违法行为直接负责的主管人员。依据前述事实,证监会对A公司和陈某等相关责任人员作出了相应的处罚。

2011年3月2日,A公司发布《关于控股子公司C公司签订重大意向性合同的公告》,将前述合作经营协议的签署情况、合同主要内容及合同主体变更为A公司控股子公司C公司、B公司仅作为合同保证人的情况予以公告,该公告发布之日,A股票复牌。2011年3月8日,《上海证券报》刊登题为《采购方信息漏洞百出A公司20亿元订单悬疑》的报道,因该报道可能对公司股票交易价格产生较大影响,A公司于3月8

日开市起临时停牌，待公司通过指定媒体披露澄清公告后复牌。2011年4月21日，A公司发布了《关于被证监会立案调查的公告》，公司股票继续停牌。2011年8月4日，A公司发布了《控股子公司重大意向性协议自查结果暨股票复牌公告》，再次通报了之前已经公告过的意向性协议已经于2011年7月20日、31日陆续解除等事项。该公告发布之日，A股票复牌。

根据丁某提供的交易记录显示，其于2011年2月22日、8月9日买入、卖出A公司股票。

（二）争议焦点

本案的争议焦点是，A公司虚假陈述行为与丁某损失之间是否存在因果关系，以及如果存在因果关系应当如何赔偿。

（三）法院观点

1. 一审法院观点

第一，关于本案虚假陈述行为与其对证券市场影响之间的因果关系类型。

一审法院认为，虚假陈述行为表现为证券市场信息披露义务人违反法律规定，通过积极或消极地实施虚假记载、误导性陈述、重大遗漏和不正当披露等行为，对市场走向和投资者判断产生重大性影响。基于虚假陈述行为对市场走向和投资者判断的影响模式，可以分为诱多型虚假陈述和诱空型虚假陈述。诱多型虚假陈述表现为信息披露义务人故意违背事实真相发布虚假的利多内容信息，或者隐瞒遗漏重大利空内容信息，诱使投资者看多并买入或持续持股；诱空型虚假陈述则表现为信息披露义务人披露虚假的消极利空内容信息，或者隐瞒遗漏重大利多内容信息，诱使投资者在股价相对低位时卖出而遭受损失。根据第20号《处罚决定书》认定，A公司未及时披露B公司与D公司签订的《产品销售协议》这一可能给公司生产经营带来重大影响的事件,2011 年 2 月 23 日披露的《股票交易异常波动公告》内容与事实不符,违反了《中华人民共和国证券法》的规定,构成虚假陈述。从《产品销售协议》的内容来看,该行为可能使 A 公司利润大幅增长,对丁某等投资者而言系利好消息,而 A 公司未能及时披露该信息,应当属于隐瞒重大利多内容信息的诱空型虚假陈述行为。众所周知,排除证券市场系统风险、内幕交易、操纵市场等其他因素,在没有隐瞒重大利多内容信息的诱空型虚假陈述行为的情形下,利好消息的披露一般会带来信息红利,引起上市公司股价的上涨。这会使利好事件依法应当被披露之前就买入股票且持有至披露日的投资者受益,而在披露日后再行投资该股票的投资者,则无此利益。如果该利好事件发生时,信息披露义务人隐瞒和遗漏该重大利多内容信息,由于利好消息公布的时点后移,会直接影响市场走向和投资者判断,使上述投资者的利益受到相应的影响。一审法院将这期间投资者可能发生的投资行为,以及该行为与虚假陈述行为之间的因果关系作以下归纳:

其一,在虚假陈述行为实施日前即持有,并在虚假陈述行为实施日前卖出股票的投资者,其投资行为显然没有受到虚假陈述行为的影响,即使有损失,其与虚假陈述行为之间也没有因果关系。

其二,在虚假陈述行为实施日前即持有,并在虚假陈述行为实施日后、揭示日(揭露日或更正日,下同)前卖出股票而发生亏损的投资者,将因没有享受到本应享有的信息红利而受到利益损害,故该部分投资者的前述损失与虚假陈述行为有因果关系,可以要求行为人赔偿。

其三,在虚假陈述行为实施日前即持有,并在虚假陈述行为揭示日后卖出或继续持有股票的投资者,因利好消息披露的时间点(虽然是迟延披露)处于其持股期间,其已经可以享受到消息红利,即使发生亏损,也失去了可以索赔的前提。

其四,在实施日后揭示日前买入,又在该时段内卖出股票受到损失的投资者，虽然从买入时间上看，晚于应当披露的时间，但其损失亦由利好消息未能在其持股期间公布，系因虚假陈述行为人补救措施不及时所致，投资者亦没有享受到本应享有的信息红利而受到利益损害，故该部分投资者可以要求行为人赔偿。

其五，股票是在实施日后揭示日前买入、在揭示日后卖出或继续持有，或至基准日后或继续持有，因其已经享受到信息红利，即使发生亏损，也与该虚假陈述行为本身没有因果关系。

其六，在揭示日后买入股票，因该虚假陈述行为已经为公众所知晓，投资者应该了解该揭示行为的警示和提醒作用，意识到自己下一步投资行为可能存在的机遇和风险，在此情况下其仍然作出投资决定，即使发生亏损，亦属于自身判断和决策的失误，与虚假陈述行为没有因果关系，无权就所发生的损失主张赔偿。

须要说明的是，虚假陈述行为人赔偿的前提是投资者发生损失，如果投资者的投资没有发生损失甚至是有盈利，那么则不符合侵权赔偿的要件，故无从要求行为人赔偿。

综上所述，在本案中，只有在第二种和第四种情况下投资者产生的损失才可能与A公司虚假陈述行为存在因果关系。除上述情形外的其他投资损失应当是由证券市场系统风险等其他因素造成，与A公司的虚假陈述行为无关。

第二，关于本案的虚假陈述实施日和揭示日。

首先，关于实施日。根据第20号《处罚决定书》认定的事实，2010年11月23日，B公司与被告A公司签订《合作经营协议书》约定共同出资成立C公司，B公司保证C公司销售净利润不低于10%。2010年12月12日，B公司与D公司签订了两份《产品销售协议》，A公司于2010年12月16日派刘某和王某参加了B召开的市场与生产计划会，会上着重介绍了该协议。在2010年12月20日或21日，刘某将幻灯片也发给郭某并向陈某汇报。故A公司高层于2010年12月20日或21日始才应当知悉B公司与D公司于2010年12月12日签订合同这一可能给公司造成重大影响的事件。按照证监会《上市公司信息披露管理办法》第71条关于及时披露信息的规定,A公司应当在自起算日起或者触及披露时点的两个交易日内,即最迟于2010年12月23日披露上述信息而未披露,故本案虚假陈述实施日应为2010年12月23日。

其次,关于揭示日。2011年2月24日,A公司通过深圳证券交易所网站发布公告称其拟披露重大事项并申请停牌,2011年3月2日,A公司发布《重大意向性合同公告》,详细披露了前述《合作经营协议书》签署情况、合同主要内容及合同主体变更的情况,并就该合同给上市公司的影响、风险提示等问题予以说明。由此可见,3月2日公告是2月24日公告的延续和具体化。从2011年2月24日公告披露预警信息至3月2日公告披露具体信息,A公司已经将其控股子公司C公司签订重大意向性合同这一可能给公司生产经营带来重大影响的事件完全披露,是A公司第一次系统、完备地向公众披露了上述重大事件的时间。不仅在时间上早于2011年4月21日《被立案调查公告》,内容上也更加具体、详细和完备。至于2011年3月8日《上海证券报》等媒体对A公司于2011年3月2日披露的三大订单方资料、合约如何消化、风险提示表述等一系列问题提出质疑的问题,一审法院认为,从之后的事实看,虽然A公司陆续解除了前述协议,但证监会第20号《行政处罚决定书》并未认定A公司的关联公司签订上述协议行为本身是虚假陈述行为。故一审法院认为,至少到2011年3月2日,A公司应当披露而未披露的重大事件已经公开,上述重大事件内容已为社会公众所知,虚假陈述行为已经被揭示。

第三,关于丁某诉请的损失与A公司虚假陈述行为是否存在因果关系。

根据丁某提供的交易记录和索赔清单,按照"先入先出"的原则计算,其在本案中诉请的损失不属于由前述第二种和第四种情况造成,丁某诉请的投资损失与A公司虚假陈述行为之间不存在因果关系，丁某诉请A公司赔偿其损失没有事实和法律依据，一审法院不予支持。

2. 二审法院观点

本案为证券虚假陈述责任纠纷。根据丁某的上诉理由及A公司的答辩意见，本案二审涉及的问题为：(1)本案虚假陈述实施日、揭示日的认定；(2)本案A公司虚假陈述行为与丁某的投资损失之间是否存在因果关系，丁某的诉求应否支持。

第一，关于本案虚假陈述实施日、揭示日的认定问题。(1)关于本案虚假陈述实施日。一审法院根据第20号《处罚决定书》认定的事实，并依照证监会《上市公司信息披露管理办法》第71条关于及时披露信息的规定，认定本案虚假陈述实施日为2010年12月23日，符合《关于审理证券市场因虚假陈述引发的民事赔偿案件的若干规定》第21条的规定。(2)关于本案虚假陈述揭示日。根据查明的事实，2011年2月24日，A公司通过深圳证券交易所网站发布公告称其拟披露重大事项并申请停牌。2011年3月2日，A公司发布《重大意向性合同公告》，详细披露了《合作经营协议书》的签署情况、合同主要内容及合同主体变更的情况，并就该合同给上市公司的影响、风险提示等问题予以说明。从2011年2月24日公告披露预警信息至3月2日公告披露具体信息，A公司已经将其控股子公司C公司签订重大意向性合同这一可能给公司生产经营带来重大影响的事件完全披露，这也是A公司第一次系统、完备地向公众披露了上述重大事件的时间，故一审法院认为，至少到2011年3月2日，A公司应当披露而未披露的重大事件已经公开，上述重大事件内容已为社会公众所知，虚假陈述行为已经被揭示，并据此认定本案虚假陈述揭示日为2011年3月2日，亦符合《关于审理证券市场因虚假陈述引发的民事赔偿案件的若干规定》第21条的规定。因丁某对一审法院认定的虚假陈述实施日、揭示日没有异议，故二审法院均予以确认。丁某上诉认为一审法院对虚假陈述实施日、揭露日等未提及，缺乏事实依据，二审法院不予采纳。

第二,关于本案A公司虚假陈述行为与丁某的投资损失之间是否存在因果关系,丁某的诉求应否支持的问题。根据虚假陈述对证券市场以及投资行为作用的影响不同,虚假陈述划分为诱多型虚假陈述和诱空型虚假陈述两大类。关于诱多型虚假陈述和诱空型虚假陈述的构成要素,一审法院已进行详述,二审法院予以认可,在此不再赘述。根据证监会作出的第20号《处罚决定书》的认定,A公司系因未及时披露B公司与D公司签订的《产品销售协议》这一可能给公司生产经营带来重大影响的事件,2011年2月23日披露的《股票交易异常波动公告》内容与事实不符,违反了《中华人民共和国证券法》第63条"发行人、上市公司依法披露的信息,必须真实、准确、完整,不得有虚假记载、误导性陈述或者重大遗漏"、第67条"发生可能对上市公司股票交易价格产生较大影响的重大事件,投资者尚未得知时,上市公司应当立即将有关该重大事件的情况向国务院证券监督管理机构和证券交易所报送临时报告,并予公告,说明事件的起因、目前的状态和可能产生的法律后果……"的规定而构成虚假陈述。从A公司未及时披露的《产品销售协议》的内容来看,该协议可能使A公司利润大幅增长,对丁某等投资者而言系利好消息,故A公司未能及时披露该信息,属于隐瞒披露重大利多信息。因此,一审法院认定本案A公司的虚假陈述为诱空型虚假陈述行为,并以投资者买卖股票时是否有享受到本应享有的信息红利为界限,界定出投资者与本案虚假陈述行为之间是否存在因果关系的若干情形,综合本案情况,并无不当,二审法院对此亦予以认可。本案中,根据丁某提供的交易记录,其在卖出股票时已知悉该信息,故丁某所主张的损失,属于证券市场系统风险及其自身判断和决策的失误所造成。因此,一审法院认定丁某所主张的损失与A公司的虚假陈述行为之间没有因果关系,对丁某的诉讼请求不予支持,亦无不当。

(四)裁判结果

一审法院认为,丁某损失与A公司虚假陈述行为之间没有因果关系,对其诉讼请求不予支持。一审法院依据最高人民法院《关于审理证券市场因虚假陈述引发的民事赔偿案件的若干规定》第19条第4项,《中华人民共和国民事诉讼法》第142条、第152条、第164条第1款之规定,判决驳回丁某的诉讼请求。

二审法院认为,原审判决认定事实清楚,适用法律正确,处理结果并无不当,予以维持。丁某的上诉请求缺乏事实和法律依据,予以驳回。依照《中华人民共和国民事诉讼法》第170条第1款第1项之规定,判决驳回上诉,维持原判。

(五)专家点评(吴学斌　深圳大学法学院教授)

目前还很难说中国的证券市场是一个成熟、法治的市场,其中仍然存在诸多不规范的地方,其中之一就是一些上市公司利用信息的不对称发布虚假的陈述(包括隐瞒一些重大事项),从而引起股票价格的异常反映,造成股民巨大的经济损失。与此同时,当上市公司因虚假陈述而被证监会处罚的事件曝光后,大量股民随即涌向上市公司所在地的法院提起证券虚假陈述民事赔偿诉讼。鉴于此,最高人民法院于2003年1月9日专门出台了《关于审理证券市场因虚假陈述引发的民事赔偿案件的若干规定》(法释〔2003〕2号),该司法解释与《中华人民共和国证券法》、中国证监会《上市公司信息披露管理办法》一道作为规范、审理因证券市场虚假陈述引发的民事赔偿案件的法律根据。

广东省高级人民法院作出的丁某与A公司证券虚假陈述责任纠纷二审民事判决书,一方面反映了证券市场的某种乱象;另一方面又反映了《关于审理证券市场因虚假陈述引发的民事赔偿案件的若干规定》在司法实践中的理解和应用情况。中国虽然不是判例法的国家,但是就维护法秩序统一性的要求而言，生效的判决本身具有参考价值。该判决书论证本案事实是在“虚假陈述证券民事赔偿若干规定”下的法律适用，对于司法机关办理证券市场上市公司因虚假陈述、股民索赔类似案件具有重要的参考意义。

在因为上市公司虚假陈述而引起的民事赔偿诉讼案件中，首先要准确解读《关于审理证券市场因虚假陈述引发的民事赔偿案件的若干规定》的真实内涵，要确定虚假陈述的内涵与客观存在，也需要确定何为损失以及损失是否客观存在，还有一个关键点就是要证明虚假陈述与损失之间存在的因果关系。

在因为上市公司虚假陈述而引起的民事赔偿诉讼案件中，首先要准确解读《关于审理证券市场因虚假陈述引发的民事赔偿案件的若干规定》的真实内涵，要确定虚假陈述的内涵与客观存在，也需要确定何为损失以及损失是否客观存在，还有一个关键点就是要证明虚假陈述与损失之间存在的因果关系。

1. 何为虚假陈述

(1)重大事件

根据《关于审理证券市场因虚假陈述引发的民事赔偿案件的若干规定》第17条的规定：“证券市场虚假陈述，是指信息披露义务人违反证券法律规定，在证券发行或者交易过程中，对重大事件作出违背事实真相的虚假记载、误导性陈述，或者在披露信息时发生重大遗漏、不正当披露信息的行为。”显然，虚假陈述的对象是信息披露义务人的“重大事件”。

《关于审理证券市场因虚假陈述引发的民事赔偿案件的若干规定》第17条并没有直接说明何为“重大事件”，而是援引《中华人民共和国证券法》第59条、第60条、第61条、第62条、第72条及相关规定的内容认定。非常有趣的是，上述法条并没有明文、具体规定何为“重大事件”。《中华人民共和国证券法》第67条倒是以列举的方式明确界定了何为“重大事件”的12种情形。根据《关于审理证券市场因虚假陈述引发的民事赔偿案件的若干规定》第17条第2款规定的“相关规定的内容”，应该可以认定《中华人民共和国证券法》第67条规定的“重大事件”与《关于审理证券市场因虚假陈述引发的民事赔偿案件的若干规定》第17条规定的“重大事件”的内涵与外延一致，至少在内容上可以借鉴。

深圳市中级人民法院、广东省高级人民法院在丁某诉A公司虚假陈述证券民事赔偿诉讼中都认定A公司未及时披露可能给其带来巨额利润的合同事项属于“重大事件”，原告、被告对此并无异议。

(2)虚假陈述

根据《关于审理证券市场因虚假陈述引发的民事赔偿案件的若干规定》第17条的规定，虚假陈述包括四种行为：

第一，虚假记载，是指信息披露义务人在披露信息时，将不存在的事实在信息披露文件中予以记载的行为。

第二，误导性陈述，是指虚假陈述行为人在信息披露文件中或者通过媒体，作出使投资人对其投资行为发生错误判断并产生重大影响的陈述。

第三，重大遗漏，是指信息披露义务人在信息披露文件中，未将应当记载的事项完全或者部分予以记载。

第四，不正当披露，是指信息披露义务人未在适当期限内或者未以法定方式公开披露应当披露的信息。

“误导性陈述”的外延非常宽泛，凡是不真实披露信息的都可能属于“误导性陈述”，这种司法解释的优点在于为司法实践提供一个模糊的空间，用以处理具体规定可能的疏忽。“重大遗漏”既包括故意的遗漏，也包括过失的遗漏。

(3)诱多型虚假陈述与诱空型虚假陈述的问题

《关于审理证券市场因虚假陈述引发的民事赔偿案件的若干规定》并没有出现诱多型虚假陈述或诱空型虚假陈述的字眼。诱多型虚假陈述与诱空型虚假陈述只是一种理论划分。司法实务部门在认定是否存在虚假陈述时，没有必要区分二者在构成要件上的差别。司法实务部门在认定是否存在虚假陈述时，应该以《关于审理证券市场因虚假陈述引发的民事赔偿案件的若干规定》为法律依据,根据立法精神来确定是否存在虚假陈述。

诱空型虚假陈述。

深圳市中级人民法院、广东省高级人民法院在丁某诉A公司虚假陈述证券民事赔偿案件中虽然使用了学理名词"诱空型虚假陈述",并分析了"诱空型虚假陈述"下损失的认定条件,但对于本案而言,一审、二审判决并没有否认虚假陈述的客观存在。

2. 损失的认定

损失的存在是索赔的前提。根据《关于审理证券市场因虚假陈述引发的民事赔偿案件的若干规定》第30条,虚假陈述行为人在证券交易市场承担民事赔偿责任的范围,以投资人因虚假陈述而实际发生的损失为限。投资人实际损失包括:(1)投资差额损失;(2)投资差额损失部分的佣金和印花税。《关于审理证券市场因虚假陈述引发的民事赔偿案件的若干规定》第31条、第32条还规定了实际损失的计算方式。

结合丁某诉A公司虚假陈述证券民事赔偿案,需要思考的是《关于审理证券市场因虚假陈述引发的民事赔偿案件的若干规定》是否如原审判决书所谓的仅约束的是诱多型的虚假陈述。一审法院认为:《关于审理证券市场因虚假陈述引发的民事赔偿案件的若干规定》仅对虚构利好或者隐藏利空、从而引诱投资者作出积极投资决定的诱多型虚假陈述行为应承担民事赔偿责任作出了规定,而未对诱空的虚假陈述是否承担赔偿责任、如何承担责任作出规定。这涉及如何理解《关于审理证券市场因虚假陈述引发的民事赔偿案件的若干规定》第30条、第31条、第32条的问题,实质是如何理解虚假陈述中损失的认定。

民法、合同法中的实际损失都包含了预期利益的损失。我们从《关于审理证券市场因虚假陈述引发的民事赔偿案件的若干规定》第30条、第31条、第32条的规定中既读不出这里的实际损失排斥预期利益的损失，也读不出《关于审理证券市场因虚假陈述引发的民事赔偿案件的若干规定》仅约束的是诱多型的虚假陈述。在证券交易市场，虚假陈述人的虚假陈述包含了两种常见的类型：隐瞒利空的虚假陈述或隐瞒利好的虚假陈述。这两种虚假陈述都会导致投资人的实际损失。这两种虚假陈述性质相同且都常见，所以应该都是法律约束的对象，无非是如何理解“文义射程”的问题。

所以，如果虚假陈述人隐瞒利好消息，就是一种虚假陈述。如果这种虚假陈述导致股民没有获得应有的经济利益的（股票价格上扬），应该可以认定存在损失。

3. 虚假陈述与损失之间因果关系问题

上市公司在重大事件上的虚假陈述肯定违反了证券法以及中国证监会《上市公司信息披露管理办法》的有关规定，应该受到处罚。但这种处罚是中国证监会基于职权实施的惩戒性地行政处罚与股民的民事赔偿诉讼性质不同。

股市本身有风险，股民的损失只有与虚假陈述有因果关系时虚假陈述人才应该承担民事赔偿责任。《关于审理证券市场因虚假陈述引发的民事赔偿案件的若干规定》第18条规定虚假陈述与损害结果之间应该具有因果关系，并采用列举的方式说明在三种情形下可以认定存在因果关系：（1）投资人所投资的是与虚假陈述直接关联的证券；（2）投资人在虚假陈述实施日及以后，至揭露日或者更正日之前买入该证券；（3）投资人在虚假陈述揭露日或者更正日及以后，因卖出该证券发生亏损，或者因持续持有该证券而产生亏损。

如果按照《关于审理证券市场因虚假陈述引发的民事赔偿案件的若干规定》第18条的规定，投资人的损失与虚假陈述的因果关系是比较好认定的，但也有可能失之过宽。于是《关于审理证券市场因虚假陈述引发的民事赔偿案件的若干规定》第19条又从反面列举了几种不存在因果关系的情形:(1)在虚假陈述揭露日或者更正日之前已经卖出证券;(2)在虚假陈述揭露日或者更正日及以后进行的投资;(3)明知虚假陈述存在而进行的投资;(4)损失或者部分损失是由证券市场系统风险等其他因素所导致;(5)属于恶意投资、操纵证券价格的。

在上述五种情形中,第四种情形不如另外四种情形规定得明确,有可能与其他情形存在一定程度的重复或竞合。深圳市中级人民法院、广东省高级人民法院在丁某诉A公司虚假陈述证券民事赔偿案中即以此为由否定了虚假陈述与损害结果之间的因果关系。

法律上的因果关系是规范意义上的。上诉人丁某于2011年2月22日买入A公司的股票,当时A公司故意隐瞒重大利好,可以认定为存在虚假陈述。A公司于2011年8月4日对披露的信息作了更正,详细披露了真实的信息,丁某于2011年8月9日卖出。原审判决以证券市场的系统性风险为由否定虚假陈述与损失之间的因果关系,但是说理还不够充分。

案例 7 “不直接涉及投资者利益”的司法判断

——评陈某与深圳证券交易所、A 公司、B 证券公司证券纠纷案

（一）案情介绍

在陈某与深圳证券交易所、A 公司、B 证券公司证券纠纷中，陈某起诉所依据的事实和理由，其主要是以深圳证券交易所未能尽到审慎审查义务，批准本应停止上市并应撤销发行核准决定的“11A 公司债”非法上市，从而导致包括其在内的广大债券投资者蒙受财产损失，故深圳证券交易所、A 公司、B 证券公司应承担连带赔偿其因买入、卖出涉案债券所造成的本金损失的责任为由，向一审法院提起本案诉讼。

（二）争议焦点

深圳证券交易所依法作出核准“11A 公司债”上市交易决定的行为是否属于最高人民法院《关于对与证券交易所监管职能相关的诉讼案件管辖与受理问题的规定》第 3 条规定的“不直接涉及投资者利益的行为”。

（三）法院观点

1. 一审法院观点

根据最高人民法院《关于对与证券交易所监管职能相关的诉讼案件管辖与受理问题的规定》第 3 条的规定，深圳证券交易所同意 A 公司债券上市交易，属于深圳证券交易所对证券上市和交易活动作出决定的行为，不直接涉及投资者利益。陈某以深圳证券交易所的上述行为违反

《深圳证券交易所公司债券上市规则》第 2. 3 条为由，对深圳证券交易所、A 公司、B 证券公司提起诉讼，应不予受理。

2. 二审法院观点

根据《中华人民共和国证券法》第 102 条的规定，证券交易所属于自律监管组织，负责对证券市场进行监督和管理；根据《中华人民共和国证券法》第 48 条、第 57 条、第 58 条、第 59 条的规定，证券交易所对公司债券上市交易申请进行审核针对的直接主体是提交申请的公司，并非投资者，故深圳证券交易所核准涉案债券上市的处理决定属于深圳证券交易所对证券上市和交易活动作出决定的行为，并不直接涉及投资者的利益。因此，一审法院根据最高人民法院《关于对与证券交易所监管职能相关的诉讼案件管辖与受理问题的规定》第 3 条的规定，裁定驳回陈某的起诉正确，二审法院予以维持。关于陈某的上诉理由，根据最高人民法院《关于适用〈中华人民共和国民事诉讼法〉若干问题的意见》第 139 条第 1 款的规定，一审法院在发出《受理案件通知书》后，经审查认为本案不符合受理条件而裁定驳回起诉于法有据，陈某主张一审法院未经开庭即裁定驳回起诉属于程序违法不能成立；且陈某提起本案诉讼的起因主要是针对深圳证券交易所核准涉案债券上市的行为，故一审法院裁定驳回其提起的本案诉讼并不影响其另行向其他涉事方主张权益。

（四）裁判结果

一审法院依照《中华人民共和国民事诉讼法》第 119 条第 4 项以及最高人民法院《关于适用〈中华人民共和国民事诉讼法〉若干问题的意见》第 139 条的规定，裁定驳回原告陈某的起诉。

二审法院认为，陈某的上诉请求缺乏事实和法律依据，不予支持。依照《中华人民共和国民事诉讼法》第 169 条第 1 款、第 170 条第 1 款第 1 项、第 171 条的规定，驳回上诉，维持原裁定。

(五)专家点评(蔡元庆　深圳大学法学院教授)

随着我国证券市场的快速发展,各种矛盾与冲突也随之而来,越来越多的证券市场参与者,特别是投资者,以证券交易所的自律管理行为为对象,以造成自己损失为理由向法院提出诉讼,要求法院判令证券交易所承担相应的赔偿责任。但是,我国法院基于种种考虑(证券交易所的地位特殊,行政化色彩较重;涉及面较广,可能引起群体性诉讼;证券市场的专业性太强),通常坚持保守的立场,不予介入。然而,司法作为实现正义的基本形式,也是解决纠纷的最后一道防线,如果对证券市场的纠纷无法发挥其最终解决纠纷的功能,那么,证券市场的广大投资者的利益将无法得到保障,进而会导致资本撤离证券市场,届时,证券市场的低迷和倒退将不可避免。并且,证券交易所的管理应当是相对的自律管理,但不是绝对的,介入司法权对证券交易所的自律管理实施适当的干预也是实现证券市场有效运行的手段,其目的在于当证券交易所的自律管理机制出现失灵或者出现对公正的背离的情况时实行适当的矫正。另外,司法对证券交易所自律管理的介入是被动的,只有经当事人启动才可以介入。随着相关司法解释的出台,以及相关法院按照指定管辖的规定对一批案件进行审理,法院所持立场从“拒之门外”到“谨慎介入”,都显示司法介入证券交易所自律管理正稳步向前推进。从这个意义上来看,本案判决对今后相关问题的解决,有非常的意义。在本案中,引人关注的焦点问题有以下两个方面。

1. 关于案件是否可诉的问题

本案原审原告(上诉人)是自然人陈某,原审被告(被上诉人一)是深圳证券交易所,原审被告(被上诉人二)为A公司,原审被告(被上诉人三)为B证券公司。

陈某起诉所指向的对象是深圳证券交易所的自律管理行为,是涉及投资者利益的监管行为,其主张深圳证券交易所在自律管理中所作出的决定存有违规之处，损害到其作为投资者的利益。二审法院根据《中华人民共和国证券法》第48条、第57条、第58条、第59条的规定，认为证券交易所对公司债券上市交易申请进行审核针对的直接主体是提交申请的公司，并非投资者，故深圳证券交易所核准涉案债券上市的处理决定属于深圳证券交易所对证券上市和交易活动作出决定的行为，并不直接涉及投资者的利益。因此，支持一审法院根据最高人民法院《关于对与证券交易所监管职能相关的诉讼案件管辖与受理问题的规定》第3条的规定作出的裁定，予以维持。但是针对这个判决，本人认为值得进一步商榷。

同样以证券交易所为被告的案件，对本案的研究可以参考"邢某某诉上海证券交易所权证交易侵权纠纷一审案"(《中华人民共和国最高人民法院公报》2010年第7期中公报案例)展开。在该案中，双方当事人争论的一个焦点问题是投资者能否针对上海证券交易所核准创设"武钢认沽权证"之行为，提出侵权诉讼。对此，一审与二审法院均以上海证券交易所审核创设与原告不具有直接利害关系，对其诉讼不予受理。经原告先后多次去最高人民法院上访，上海市第一中院由此最终受理原告的诉讼，进行了开庭审理。本案经审理后，法院出具的判决书被收入当年最高人民法院公报。该案的判决书中写道：证券交易所是为证券集中交易提供场所和设施，组织和监督证券交易，实行自律管理的法人。根据《中华人民共和国证券法》第110条的规定，进入证券交易所参与集中交易的，必须是证券交易所的会员。权证交易亦属于证券交易，亦应在证券交易所内进行。鉴于普通投资者系通过交易所会员进场交易，投资者与交易所之间不存在直接的交易合同关系，交易所仅仅为交易提供平台和中介服务，因交易发生损失，交易所对投资者不承担契约上的义务。本案原告邢某某并非提起违约之诉，而是以被告上交所的审核券商创设权证违规为由提起的侵权之诉，根据《中华人民共和国民法通则》第106条第2款规定，原告提起侵权之诉不受主体限制，人民法院可以受理。

由此可见，在此案中，上海市高级人民法院没有依照最高人民法院 2005 年 1 号司法解释，[①]将是否具有“直接利害关系”之理由作为衡量投资者诉讼资格的标准，而是认为对于上海证券交易所根据自制的有效业务规则，在此案所涉及的创设权证过程中作出的自律监管行为，相关受众主体如认为该行为违反法律规定和业务规则并导致了其受到直接利益的损害，则相关受众主体可以对交易所提起民事侵权损害赔偿纠纷诉讼。虽然对于何为“相关受众主体”，法院对此没有给予明确的界定。但从文义解释的角度出发，可以解释为因证券交易所的自律管理行为而受到直接或间接影响的主体，由此不难看出，在这种情况下对原告诉讼主体资格的判断标准非常简单，较之“直接利害关系”标准，“相关受众主体”标准在强化投资者权益保护方面有其独到之处。

“直接利害关系”标准。
“相关受众主体”标准。

回到本案，法院以深圳证券交易所对公司债券上市交易申请进行审核不直接涉及投资者的利益为由拒绝受理陈某的诉讼请求，依照的是 2005 年的最高人民法院《关于对与证券交易所监管职能相关的诉讼案件管辖与受理问题的规定》第 3 条的规定，采用的是“直接利害关系”标准。这个标准虽然可以将一些恶意诉讼拒之于法院门外，有助于证券交易所快速、高效地进行监管活动，但是也由于直接利害关系这一标准的模糊性，导致学界对此争论不休，导致法院基于种种考虑（证券交易的专业性、证券交易所的自律管理性以及行政性质等）而以“没有直接利害关系”为由拒不受理相关诉讼，导致司法作为保障证券投资

① 最高人民法院《关于对与证券交易所监管职能相关的诉讼案件管辖与受理问题的规定》第 3 条规定，投资者对证券交易所履行监管职责过程中对证券发行人及其相关人员、证券交易所会员及其相关人员、证券上市和交易活动做出的不直接涉及投资者利益的行为提起的诉讼，人民法院不予受理。

人利益最后一道防线的位置名不符实，最终导致由于资本的撤离而致证券市场的低迷和倒退。另外，从程序上来说，此举与一般的发动诉讼的起诉及受理活动在先，通过诉讼程序作出裁决认定权利义务的诉讼法理相悖，有因果倒置之虞。

综上所述，如果法院在审理本案时可以采用上述“相关受众主体”标准，则陈某认为深圳证券交易所核准不具备发行条件的“11A 公司债”上市，该行为违规并因此损害到其作为投资者的利益，深圳证券交易所该核准“11A 公司债”上市决定是具有可诉性的，且陈某为侵权之诉的适格主体在理论逻辑上也完全可以成立。因此，与直接将实际已经发生投资损失的原告拒之门外相比，本人认为应该给予原告在法庭上陈述自己主张的机会。

等值理论相关因果关系理论。

需要补充的是，若参照《中华人民共和国最高人民法院公报》2010 年第 7 期中公报案例之“邢某某诉上海证券交易所权证交易侵权纠纷一审案”中所适用的“相关受众主体”标准，法院受理案件后，对于因果关系的认定上，通常有两种认定理论，即等值理论和相关因果关系理论。等值理论认为作为赔偿基础的行为必须是损害的必要条件，所有引发具有法律意义结果的条件，从法律的角度来看，都是等值的。而相关因果关系理论的相当性判断公式为是：“无此行为，虽不必生此损害，有此行为，通常即足生此损害者，是为有因果关系。无此行为虽不必生此损害，有此行为，通常亦不生此损害者即无因果关系。”[①]在证券交易市场产生的纠纷，以证券交易所为被告的，对于在等值理论和相当因果关系理论之间的选择适用上，应当选择等值理论，原因是，若采相当因果关系理论来认定当事人是否具有诉讼资格，

在证券交易市场产生的纠纷，以证券交易所为被告的，应当选择等值理论。

① 叶金强：《相当因果关系理论的展开》，载《中国法学》2008 年第 1 期。

在证券交易市场,交易所的自律监管行为面向的是不特定的投资者,其行为可能会对诸多投资者产生影响,而导致其被不合理地要求承担赔偿责任,那么,将导致投资者的证券交易损失的风险被不合理地转移到作为监管者的交易所身上。一方面,这会导致交易所的监管成本过高而消极监管;另一方面,有导致滥诉的风险。

2. 关于是否应该全部剥夺上诉人的诉权

在本案中,二审法院根据最高人民法院《关于适用〈中华人民共和国民事诉讼法〉若干问题的意见》第139条第1款①的规定,认为一审法院在发出《受理案件通知书》后,“经审查,本案不符合受理条件而裁定驳回起诉”的做法于法有据,陈某主张一审法院未经开庭即裁定驳回起诉属于程序违法不能成立。且陈某提起本案诉讼的起因主要是针对深圳证券交易所核准涉案债券上市的行为,故一审法院裁定驳回其提起的本案诉讼并不影响其另行向其他涉事方主张权益。因此,陈某的上诉请求缺乏事实和法律依据,二审法院未予支持。

根据《中华人民共和国民事诉讼法》第119条的起诉受理条件,仅要求被告明确,不要求被告适格,故原告起诉只需要明确被告是谁即可,至于被告是否适格属于实体审理的范畴,法院经过审理认为被告不适格的,可以向原告释明更换被告。如果原告坚持不予变更,即属于滥用诉权,法院可根据《中华人民共和国民事诉讼法》第153条“人民法院审理案件,其中一部分事实已经清楚,可以就该部分先行判决”的规定,对于已经确定的部分被告人不适格的事实进行裁决,驳回对该不适格的被告的诉讼请求,待裁定发生法律效力后,继续审理其他部分,依法作出裁判。但是,如果原告予以变更,则法院应当按原告的变更进行审查、送达、重新确定举证期限、开庭、裁判等诉讼过程。

---

① 最高人民法院《关于适用〈中华人民共和国民事诉讼法〉若干问题的意见》第139条第1款规定,起诉不符合受理条件的,人民法院应当裁定不予受理。立案后发现起诉不符合受理条件的,裁定驳回起诉。

因此，本案中，即使被上诉人深圳证券交易所不适格，也不应影响上诉人陈某对其他被上诉人的诉讼请求。

当然，在行业自律监管与司法介入的关系问题上，二审法院的观点值得充分肯定，即法院在本案的裁定中写道，根据《中华人民共和国证券法》第 102 条的规定，证券交易所属于自律监管组织，负责对证券市场进行监督和管理。此处体现了法院对于证券交易所自律管理的基本认知和尊重，证券交易所是自律监管组织，其管理的核心在于自律。只有当自律监管机制失灵时，才有司法介入的空间。本人认为，这是在面对行业自律监管方面，法院应采取的态度。

证券交易所是自律监管组织，其管理的核心在于自律。只有当自律监管机制失灵时，才有司法介入的空间。

3. 总结

虽然证券交易所自律管理的精髓在于自治，作为一套司法体系外的规则制度，对司法介入具有天然的排斥性，但是，司法的介入对于证券市场的良性发展有其必要性，话虽如此，司法介入仍应当遵循适度干预的原则，法院不能干预证券交易所正常的自律管理活动，须留下足够的空间。但是，在证券行业领域，若行政监管部门不能很好地处理相关问题，当事人到法院寻求司法救济时，法院应当承担起证券市场参与人的利益救济最后一道防线的责任，在案件审理中平衡好司法权与自律管理权之间的关系，既要尊重证券交易所的自律管理，又要维护好当事人的权益。

本案中，法院在裁定书中适用了《中华人民共和国证券法》第 48 条、第 57 条、第 58 条、第 59 条的规定，以论证深圳证券交易所的审核行为与投资者之间没有直接利害关系。且无论究竟应在“直接利害关系”标准和“相关受众主体”标准之间如何选择，从法院采纳的“相关利害关系”标准来看，本人认为此处论述对于何为直接利害关系说理不够充分，较难信服。此外，根据最高人民法院《关于对与证券交易所监管职能相关的诉讼案件管辖与受理问题的规定》第3条规定，法院认为陈某与深圳证券交易所的核准行为之间没有直接利害关系而判定被告不适格也并不妥当，如果本案法官能够参照《中华人民共和国最高人民法院公报》2010年第7期中公报案例之“邢某某诉上海证券交易所权证交易侵权纠纷一审案”中所适用的“相关受众主体”标准，则应该认定原告陈某具有诉讼主体资格。

对于陈某的上诉，二审法院根据最高人民法院《关于适用〈中华人民共和国民事诉讼法〉若干问题的意见》第139条第1款的规定判定一审法院驳回起诉的做法正确，本人对此持保留态度。因为根据《中华人民共和国民事诉讼法》第119条的起诉受理条件，仅要求被告明确，不要求被告适格，故原告起诉只需要明确被告是谁即可，至于被告是否适格属于实体审理的范畴，法院经过审理认为被告不适格的，可以向原告释明更换被告。此外，这里的被告不止是深圳证券交易所，还有两家上市公司作为被告，应该本着节约司法资源，减少当事人诉讼成本的精神，适用最高人民法院《关于民事诉讼证据的若干规定》第35条的规定，向原告释明不适被告的情形，建议原告予以变更。在原告不予变更时，适用《中华人民共和国民事诉讼法》第153条的规定，驳回部分诉讼请求，并继续对其他符合诉讼条件的诉讼请求进行审理，本人认为这一做法会更为妥当。

案例 8 证券公司员工私下接受客户委托后损失分担

——评蔡某、冯某与 A 公司某证券营业部、A 公司金融委托理财合同纠纷案

(一)案情介绍

2010 年 11 月 15 日,蔡某在 A 公司某证券营业部开立了证券交易账户。开户当时,A 公司某证券营业部向蔡某出示了一整套的开户资料供蔡某填写。该开户资料包含有《风险揭示书》《客户须知》《证券交易委托代理协议》《资金账户/开放式基金交易账户开户申请书》《告知书》等文件,而上述文件中均记载有“证券经营机构及其工作人员不得接受投资者全权委托,投资者也不能提出类似要求,否则合法权益得不到法律保障”“甲方不得以任何方式全权委托乙方工作人员代理进行证券交易及其他相关业务,否则由此产生的后果由甲方承担”“本人保证不与你公司员工签订代理证券账户操作的协议(含口头协议)和从事其他违规行为”等提示及告知内容。

2011 年 6 月 22 日,蔡某与冯某签署了一份《理财协议》,内容为:乙方(冯某)为甲方(蔡某)在 A 公司开立的证券账户户名蔡某进行理财资金管理。(1)甲方理财资金总额为人民币 1,275,983.73 元,此款于 2010 年 11 月 15 日已入上述账户;(2)理财期限到 2010 年 11 月 15 日至 2012 年 1 月底;(3)责任与风险:乙方到期或是提前交回账户给足甲方资金不得低于 127 万元,否则乙方无条件将补足到 127 万元,不得任何抗辩;(4)其间,甲方不得将资金转出,否则合同无效,但乙方提前交回甲方账户金额 127 万元后,甲方可提前收回资金;(5)其间,甲方不得干预乙方的操作,但可沟通,双方签字后生效。

对于委托理财结束之日即密码修改日期,蔡某主张是2012年10月22日,但无法提供修改密码所使用电脑的IP地址用以核实;A公司某证券营业部则提供了其自身使用的经纪业务服务平台查询所得页面内容,根据查询结果显示,2010年1月1日至2014年3月13日,蔡某曾于2012年9月12日进行交易密码修改,操作方式为网上委托,备注信息为外围修改密码;而对于中国证券监督管理委员会深圳监管局在(2014)1号行政处罚决定书所表述的"2012年10月,蔡某修改了证券账户密码,不再给冯某操作"的内容,一审法院在该案审理过程中曾至该监管局了解情况,该处罚案件承办人员称,上述表述来源于蔡某的投诉信访内容,并未进行核实。

各方当事人对冯某曾分别于2012年4月及10月向蔡某与证券账户捆绑的招商银行存款账户转入30万元及20万元的事实无异议,其中,第一次转入的30万元已转入蔡某的证券账户并用于证券交易,而第二次转入的20万元,蔡某已在其诉请的损失中予以扣除。另查,A公司某证券营业部系隶属于A公司的分公司。冯某曾系A公司某证券营业部的员工,其于2010年8月1日入职,2011年5月18日离职,其间担任客户经理,从事市场营销工作。根据A公司某证券营业部的要求,冯某入职时签署了《证券营销人员自律承诺书》及《员工自律承诺书》,这两份承诺书中均有不得"接受客户全权委托买卖证券"以及"向客户作出投资不受损或保证最低收益的承诺"的要求。

针对冯某在从业期间与蔡某签订《理财协议》,并接受蔡某全权委托进行证券买卖的行为,中国证券监督管理委员会深圳监管局曾于2014年2月19日向冯某作出(2014)1号行政处罚决定书,决定给予冯某警告,并处以10万元的罚款。后冯某向深圳市中级人民法院提起行政诉讼,截至该案庭审结束之日,该案尚未审理终结。据此,蔡某诉至一审法院,请求判令:(1)A公司某证券营业部和A公司向蔡某赔偿理财亏损647,060元,冯某对A公司某证券营业部及A公司的债务承担连带赔偿责任;(2)A 公司某证券营业部和 A 公司向蔡某赔偿利息损失至付清理财损失之日止,冯某对 A 公司某证券营业部及 A 公司的债务承担连带赔偿责任。

(二)争议焦点

一审法院根据被告主体的不同,将争议焦点归结于两个方面的内容,即冯某的赔偿责任问题以及 A 公司某证券营业部、A 公司的赔偿责任问题。二审法院认为二审的焦点是合同的效力和损失的承担问题。

(三)法院观点

1. 一审法院观点

《中华人民共和国证券法》第 145 条规定,证券公司及其从业人员不得未经过其依法设立的营业场所私下接受客户委托买卖证券。本案中,冯某在 A 公司某营业部任职从业期间,私下接受蔡某的全权委托进行证券买卖,并对证券买卖的收益及损失赔偿作出承诺,其行为显然违反了《中华人民共和国证券法》的上述规定,故其与蔡某之间成立的委托理财合同在该时间段应属无效。但因冯某受托理财的行为涵盖其在证券公司任职及之后离职两个时间段,离职后其身份已不受《中华人民共和国证券法》的上述规定所约束,故其与蔡某之间的委托理财合同在冯某离职后应归于有效。

(1)冯某的赔偿责任问题。如前所述,冯某与蔡某之间的委托理财合同,在冯某从业及离职后两个时间段内分属无效及有效两部分,依照相关法律规定及双方协议约定,合同无效期间产生的损失,应由协议双方按照过错程度予以分担,而合同有效期间产生的损失,则由冯某依其承诺予以补足。但针对蔡某的损失数额认定问题,双方当事人尚存在以下两个方面的争议内容:一为委托理财的终止日期即密码修改时间,此涉及损失计算的截止日期;二为冯某 2012 年 4 月转入 30 万元的性质问题,此涉及损失数额的确定。

其一,密码修改时间问题。一审法院认为,密码的修改时间举证责任应在于蔡某,但蔡某并未提供任何证据予以证明。对此事实,亦未有第三方机构可供查询并核实,在此情况下,A公司某证券营业部提供了其经纪业务服务平台保留的客户操作记录,因A公司某证券营业部客户的所有操作事项最终系反馈至该经纪业务服务平台,故该份证据有一定的可信度,一审法院采信A公司某证券营业部提供的该证据中有关密码修改时间的记录,本案委托理财的截止日期应确定为2012年9月12日。

其二,30万元的定性问题。一审法院认为,首先,无论是款项接收方蔡某还是款项支出方冯某,都未将该笔款项的用途定性为补亏,故A公司某证券营业部及A公司答辩所称该笔款项系用以弥补蔡某亏损的主张与事实不符,一审法院不予采纳。其次,无论冯某支付该款之时有无经过蔡某同意,且无论该款系用以弥补账户资金亏损还是用于增加操作的资本金,因款项最终转入了诉争证券交易账户,并由冯某使用该款与账户中的原有资金一并进行证券买卖,并最终导致亏损,因此,亏损的后果应当由冯某自行承担。因该款系与蔡某证券交易账户中原有的款项是不加以区分而一并使用的,故至委托理财结束之日,剩余资产中亦包含有该款的剩余部分,但蔡某已一并从诉请的数额中扣除,故无须再次进行扣除。冯某、A公司某证券营业部、A公司诉请直接从蔡某主张的损失数额中扣除该30万元,缺乏依据,一审法院不予采纳。据此,对于蔡某所主张的损失,一审法院区分两个时间段认定如下:首先,合同无效期间的损失认定问题。蔡某委托理财的初始资金数额为1,275,983.73元,至冯某离职之时证券账户尚有市值792,234元的中国宝安45,900股及剩余资金1701.23元,故当时的损失数额应当为482,048.50元(1,275,983.73元-792,234元-1701.23元)。对于该部分损失,其与合同无效本身并无因果关系,但考虑到冯某本身具有证券从业人员的职业背景,其控制、防范市场风险及投资风险的能力远大于蔡某,且蔡某系基于对其专业能力及投资经验的信任而将诉争证券交易账户交由其管理，在此期间冯某独立并全权进行操作，故损失应大部分应由冯某予以承担；但蔡某明知证券市场的投资风险，且冯某本身身份受限，而仍将证券交易账户交由其全权操作，对于损失，蔡某自身亦应承担相应的部分。因此，对于该合同无效期间的损失 482,048.50 元，该院酌定由蔡某与冯某按 2∶8 的比例予以分担，即双方各承担 96,409.70 元、385,638.80 元。其次，对于冯某离职之后、合同有效期间的损失认定问题，因蔡某修改密码、终止委托理财关系之时账户中尚有市值 366,194 元的国金证券 27,700股以及剩余资金 104.42 元，再加上冯某 2012 年 10 月转入的 20 万元，故损失数额应当为 221,653.08 元［127 万元 －（366,194 元 + 104.42元 +20 万元）－482,048.50 元］，对于该部分损失，冯某应依其在《理财协议》中有关补足亏损的承诺赔付给蔡某。据此，冯某应承担的损失数额为 607,291.88 元（385,638.80 元 +221,653.08 元），并应自委托理财实际结束之次日起按中国人民银行同期同类贷款利率计付利息损失。蔡某诉请冯某赔偿的本息超出判决认定部分，一审法院不予支持。

（2）A 公司某证券营业部及 A 公司的赔偿责任问题。首先，冯某在 A 公司某证券营业部从事市场营销工作，其入职之时根据 A 公司某证券营业部的要求作出了相关的自律承诺，且《中华人民共和国证券法》已明令禁止从业人员不得私下接受客户委托买卖证券，故冯某受托理财的行为显然不是“执行所属的证券公司的指令或者利用职务违反交易规则”的行为，蔡某以《中华人民共和国证券法》的上述规定诉请 A 公司某证券营业部及 A 公司对其损失承担连带赔偿责任，与事实不符，一审法院不予采纳。其次，A 公司某证券营业部在蔡某开户之时已通过各类文件，告知并警示蔡某不得全权委托其员工进行证券买卖，在其员工入职之时，亦要求员工作出相应的自律承诺，据此，对于客户与员工之间可能存在的、私下的委托理财行为，A 公司某证券营业部尽到了一定的警示及防范义务。但是，本起纠纷的发生，从另一侧面体现了 A 公司某证券营业部在管理及约束员工行为方面尚存在一定的疏漏，致使冯某在其任职期间仍有机可乘，私下接受蔡某委托理财，A 公司某证券营业部对此负有一定的过错，故一审法院酌情认定，对于冯某所应承担的、其任职期间导致的损失部分，A 公司某证券营业部应承担 10% 的连带赔偿责任，具体为 38,563.88 元（385,638.80 元 ×10%），并自委托理财实际结束之次日起按中国人民银行同期同类贷款利率计付利息损失。最后，因 A 公司某证券营业部不具有法人资格，其民事责任依法应由其隶属的 A 公司予以承担，故 A 公司应对 A 公司某证券营业部的上述赔偿责任承担相应的补充清偿责任。蔡某诉请 A 公司某证券营业部及 A 公司连带赔偿的本息超出判决认定部分，一审法院不予支持。

2. 二审法院观点

虽然蔡某与冯某之间的《理财协议》显示签署时间为 2011 年 6 月 22 日，但内容显示冯某自 2010 年 11 月 15 日起就已经接受蔡某委托为之操作账户买卖股票，且在《理财协议》中对合同期限明确确认为 2010 年 11 月 15 日至 2012 年 1 月底，也即冯某在 A 公司某证券营业部任职从业期间，私下接受蔡某的全权委托进行证券买卖，并对证券买卖的收益及损失赔偿作出承诺，其行为违反了《中华人民共和国证券法》第 145 条的禁止性规定，故其与蔡某之间成立的委托理财合同无效。虽然证据显示在《理财协议》期限内的 2011 年 5 月 18 日冯某从 A 公司某证券营业部离职，但根据《中华人民共和国合同法》第 56 条的规定，无效合同自始没有法律约束力，并不因冯某的身份变化又对双方恢复了约束力。因此，一审判决认定冯某受托理财的行为涵盖其在证券公司任职及之后离职两个时间段，离职后其身份已不受《中华人民共和国证券法》的上述规定所约束，故其与蔡某之间的委托理财合同在冯某离职后应归于有效，适用法律错误，二审法院予以纠正。

关于本案损失的承担问题。尽管蔡某和冯某双方关于委托理财的终止日期即密码修改时间各执一词，但在双方均未提交其他证据的情况下,一审根据A公司某证券营业部提供的经纪业务服务平台保留的客户操作记录,认定蔡某账户密码修改时间,即2012年9月12日为双方委托理财的截止日期,二审法院予以认同。蔡某账户中2010年11月15日转入股票资产1,275,983.73元,至2012年9月12日双方终止委托理财关系之时账户中尚有市值366,194元的国金证券27,700股以及剩余资金104.42元,再加上冯某2012年10月转入的20万元,故损失数额应当为709,684元[1,275,983.73－(366,194元＋104.42元＋200,000元)]。根据《中华人民共和国合同法》第58条的规定,合同无效期间产生的损失,应由协议双方按照过错程度予以分担。因此,一审判决基于对合同效力认定冯某在证券公司任职及之后离职两个时间段而不同,进而分段计算损失并采用不同处理方式决定损失的承担,实体处理方法错误,二审法院予以纠正。

冯某作为证券从业人员,在明知证券法和执业行为准则相关禁止性规定的情况下,仍接受他人委托签订无效的《理财协议》,直接操作蔡某的股票账户,而且账户流水显示频繁买卖,在较短的时间内造成账户内资产大额亏损,从结果看并不能体现其作为专业人员所应有的职业素养或者履行了应尽的谨慎注意义务。不仅如此,冯某在客观上从涉案账户的频繁交易中获取了佣金提成收益,因此,冯某应对涉案账户的资金损失承担主要责任,蔡某作为具有从事股票买卖经验的股民,未尽审查注意义务,违法委托冯某全权操作其股票账户,且疏于管理,放任操作,故其对亏损应承担次要责任。综上,一审判决判令冯某承担赔偿数额607,291.88元及利息,二审法院综合全案情况,对结果予以维持。证据显示,A公司及其A公司某证券营业部在管理及约束员工行为方面存在疏漏,甚至放任冯某在其任职期间私下接受客户委托理财,过错明显,但一审判令A公司及其A公司某证券营业部连带向蔡某赔偿损失38,563.88元及相应的利息,各方均未上诉,二审法院予以维持。

(四)裁判结果

一审法院依照《中华人民共和国合同法》第 8 条、第 52 条第 5 项、第 58 条、第 107 条,《中华人民共和国证券法》第 145 条,《中华人民共和国公司法》第 14 条第 2 款,《中华人民共和国民事诉讼法》第 64 条第 1 款、第 142 条之规定,判决:(1)冯某应于判决生效之日起十日内向蔡某赔偿损失 607,291.88 元;(2)冯某应于判决生效之日起十日内向蔡某赔偿利息损失(以损失 607,291.88 元为基数,自 2012 年 9 月 13 日起按中国人民银行同期同类贷款利率计至判决确定的付款期限届满之日止);(3)A 公司某证券营业部于判决生效之日起 10 日内向蔡某赔偿损失 38563.88 元;(4)A 公司某营业部于判决生效之日起 10 日内向蔡某赔偿利息损失(以损失 38,563.88 元为基数,自 2012 年 9 月 13 日起按中国人民银行同期同类贷款利率计至判决确定的付款期限届满之日止);(5)A 公司对 A 公司某证券营业部所应承担的上述第 3 项、第 4 项判项所确定的赔偿义务承担补充清偿责任;(6)驳回蔡某的其余诉讼请求。如果未按判决指定的期间履行给付金钱义务,应当依照《中华人民共和国民事诉讼法》第 253 条之规定,加倍支付迟延履行期间的债务利息。

二审法院认为,原审判决虽然适用法律部分错误,但认定事实清楚,实体处理结果适当,从维护判决效力的稳定性出发,二审法院予以维持。上诉人上诉请求,缺乏事实和法律依据,理由不充分,二审法院不予支持,依照《中华人民共和国合同法》第 56 条、第 58 条,《中华人民共和国证券法》第 145 条,《中华人民共和国民事诉讼法》第 170 条第 1 款、第 175 条之规定,驳回上诉,维持原判。

（五）专家点评（缪因知　中央财经大学法学院副教授）

本案涉及证券公司员工违法私下接受客户的全权委托从事证券交易后，因交易不利、产生损失而引发的纠纷。主要涉及的法律规范是《中华人民共和国证券法》第145条，即证券公司及其从业人员不得未经过其依法设立的营业场所私下接受客户委托买卖证券。证券公司员工的行为显然违法，但是否必然因此应该承担客户的证券投资损失？这是本案的主要争点。

一、二审法院的裁判符合我国主流的司法观点，取证较认真，包括未一律盲从证监会处罚书，叙事也清晰简洁。不过笔者认为有几处在学理上有讨论空间。并不是说判决错了，而是希望能为司法者和研究者提供别的视角。

1. 本委托理财合同无效性的判定

一、二审法院均认为，证券公司员工违规接受全权委托，行为违反《中华人民共和国证券法》第145条，理财合同无效。我国法院对金融违法案件的民事效力一向持严重否定立场。①

从司法的角度来看，法院对本案的认知不能认为是错案。但笔者认为我国司法界的这种总体立场值得商榷。

《中华人民共和国合同法》第52条第5项规定："违反法律、行政法规的强制性规定"的合同无效。2009年《关于适用〈中华人民共和国合同法〉若干问题的解释（二）》第14条称：前引"强制性规定"，是指效力性强制规定。

法律或司法解释没有直接界定效力性强制性规定。一般认为，效力性强制性规定指法律、行政法规直接指明的某类合同或合同条款应当无效的强制性规定。与之相对的是管理性规定，即法律、行政法规从公法

---

① 如法院一般认定股票交易配资合同无效，但是否有明确的法律依据值得商榷，详见缪因知：《证券交易场外配资合同及其强平约定的效力认定》，载《法学》2017年第5期。

管理的角度规定行为主体应当或不得做出某些行为。尽管这些被强制要求实施或不实施的行为涉及合同,但合同本身的效力不受其影响。此种区分的合理性在于区分民事契约的私法效力和服从行政管理的公法效力。适格当事人依法自愿产生、改变、终止民事法律关系是依据意思自治产生的私法后果,不服从行政管理产生的是公法责任,二者不宜混同。当事人的私法意愿被外部阻挡产生效力的理由,只应该是法律、行政法规本身禁止或限制了特定民事关系的形成。①

《中华人民共和国证券法》第145条规定"证券公司及其从业人员不得未经过其依法设立的营业场所私下接受客户委托买卖证券",并未涉及合同效力的问题,笔者认为更宜视为管理性规定。证监会对违法者的处罚,本身已经起到了震慑作用,无须再通过民事合同的无效性来凸显法律的否定性立场。

这个问题还可以在本案的另一个特殊事项上得到体现。被告证券公司员工接受全权委托期间离职,即被告证券公司员工在前一段时间是作为证券公司员工全权代理,后一段时间是作为普通人全权代理同一个账户。一审法院认为前一段关系无效,在后一段关系中,因为被告被禁止全权代理的事由消灭,而令合同变得有效。可二审法院认为,无效合同自始没有法律约束力,并不因此人的身份变化又对双方恢复了约束力。二审法院的这种观点强调了委托合同关系的同一性,但似乎未能顾及实际的复杂性和合同法"促进交易"的原则。

试想,如果一个人是在全权代理期间成为证券公司员工,那按照法院的观点就是前一段关系有效、后一段关系无效。那这种法律关系的无效性从宽认定、"许进不许出"的依据何在?再如,倘若代理人是在离职期间签署的全权代理关系,在全权代理期间的前期,他因为手续问题而

① 本人并非一贯对金融管制规定对合同的效力影响作极为狭窄的解释。非主流地主张某种金融合同无效的论述,参见缪因知:《论利率法定与存款合同意思自治的冲突》,载《中外法学》2014年第3期。

没有办妥离职，则是否后面一长段期间的全权代理也该因此无效呢？再复杂一点，假设此人在没有办完离职前，也没有实际开展证券交易呢？

2. 交易损失的分配

本案委托人违法理财合同存续期间的账户资产资金余额之差为客户遭受的损失。一审法院认为"该部分损失，其与合同无效本身并无因果关系"。但证券公司员工的"控制、防范市场风险及投资风险的能力远大于"委托人，而且全权负责交易，故对无效期间的损失应承担八成，对有效期间的损失不承担责任。二审法院认为合同始终无效，代理人"作为证券从业人员，在明知证券法和执业行为准则相关禁止性规定"，"在较短的时间内造成账户内资产大额亏损，从结果看并不能体现其作为专业人员所应有的职业素养或者履行了应尽的谨慎注意义务"，"客观上从涉案账户的频繁交易中获取了佣金提成收益"，因此应对损失承担主要责任。不过二审法院没有按固定比例计算其应该承担的损失，而是运用司法裁量权，维持了一审判决的数额。

《中华人民共和国合同法》第58条规定"合同无效或者被撤销后，因该合同取得的财产，应当予以返还；不能返还或者没有必要返还的，应当折价补偿"。但在委托理财合同中，如果过分强调令代理人返还财产、恢复原状，意味着同样有过错的委托人"旱涝保收"，这显然不可取。[①] 一审法院正确地指出了市场风险对该账户损失的原因力，即违法代理不是投资失败的原因。但一、二审评估了代理人的过错，这是为了适用《中华人民共和国合同法》第58条，合同无效的，"双方都有过错的，应当各自承担相应的责任"。

可见，法院在按照过错界定责任时，强调：(1)代理人对账户的实际控制；(2)代理人应该有较高的交易能力，却仍然导致了损失；(3)代理人

---

① 如对地方商品交易场所的所谓非法期货交易合同的无效认定中，很多法院就采取了全部资金返还原告的错误做法，详见缪因知：《地方商品交易市场合法性的司法认知及不足》，载《东方法学》2018年第2期（即将发表）。

是明知相关禁令的证券从业人员。前两个理由笔者不是很赞同，因为全权代理就是委托人让自己心目中更有能力的人来代理。后者控制账户是理所当然，而没能跑赢市场也不是法律意义上的过错，合法的全权代理正是委托人全部承担损失。第三个理由才应该是主要的。

值得注意的是，有证据表明，本案委托人其实也是知道不得全权代理的禁令的。证券公司给客户的《风险揭示书》《客户须知》《证券交易委托代理协议》《资金账户/开放式基金交易账户开户申请书》《告知书》等文件均提出了此点。作为开户已经7个多月、能一次性提供近130万元理财资金的“土豪”，她算不上是很傻很天真的“金融消费者”。“巧妇难为无米之炊”，“坏人”难理无钱之财，委托人对违法行为形成的原因力不容小觑。

虽然法院有权通过司法裁量来确定双方承担责任的比例，但不妨对此做更多调查和说明。比如被告是否通过夸大自己投资能力为行为违法性做曲解等来主动引诱原告予以委托、故意从事不必要的交易等。法院指出佣金提成是代理人的一项重要收益，则不妨略加以说明，如代理人是委托人在证券公司的经纪业务经理、委托人账户交易产生的佣金在交给证券公司后会直接以一定比例归于代理人等。

此外，一审法院将无效合同期间的损失按原被告“二八开”承担，但又令证券公司承担一成的损失并直接判赔，而不是按照正文表述，让证券公司和前员工一起对那一成损失承担连带责任。这实际上意味着原告的过错与市场风险因素只折抵区区一成的损失。

3. 证券公司的责任

一审法院认为，涉案证券公司“营业部在管理及约束员工行为方面尚存在一定的疏漏”，致使员工在其任职期间仍有机可乘，私下接受客户委托理财，“对此负有一定的过错”，而应对员工应承担损失的一成承担连带责任。二审认可此说，并强调证券公司“在管理及约束员工行为方面存在疏漏，甚至放任”员工“在其任职期间私下接受客户委托理财，过错明显”。

对此,笔者认为略显苛刻。因为证券公司其实并无充分技术或制度手段可以防止不守规矩的员工从事全权代理。既然证券公司的一系列文件没“管住”客户去全权委托本公司员工,多了一层劳动关系,就能“管住”本公司员工了吗?从该代理人离职后继续代理的情形来看,雇主的约束(最大手段无非就是解雇)并不十分重要。认定证券公司“放任”,宜列举更多证据。

4. 代理人补款的原因与法律意义

本案委托人提供原始资金127万元,全权代理人则在从证券公司离职后的2012年4月先向委托人的账户存入30万元。

被告证券公司认为30万元的款项是用以弥补委托人的损失,一审法院认为委托人和代理人即直接的款项收支方“都未将该笔款项的用途定性为补亏”,“无论该款系用以弥补账户资金亏损还是用于增加操作的资本金,因款项最终转入了诉争证券交易账户”,并由代理人“使用该款与账户中的原有资金一并进行证券买卖,并最终导致亏损”,因此,亏损的后果应当由代理人自行承担。

这个逻辑似乎对代理人不公。因为并无证据表明代理人将款项转入是迫于委托人的补亏压力。所以其自行转款入账可能是两种对立的原因:一是原始本金已经亏损较多,剩余资金运用空间较小,如约返还127万元的可能性较低,故为了翻本,代理人增加了本金投入,希望将来自有资金能全身而退、委托方资金也不受损失。二是交易状况良好、股市看涨,增加本金投入可以放大收益,即相当于加杠杆。因为其对委托人只承诺返还本金,所以这相当于是一个零成本的配资交易,代理人自己占有了剩余利益。[①] 在市场行情强劲时,这种配资加杠杆对交易者的利益,可能还大于单纯用委托人资金买卖并与委托人就收益分成的模

① 参见缪因知:《证券交易场外配资清理整顿活动之反思》,载《法学》2016年第1期。

式。当然,也可能是介于这两者之间的原因,即账户所持证券资产占有资金较多,剩余现款有限。

代理人补款的真实原因,需要结合当事人证言和账户余额变动来确定。不过第一种可能性较大。截至2011年5月代理人从证券公司离职时,账户亏损48万元,而2011年9月代理关系解除时,账户亏损42万元(不含代理人解除委托后转入的20万元)。法院也批评过代理人交易能力不佳。

笔者认为,该代理人尚属尽心。为了保障委托人利益,还投入了巨款以图逆转胜。虽然“救火”失败,用心可嘉。这对当事人主观过错的认定有参考价值。

5. 被告应承担的损失数额计算

委托人初始资金为127万元,委托终止时账户余额为37万元,账户净损失为90万元。一审法院采取效力分段说,指出代理人从证券公司离职即合同不再无效时,账户余额为79万元,损失为48万元,代理人承担八成即39万元。在合同有效阶段,以离职时的基数79万元为基础。

换言之,若合同是有效的,按照双方的约定,这是一个保本合同,即全权代理人必须保证交回委托人的127万元原始资金。按照一审法院后一阶段合同无效的观点,代理人应当以合同有效阶段开始时的账户余额79万元为准承担保本义务。如前所述,笔者较赞同这个观点。这样后一阶段的损失是42万元。两阶段累计损失90万元,只不过代理人只需对前一阶段承担部分损失。

有意思的是,从政策上来看,否定合同效力的目的是为当事人提供负面激励,法院又认为代理人是主要的过错方,其自应该成为法律的主要打击对象。然而在本案中,双方约定的是代理人有保本义务。如果合同有效,代理人应向委托人总共支付90万元。因此,法院否认了部分时段的合同效力,实际上反而令代理人应承担的损失减少了。

当然,如果双方约定的是委托人风险自负,法院这么判决是对(其所认为的)过错较少的委托人有利的。

令本案关系复杂化的是,代理人自行转入的30万元如何定性。货币是种类物,双方的资金混同后,难言先亏的是谁的钱。从委托人的角度来讲,代理人若在委托终止后支付30万元,那对代理人来说是无风险地净得30万元赔偿款。而代理人在委托未终止前自行投入的30万元若还记在委托人的账上,相当于代理人自行替委托人加大风险本金或者说"赌注"。法院认为从委托人"主张的损失数额中扣除该30万元,缺乏依据"的观点正确。

所以,若未获得委托人的同意,代理人自行投入的30万元应被视为其自有资金。这笔资金原则上应当和委托人资金等比例共担风险,即法院说的"剩余资产中亦包含有该款的剩余部分"。因为代理人自愿投入更多资金,一般对委托人是有利无害的。但这是与委托人的原始资金、当时剩余的资金、还是当时剩余的总资产(资金+证券价值)等比例共担风险,较难确定,计算成本也较高。法院在运用裁量权酌定代理人承担的损失时,不予以细究,可以理解。

而且,代理人的保本义务简化了这里面的计算。虽然账户资产必然会有起伏,不过总体上看是不断缩水。原始资金127万元,代理人离职时79万元,虽然代理人随后加入了30万元,最后还是只剩37万元。由于第二阶段首尾相较,净损失约有72万元。一审法院的意思是代理人自投的30万元已经亏得一文不存,剩下来的钱与其无关。鉴于按照一审法院逻辑,代理人反正有返还79万元本金的义务,若认为37万元剩余资金中有代理人的份,即意味着已亏掉的72万元里委托人的比重更大,代理人还是得赔。这种算法可以成立。不妨举一个简单的例子。假设委托终止时账户余额是79万元,则代理人不需要另外赔钱给委托人,但30万元也拿不回来了。此时代理人若主张79万元里面有N元应该返还给他,是没有意义的。因为返还后,委托人就实得79万元-N元。代理人还是得补足那个N元。

至于二审法院"综合全案情况,对结果予以维持"的做法,则是充分运用了司法裁量权。在此不再细析。

案例9 未依法公告而收购股份之表决权限制

——评A公司与B公司决议效力纠纷案

(一)案情介绍

2014年11月25日,中国证券监督管理委员会深圳监管局作出(2014)6号行政处罚决定书认定:林某作出决策,委托匡某某具体操作"林某"账户、"陈某某"账户等13个账户陆续买进B公司股票;至2013年10月10日上述13个账户合计持有B公司股票超过已发行股份比例的5%,至2014年3月11日,合计持有B公司股票占B公司已发行股票的15.81%;林某作为该13个账户的实际控制人,未依照《中华人民共和国证券法》第86条的规定履行报告、通知及公告义务,是上述违法行为的责任人。该局决定对林某责令改正、给予警告,并处人民币60万元罚款。

2014年12月1日,林某以简式权益变动报告书的方式披露了其控制的13个账户合计持有B公司股份61,787,291股,占B公司总股本达到15.81%的事实。2015年8月31日,A公司与林某、王某某签署《一致行动人协议》,此后其以《详式权益变动报告书》的方式进行了披露。2015年10月15日,温某等12人以公证声明书的方式确认其名下的股票账户由林某实际控制、支配及操作,林某享有该账户内B公司股份的全部股东权利和权益。

2015年12月1日,B公司公告其第八届董事会2015年第六次临时会议决议,该会议于2015年11月26日举行,决议内容为:(1)授权公司董事长和管理层采取法律措施就林某、A公司及其一致行动人涉嫌违反证券交易法律法规的行为依法进行追究,就其违法行为向有关监管部门进行举报。(2)公司应要求林某、A公司及其一致行动人:①林某、A公司及其一致行动人在改正其违法行为前不得对其持有的公司股份行使表决权;②林某、A公司及其一致行动人将其违法所得(违法增持公司股票及减持该等股票所获的收益)上缴上市公司;③林某、A公司及其一致行动人改正其违法行为,将合计持有的公司股票减持至合计持有比例5%以下;④确认林某、A公司及其一致行动人不具备收购上市公司的主体资格。董事会同意并授权公司采取包括提起诉讼在内的措施,以促成相应要求的实施。同意授权公司董事长及其授权的代理人在董事会权限范围内全权负责与上述所涉事宜相关事项。

2015年12月8日,广东省高级人民法院受理了B公司起诉A公司及林某等人股东资格确认纠纷一案。B公司以A公司及林某等人在收购B公司股票过程中未依法履行信息披露义务、不具备收购止市公司的主体资格,及违法收购B公司股份的行为损害上市公司及中小股东利益为由,请求法院判令:(1)各被告在改正其违法行为前不得对其持有或实际支配的B公司股份行使表决权;(2)确认各被告不具备收购B公司的主体资格;(3)各被告将合计持有或实际支配的B公司股票减持至合计持有比例5%以下;(4)各被告将减持收益归B公司所有,暂定为5亿元;(5)各被告承担案件诉讼费。

2015年12月30日,A公司、林某、王某某以《详式权益变动报告书》披露:A公司协议受让了林某通过"林某"等10个股票账户持有的B公司股份。2016年1月6日,林某以《简式权益变动报告书》披露了其将所控制的"林某"等10个股票账户所持有的B公司股份,于2015年12月29日协议转让给A公司。2016年1月20日,A公司、林某、王某某以《详式权益变动报告书》披露,A公司与林某等协商一致解除了前述2015年12月29日的股权转让协议。2016年1月21日,B公司作出《关于股东权益变动的提示性公告》,称A公司、林某等人对信息披露不充分,该公司将就不履行披露义务的违法行为向监管部门反映,提请投资人注意投资风险。2016年2月25日，A公司以《详式权益变动报告书》披露，其于2016年2月24日以大宗交易的方式受让了林某、王某某持有的全部B公司股份。2016年4月29日，A公司发布《收购报告书》，主要内容为将在2016年4月28日起的6个月内增持不超过B公司总股本2%的股份。

二审法院查明，B公司第八届董事会2016年第六次临时会议于7月29日作出决议：在监管部门就A公司有关涉嫌违法违规行为作出明确结论及对A公司及其疑似一致行动人所持有公司股票表决权作出效力认定之前，B公司2015年年度股东大会将如实记录各与会股东的表决结果，待监管部门作出明确认定后，依据监管部门的结论认定前述股东大会的决议效力，并遵照生效决议执行相关决议内容。根据B公司《2015年度股东大会决议公告》，就该次会议所涉及的各项议案，区分A公司及其一致行动人的表决权有效、无效两种情况分别对投票表决结果进行了统计。

2016年9月14日，B公司召开2016年度第一次临时股东大会并通过决议：A公司从林某等13人处受让的由林某违法增持获得的公司股份77,387,291股的股份不得行使表决权，A公司所持有的B公司股份46,290,080股以及其疑似一致行动人深圳市某投资有限公司所持有的B公司股份7,576,100股，暂计入有效表决权股份总数。

（二）争议焦点

本案为公司决议效力纠纷。《中华人民共和国公司法》第22条第1款规定，公司股东会或者股东大会、董事会的决议内容违反法律、行政法规的无效。依照上述规定，本案的争议焦点为涉案的董事会决议董事会是否有权作出，以及有关决议是否符合法律、行政法规的规定。二审法院认为，本案争议的焦点仅是涉案董事会决议是否作出了一审判决书中第1项、第2项、第3项以及第4项判决所列的要求限制及剥夺A公司行使股东权利的决议。

(三)法院观点

1. 一审法院观点

关于董事会决议效力的问题。从本案查明的事实来看,于2015年11月26日举行的B公司第八届董事会2015年第六次临时会议所作出决议,决定A公司在改正其违法行为前不得对其持有的公司股份行使表决权,要求其减持B公司的股份至5%以下,并将违法所得上缴公司,还确认了A公司不具有收购上市公司的主体资格。该部分决议不但认定A公司存在证券违法行为,还限制了A公司行使其股东权利,但是,B公司董事会作出该部分决议缺乏法律依据和公司章程的授权,该部分决议应属无效。理由如下:

首先,认定A公司是否存在证券违法行为,系证券监管部门职责及司法机关的权力范围,没有任何法律、行政法规授权公司董事会具有这一公法项下的权力。B公司亦向监管部门进行举报,向广东省高级人民法院提起诉讼,均表明其是知晓这一点的。

其次,限制股东权利应当由有权机关作出。《上市公司收购管理办法》第75条规定"上市公司的收购及相关股份权益变动活动中的信息披露义务人,未按照本办法的规定履行报告、公告以及其他相关义务的,中国证监会责令改正,采取监管谈话、出具警示函、责令暂停或者停止收购等监管措施。在改正前,相关信息披露义务人不得对其持有或者实际支配的股份行使表决权"。该规定明确了作出相应处罚的机关系"中国证监会",而非公司董事会。并且,B公司章程第107条所约定的董事会可以行使的职权中并无限制股东权利,B公司也没有举证证明有法律、行政法规授权其董事会可以限制股东权利,故B公司董事会作出限制股东权利的决议缺乏权力依据。

最后,《中华人民共和国公司法》第4条规定,公司股东依法享有资产权益、参与重大决策和选择管理者等权利。上述法律规定的股东权利是根本性的权利，未经正当的程序不应受到非法的限制和剥夺。A公司持有的B公司股份已经登记，其取得了相应的股东身份，依法享有股东的权利。股东参与重大决策系以表决权的方式体现，B公司董事会在A公司的股东身份不存在异议的情况下，限制A公司股东权利，违反了前述《中华人民共和国公司法》的规定，亦属无效。

至于A公司请求法院确认董事会决议中授权公司等对有关违法行为提起诉讼的决议内容无效，一审法院认为对公司所认为的违法行为要求监管机关查处，向司法机关提起诉讼，均是公司当然的民事权利，该部分决议不违反法律规定，应属有效。A公司的该部分请求一审法院予以驳回。

2. 二审法院观点

本案为公司决议效力确认纠纷。背景是A公司持有的B公司的大额股票，部分是由其一致行动人林某违反《中华人民共和国证券法》第86条的规定、未履行信息披露义务情况下超比例购买的，双方当事人围绕B公司的控制权，提起了包括本案在内的多起诉讼。B公司上诉称广东省高级人民法院受理的案件中，B公司的诉讼请求之一就是要求确认A公司不具备收购B公司的主体资格，故本案A公司能否作为适格原告提起诉讼，必须以该案的判决结果为前提，本案依法应中止审理；一审法院应中止审理而未中止，属于程序违法。

首先，A公司通过在交易所集合竞价方式购买的B公司股份已经登记在册。根据《中华人民共和国证券法》第120条第1款的规定，按照依法制定的交易规则进行的交易，不得改变交易结果。也就是说，A公司即使违反了信息披露义务，但是其作为B公司的合法股东身份毋庸置疑。其次，“上市公司收购

“上市公司收购主体资格”与“股东资格”并非同一概念。

主体资格”与“股东资格”并非同一概念。依据《上市公司收购管理办法》第5条的规定,上市公司收购主体是指收购人通过取得股份的方式成为上市公司的控股股东,或者通过投资关系等方式和途径成为上市公司的实际控制人或取得上市公司的实际控制权。因此,A公司是否享有上市公司收购主体资格并不影响其作为持有B公司的股东身份。最后,退一步来讲,即使A公司因违反前述规定,失去B公司的收购主体资格,乃至B公司关于要求A公司减持至5%以下的主张成立,但A公司对B公司5%以内部分的股份应该享有完全的股东权利,其针对案涉董事会决议的效力提起诉讼的诉权仍应受到法律保护。综上,广东省高级人民法院(2015)粤高法民二初字第36号案件的审理结果并不影响本案原告的适格性。

B公司还上诉主张,股东能否行使表决权是一项法律事实,无论从规则本身的解释,还是实际操作的层面,或是从平衡各方利益的角度,董事会都应当有权依据《上市公司收购管理办法》的有关规定对股东是否能够行使表决权作出事实认定。对此,二审法院认为:《中华人民共和国证券法》第86条之所以规定投资者在大额购买止市公司股票时履行信息披露义务,正是为了方便市场监管,维护证券市场公开、公平、公正的交易规则,防止投资者利用信息或资金优势进行内幕交易或操纵证券市场行为,保护广大中小投资者的合法权益。大额股票投资者对这一义务的违反,不仅侵犯了广大中小投资者的知情权和投资决策权,而且在一定程度上影响了上市公司实际控制人的合法权益,甚至不利于上市公司治理的稳定性(如为规避监管及信披义务、类似“穿马甲”式的大额收购行为,可能造成公司大股东或实际控制人反击时不可能在同一股票价格水平上公平竞争)。因此,我国证券法律、法规及司法解释规定应承担相应的行政责任、民事责任乃至刑事责任。其中,《上市公司收购管理办法》第75条规定:“上市公司的收购及相关股份权益变动活动中的信息披露义务人,未按照本办法的规定履行报告、公告以及其他相关义务的,中国证监会责令改正,采取监管谈话、出具警示函、责令暂停或者停止收购等监管措施。在改正前,相关信息披露义务人不得对其持有或者实际支配的股份行使表决权。”二审法院认为,股东的合法权利受法律保护,除非股东自愿放弃,否则非经严格法律程序不得剥夺或限制。这是现代公司制度的基石。尤其是股东表决权,是股东行使自己意志、参与公司重大决策和选择管理者等其他股东权利的方式,系股东的根本性、固有性权利,对其限制或剥夺,只能由有权机关依据公权力、根据法律的明确规定、按照法定的程序进行,而不应允许公司董事会认定股东的违法行为,进而决定限制股东权利,否则将动摇公司制度的基石。对此一审判决已做了充分论证,二审法院予以认同,不再重复。综上,本案A公司是否存在证券违法行为并非本案审理范围,退一步而言,即使A公司存在B公司主张的证券违法行为,B公司也只能向证券监管机关进行举报或向人民法院提起诉讼(正如其此前所做的一样),但是在证券监管机关及司法机关没有认定或作出生效判决的情况下,B公司董事会也无权作出限制股东权利的决议。因此,B公司关于在本案中追加陈某某等12人为第三人,以方便调查A公司存在其他证券违法行为等案件事实的申请,与本案没有关联,一审不予准许,并无不当。B公司关于本案裁判结果应以广东高院(2015)粤高法民二初字第36号案件的审理结果为依据,进一步要求本案中止审理的理由,也不能成立。

股东的合法权利受法律保护,除非股东自愿放弃,否则非经严格法律程序不得剥夺或限制。这是现代公司制度的基石。股东表决权,系股东的根本性、固有性权利,对其限制或剥夺,只能由有权机关依据公权力、根据法律的明确规定、按照法定的程序进行,而不应允许公司董事会认定股东的违法行为,进而决定限制股东权利,否则将动摇公司制度的基石。

本案争议的焦点仅是涉案董事会决议是否作出了一审判决书中第1项、第2项、第3项以及第4项判决所列的要求限制及剥夺A公司行使股东权利的决议。B公司上诉主张,案涉B公司第八届董事会2015年第六次临时会议作出的《关于依法对公司股东林某、A公司有限公司及其一致行动人提起诉讼的议案》,仅仅是授权公司董事长及管理层采取法律措施就林某、A公司及其一致行动人涉嫌违反证券交易法律、法规的行为依法进行追究,就其违法行为向有关监管部门进行举报。授权公司董事长及代理人采取包括诉讼在内的措施,要求林某、A公司及其一致行动人:(1)在改正其违法行为前不得对其持有的公司股份行使表决权;(2)将其违法所得(违法增持公司股票及减持该等股票所获的收益)上缴上市公司;(3)改正其违法行为,将合计持有的公司股票减持至合计持有比例5%以下;(4)不具备收购上市公司的主体资格。无论从体系、文义和目的解释,案涉董事会并没有作出直接限制A公司等股东权利的决议,A公司断章取义,故意曲解决议内容,一审判决对此认定事实错误。二审法院认为:首先,虽然案涉决议中并没有就四项内容分别以决议的形式进行表述,但是该决议包含了一审判决认定的四项内容,已明确主张"董事会认为……林某、A公司有限公司及其一致行动人在增持公司股份及履行信息披露义务过程中存在违反证券交易法律法规及有关交易规则的情形","公司应要求:(1)林某、A公司及其一致行动人在改正其违法行为前不得对其持有的公司股份行使表决权;(2)林某、A公司及其一致行动人不具备收购上市公司的主体资格;(3)林某、A公司及其一致行动人应将合计持有的公司股票减持至合计持有比例5%以下;(4)林某、A公司及其一致行动人应将其违法所得(违法增持公司股票及减持该等股票所获的收益)收归公司所有。"其次,B公司在其后提交给深圳证监局的《关于第六次董事会审议事项的情况说明》中,更是对四项内容表述为"董事会认为……"意思表示清楚确定,并单独将四项内容列明,具有结论性和可执行性。最后,也是最重要的,B公司及其董事会、监事会之后分别在2016年7月19日召开的B公司2015年年度股东大会以及2016年9月14日召开的B公司2016年第一次临时股东大会上,直接限制了A公司行使股东表决权。也就是说,案涉董事会决议作出后,B公司及其董事会、监事会已经实际在执行案涉决议内容,客观上限制了A公司行使股东权利。故对

B 公司关于案涉决议并未决定限制或剥夺 A 公司股东权利的上诉理由，二审法院不予采纳。

(四)裁判结果

一审法院依照《中华人民共和国公司法》第 4 条、第 11 条、第 22 条，《中华人民共和国民事诉讼法》第 64 条的规定，判决：(1) B 公司于 2015 年 11 月 26 日作出的第八届董事会 2015 年第六次临时会议的“林某、A 公司有限公司及其一致行动人在改正行为前不得对其持有公司股份行使表决权”的决议无效；(2) B 公司 2015 年 11 月 26 日作出的第八届董事会 2015 年第六次临时会议的林某、A 公司有限公司及其一致行动人将其违法所得(违法增持公司股票及减持该股票所获得的收益)上交上市公司的决议无效；(3) B 公司 2015 年 11 月 26 日作出的第八届董事会 2015 年第六次临时会议的“林某、A 公司有限公司及其一致行动人改正其违法行为，将合计持有的公司股票减持至合计持有比例 5% 以下”的决议无效；(4) B 公司 2015 年 11 月 26 日作出的第八届董事会 2015 年第六次临时会议的“林某、A 公司有限公司及其一致行动人不具备收购上市公司主体资格”的决议无效；(5) 驳回 A 公司的其他诉讼请求。

二审法院认为，原审认定事实清楚，适用法律正确，程序合法，予以维持。B 公司的上诉请求，理由不充分，二审法院不予支持。依照《中华人民共和国民事诉讼法》第 170 条第 1 款第 1 项、第 175 条之规定，驳回上诉，维持原判。

(五)专家点评(钟明霞　深圳大学法学院教授)

本案为公司决议效力纠纷案。此份判决在实体和程序上都体现了极强的逻辑严谨性，可谓是十分精彩，如实体方面聚焦公司决议的效力问题,而程序问题结合管辖权、审查范围、追加当事人等方面,有条不紊地分析和论证上述焦点问题,体现了审判员极高的法学素养和司法裁判水准。据查,该案审理前法院还依据原告请求为本案出具过行为保全裁定,这不仅是全国第二例支持“举牌方”行使股东权利的行为保全裁定,而且也是最高人民法院《关于适用〈中华人民共和国公司法〉若干问题的规定(四)》颁布后全国第一例涉及股东权利行使的行为保全裁定,不仅体现了该司法解释加强对股东正常行使权利保护力度的立法趋势,而且有助于增强“举牌方”正常行使股东权利的信心,活跃上市公司的并购行为,充分发挥证券市场调节资源配置的功能。

首先,因公司决议的前后关系情况复杂,而且有多个决议盘错,导致证据较复杂,此判决在证据和案情方面花了大篇幅去梳理,也说明本案审理存在相当的难度。审判员在充分列举当事人观点的基础上,概括出本案的争议焦点为:董事会决议效力、本案与广东省高级人民法院案件关系,是否追加当事人。其中最关键的问题是董事会决议效力,此判决分别从证券监管部门职责及司法机关的权力范围、限制股东权利应当由有权机关作出、股东权利是根本性的权利,未经正当的程序不应受到非法的限制和剥夺等方面进行说理,可谓逻辑合理,思路清晰,适用法律准确。

其次,该份判决突出体现的一个重要的审判信息就是公司即使一时隐瞒了一致行动关系,但在投票表决等过程中露出马脚,也难免遭到监管层严查。通过进一步核查上海证券交易所的信息发现,上述股东在工商登记信息、开户营业部、交易 IP 地址等多个方面存在关联性,其一致行动关系嫌疑较大。实际上,隐瞒一致行动人关系的违规行为一直是监管层监察的重点。而监管层对隐瞒一致行动关系违规行为的查处力度一直有增无减。虽然本案较重大和复杂,但法官明察秋毫,在认真梳理各种证据及事实关系的基础上,认为问题的肇因乃始于公司决议是认定证券违法行为的权源问题。顺着这个思路,其程序上的问题就迎刃而解了,可谓庖丁解牛。

最后,该判决有个特别的地方是法院查明林某、A公司及其一致行动人改正其违法行为,将合计持有的公司股票减持至合计持有比例5%以下,还有确认林某、A公司及其一致行动人不具备收购上市公司的主体资格。根据《上市公司收购管理办法》规定,持股超过30%,既可以选择要约收购,也可以继续适用“爬行条款”,每年增持不超过2%,直至达到50%以上。在此判决中,审判员应该已经充分理解了对违反大额持股披露和慢走规则而买卖股票的行为的效力判断问题,对涉案的每一个决议进行梳理,并遵循立法的理念和价值。其中原告的关键诉求是被告违反公司章程,回归焦点问题董事会决议的效力,如果违反的规定是为否定某种行为的效力而设,则违反该规定即导致交易的无效;如果某规定仅以某主体履行某种义务为内容,而不是以否定某种行为效力为内容,则违反该规定仅仅是让违反义务者承担某种责任,并不产生否定效力的后果。无效观点主要从传统民事理念角度出发,注重对公平公正原则的维护。有效观点从商事理念出发,追求对促进交易的保护。应当说,违反大额持股披露与慢走规则的行为确实违反了证券市场公开公平公正的原则。

本案也引发了笔者两点思考:其一,上市公司控制权问题。实践中,有些违规“举牌”方违反大额持股披露义务持续购入上市公司股份,并提议召集临时股东大会、更换董事,目标直指上市公司控制权。而当控股股东以诉讼方式维护其“控制权”时却发现,上市公司的“控制权”并非法定的股东权利。这涉及对控制权性质的理解问题,即控制权的性质是权利还是权力?其二,表决权限制。由于违反大额持股披露义务买卖股票的行为属于侵权行为,侵犯了上市公司其他股东以及上市公司的知情权。而侵犯该知情权导致《中华人民共和国证券法》第86条所设立的“预警式披露”机制失灵,使上市公司其他股东以及上市公司不能及时了解和避免上市公司收购的情形,类似于使上市公司其他股东以及上市公司处于某种“危险”之中。而违规者表决权的行使是使这种“危险”成为现实的重要手段。因此,消除危险,即限制表决权应当属于对该种侵权行为进行制裁的题中应有之义。

整体而言,本案在同类案件中具有典型的指导意义。在法律适用方面,判决书重点针对董事会决议效力进行论述,无论是实体还是程序问题都有理有据,极具说服力。法律条文总是抽象的,在其具体适用于案件时,需要法官的视线在“事实和法律之间来回穿梭”,寻找最应适用的法律条文,不得不说此判决做到了这点。唯值得改进的是,判决书中没有列明质证过程和双方当事人的质证意见,在判决书的完整性上略有欠缺。

案例 10 证券咨询报告的知识产权侵权认定

——评 A 公司与 B 公司著作权纠纷案

(一)案情介绍

A 公司成立于 1995 年 7 月,主要经营人民币特种股票、普通股票、境外发行股票承销、经纪业务,投资顾问及其他顾问业务等。涉案证券研究报告系 A 公司向客户提供的产品之一,由其工作人员对各上市公司的公告、股市行情等公开信息进行采集、筛选、分析,并做出证券估值、投资评级等意见和建议的研究报告,通过邮件向客户发送或供具有 A 公司网站账户及密码的客户在其网站查阅下载。

2013 年 11 月 7 日,A 公司在其网站上发布《中青旅:古北赛乌镇,景区运营第一股》证券研究报告,该报告抬头标识分别为 A 公司图标、英文简称、中文简称及发布日期 2013 年 11 月 7 日。该研究报告首页下方注明分析员郭某某、联系人黄某某及其执业证书编号,尾部法律声明"本报告由 A 公司制作,本报告中的信息均来源于我们认为可靠的已公开资料,但 A 公司及其关联机构对这些信息的准确性及完整性不作任何保证"。方圆公证处对上述公证过程出具了(2014)京方圆内经证字第 19452 号公证书。2008 年 1 月 2 日,A 公司与郭某某签订劳动合同,约定双方签订无固定期限劳动合同,郭某某在研究部工作,郭某某同意其在公司工作期间所掌握或形成的与公司业务有关的所有商业秘密、作品或其他保密信息均为公司的财产。

2014 年 10 月 16 日,北京 E 律师事务所委派其代理人张某向长安公证处申请证据保全公证,通过该公证处电脑在 IE 浏览器中输入 www. taobao. com 后进入淘宝网,在登录页面输入账号 creamivory@ sohu. com

及密码进行登录,点击页面“已买到的宝贝”,显示“2013 年 10 月 31 日:(四钻信誉)数据库学习卡数量 1、金额 760 元交易成功”,“卖家真实姓名:尹某某”。长安公证处对上述公证过程出具了(2014)京长安内经证字第 22951 号公证书。

2014 年 10 月 16 日,E 律师事务所委派其代理人张某向长安公证处申请证据保全公证,通过该公证处电脑在 IE 浏览器中输入 www. cajol. net 后进入中国学术期刊在线网页,输入用户名 creamivory、密码及校验码进行登录,显示进入中国期刊数据库页面,用户订阅数据库信息显示用户 ID creamivory,真实姓名张某,注册时间 2013 年 10 月 31 日,显示亲爱的 creamivory,您的账号信息如下:B 公司金融终端,订阅时间 2013 年 10 月 31 日,到期时间 2014 年 10 月 31 日。点击客户服务栏目中的“会员续费”,选择“综合数据库”中的“B 公司金融终端”、选择订阅期限“1 年——599 元”,点击“确认提交”,点击“支付宝付款”,显示收款人方为“尹某某”。公证处对上述公证过程出具了(2014)京长安内经证字第 22950 号公证书。

2013 年 11 月 11 日,北京 E 律师事务所委派其代理人张某向北京市长安公证处申请证据保全公证,通过该公证处电脑在 IE 浏览器中输入 http://www. cajol. net 点击“Enter”键后,在输入框中输入相对应的用户名、密码及校验码,内容为“亲爱的 creamivory,您的账号信息如下:数据库名:B 公司金融终端;订阅时间:2013 年 10 月 31 日 10:39:32;到期时间:2014 年 10 月 31 日 10:39:32”。点击其下方数据库入口 3,页面跳转至 http://terminal. chinaef. com/index. action,进入 B 公司服务平台网页,将时间设定为 2006 年 1 月 1 日至 2013 年 11 月 11 日,点击搜索,显示 26 页共 468 篇来源为 A 公司的研究报告(含涉案研报)搜索结果。点击研究报告搜索主页面上的退出栏,出现 B 公司平台登录提示,备案号:粤 ICP 备 0××××××4 号等声明,长安公证处出具(2013)京长安内经证字第 26310 号公证书。

2013 年 12 月 4 日,E 律师事务所委派其代理人向北京市长安公证处申请证据保全公证,通过该公证处电脑在 IE 浏览器中输入 www.miitbeian.gov.cn,点击进入域名信息备案管理系统,在备案/许可证号后的输入框中输入“粤 ICP 备 0××××××4 号”和验证码,显示 B 公司为主办单位,网站名称为 B 金融服务平台,网站首页网址 www.chianef.com。长安公证处对上述公证过程出具了(2013)京长安内经证字第 26326 号公证书。2014 年 4 月 3 日及 2014 年 11 月 24 日,E 律师事务所委派其代理人申请证据保全公证。

2014 年 8 月 14 日,B 公司委派其代理人向方正公证处申请证据保全公证,2014 年 9 月 3 日公证员及公证处工作人员通过该公证处电脑在 IE 浏览器中输入 www.cajol.net,点击“Enter”键,进入“你的专业学术期刊检索服务”登录页面,有“用户名、密码、校验码”填写项目,登录栏目下方有“关于我们新手上路检索指南软件下载售卡网点客户服务交流论坛”等栏目,依次点击,均无显示结果。

当庭通过审判庭电脑在 IE 浏览器中输入 www.cajol.net,点击“Enter”键,进入“你的专业学术期刊检索服务”登录页面,输入 A 公司提供的用户名 creamivory 及密码、校验码,点击页面下方数据库入口 2(研究报告版),跳转至 http://terminal.chinaef.com/index.action,进入 B 公司金融服务平台网页,抬头显示“genius,您好!”,点击“研究报告”显示 B 公司金融服务平台升级公告。A 公司确认起诉后在 http://terminal.chinaef.com 网站中的涉案研究报告已经删除。2014 年 12 月 18 日庭审时登录 www.cajol.net,页面提示“警告! 你正在使用黑客程序进入内部未公开数据库。技术措施已限制非法入侵行为。建议使用 IE 浏览器”。

B 公司注册登记备案信息显示其经营范围为开发计算机软件、系统软件、应用软件等。B 公司提交的 2014 年 8 月 26 日 D 公司出具的证明,载明“我单位是 B 公司财经金融服务平台技术服务提供方,该数据库涉及的技术维护工作由本单位提供。该数据库不对外公开,B 公司财经用户须经过一定程序和条件才能获得用户名和密码，用户仅能通过www. chianef. com登录页面输入用户名和密码才能进入平台服务端，尚无不须用户名和密码即可直接进入B公司服务平台的方式”。2014年10月24日D公司再次出具的证明，载明“我单位是B公司财经金融服务平台技术服务提供方，该数据库涉及技术维护工作由本单位提供。就该B公司财经金融服务系统，我单位已采取了技术措施进行数据的安全保护。根据深圳B公司提供的(2013)京长安内经证字第26310号公证书显示，www. cajol. net进入的B公司平台如果确实是深圳B公司的数据库，则该www. cajol. net的行为是一种黑客入侵行为，属于非法入侵，这并非深圳B公司在进行传播内容”。

(二)争议焦点

本案一审争议焦点在于：A公司主张保护的研究报告是否为著作权法保护的作品；被控侵权研究报告是否存储在B公司控制的服务器中；B公司是否应承担侵权责任。

二审法院认为，本案二审的审理焦点在于：被上诉人A公司是否对涉案作品享有著作权。上诉人B公司是否实施了侵害涉案作品的信息网络传播权。一审判决赔偿损失的金额是否适当。

(三)法院观点

1. 一审法院观点

第一，A公司主张保护的研究报告是否为著作权法保护的作品。《中华人民共和国著作权法实施条例》第2条规定，著作权法所称作品，是指在文学、艺术和科学领域内具有独创性并能以某种有形形式复制的智力成果。涉案证券研究报告系A公司对上市公司中青旅公司等各种公开信息进行筛选、整理、分析研究后完成的，不仅包括公开的信息和数据，还包括“投资亮点”及“估值与建议”等，这种筛选、整理、分析凝聚了创作人员的智力成果,具有一定的独创性,构成著作权法保护的作品,应当受到著作权法的保护。因涉案研究报告对涉及旅游上市公司分析,决定了报告必然引用上市公司已公开的信息,属于著作权法规定的合理使用的情形,B 公司以涉案研报使用他人制作图表证明独创性不足,A 公司不享有著作权的辩解理由不能成立,一审法院不予采纳。

《中华人民共和国著作权法》第 11 条规定,著作权属于作者,由法人或者其他组织主持,代表法人或者其他组织意志创作,并由法人或者其他组织承担责任的作品,法人或其他组织者视为作者。A 公司主张涉案研究报告系其法人作品,并且研究报告上署名为“A 公司”,报告尾部有“本报告由 A 公司制作”的法律声明,故在 B 公司未提供相反证据的情况下,一审法院认定 A 公司对涉案证券研究报告享有著作权。

第二,被控侵权研究报告是否存储在 B 公司控制的服务器中。A 公司为了获得 B 公司侵权证据,在淘宝网店购买中国期刊数据库的 B 公司金融终端会员卡,经用户名、密码验证登录中国期刊数据库 www. cajol. net,在中国期刊数据库列表中选择 B 公司金融终端数据库入口,点击登录后页面跳转至 http://terminal. chinaef. com/index. action,在 B 公司金融服务平台网页地址下搜索获得涉案研究报告。A 公司提交的公证书证明了获得上述证据的过程,同时对购买中国期刊数据库 B 公司金融终端会员卡和续交年费情况进行了证据保全。B 公司辩称 A 公司取证不合法,A 公司代理人涉嫌利用第三方网站 www. cajol. net 侵入或模拟 B 公司金融计算机系统,获取未公开信息数据,所获得的证据亦不能作为认定案件事实的依据。就本案而言,由于 A 公司使用 B 公司分配的账号登录 B 公司财经金融服务平台,无法获得涉案研究报告;A 公司登录中国期刊数据库链接至 B 公司金融服务平台网页地址下搜索获得涉案研究报告,上述取证方式目的并无不正当性,行为并未损害社会公共利益和他人合法权益。B 公司未提供足以推翻公证书内容的相反证据,据此,本案涉及的取证方式合法有效,对其获取证据所证明的事实应作为定案根据。B 公司关于 A 公司非法获取的证据不应被法院支持的辩解，理由不能成立，一审法院不予采纳。

根据（2013）京长安内经证字第 26310 号公证书记载，A 公司代理人登录中国期刊数据库 www. cajol. net 链接至 http://terminal. chinaef. com/index. action，在 B 公司金融服务平台网页研究报告栏目搜索获得涉案研究报告；同时，点击研究报告栏目搜索主页面上退出键，页面跳转至 http://terminal. chinaef. com/system/logout. action，出现 B 公司金融服务平台登录提示。根据（2013）京长安内经证字第 26326 号公证书记载，A 公司代理人在工信部网站查询 www. chianef. com 网站为 B 公司主办单位后，在查询页面点击 www. chianef. com 后，页面跳转至 http://terminal. chinaef. com/system/logout. action，出现 B 公司金融服务平台登录提示。经比对两份公证书显示的 B 公司金融服务平台登录提示页面网页地址、内容完全一致。虽然本案最后一次庭审勘验使用购买的 B 公司金融终端会员卡登录中国期刊数据库无法链接至 B 公司金融服务平台网页，但不能否认 A 公司通过公证取证获取证据所证明的事实。B 公司辩称 www. cajol. net 网站通过模拟的方式伪造虚拟的 B 公司金融服务平台继而侵权，无证据证实，一审法院不予采信。据此，一审法院认定被控侵权研究报告存储在 B 公司经营管理的 B 公司金融服务平台的服务器中。

现有证据可以认定 B 公司经营的 B 公司金融服务平台向不特定用户提供涉案研究报告。虽然中国期刊数据库经营者无法查实，上述行为实现存在两种可能：一种可能是 B 公司与中国期刊数据库经营者进行分工合作，向中国期刊数据库开放内容接口，由中国期刊数据库提供链接服务；另一种可能是中国期刊数据库经营者未经 B 公司许可，以故意破坏技术保护措施的方式对于 B 公司金融服务平台进行链接。一审法院根据查明事实已对 B 公司与中国期刊数据库经营者关系作出上述认定，故对于 B 公司关于对涉案网站 www. cajol. net 属于非法侵入行为进行鉴定的申请不予准许,即使存在 www. cajol. net 网站破坏B公司网站技术措施进入B公司平台的行为,亦属于B公司举证范围。B公司辩称假设B公司后台存在涉案报告,但B公司也未对外公开传播,与事实不符,一审法院不予采纳。

第三,B公司是否应承担侵权责任。A公司主张权利的研究报告已经公开发表,B公司有条件接触该作品。被控侵权作品与A公司主张权利的作品内容一致,并注明其来源A公司,在没有相反证据的情况下,原审法院可以认定被控侵权作品系转载A公司主张权利的作品。B公司未经著作权人许可,在其经营的网站 www. chinaef. com 上转载了涉案研报,使其用户可以在其个人选定的时间和地点获得涉案研报,侵犯了A公司对涉案研报享有的信息网络传播权,应当承担停止侵权、赔偿损失的民事责任。因B公司已在其网站上删除被控侵权作品,A公司关于B公司停止侵权的诉讼请求,一审法院再行判决已无必要。A公司关于B公司在其金融服务平台及其网站上发布致歉声明的诉讼请求,因B公司的侵权行为并未导致社会公众对A公司社会评价的降低,造成A公司名誉受损,且B公司承担停止侵害、赔偿损失的民事责任足以使A公司的民事权利得到救济,故对该项诉讼请求一审法院不再支持。关于赔偿损失的数额问题,当事人未举证证明A公司因侵权遭受损失以及B公司因侵权获取利益之金额,一审法院综合考虑涉案作品类型、国家相关稿酬支付标准、侵权情节以及A公司为制止侵权所支出的合理费用,酌情确定B公司向A公司赔偿经济损失2550元。A公司同时指控B公司侵犯其作品的复制权、发行权,一审法院已认定B公司将涉案研究报告存储在其开放的网络服务器中,供其用户在个人选定的时间和地点获得作品,侵犯了A公司对涉案研究报告享有的信息网络传播权,上述行为已包括B公司将涉案研究报告存储在其开放的网络服务器中的复制行为。著作权法中的发行权是指向公众提供作品原件或者复制件的权利,意味着转移作品的有形物质载体,A公司指控B公司侵犯其发行权理由不能成立，一审法院不予支持。

2. 二审法院观点

第一，被上诉人 A 公司是否对涉案作品享有著作权。A 公司在其网站上发布涉案作品《中青旅：古北赛乌镇，景区运营第一股》证券研究报告，该报告抬头标识明确标明了被上诉人 A 公司图标、英文简称、中文简称及发布日期 2013 年 11 月 7 日。报告尾部法律声明明确指出 A 公司制作了上述涉案作品，研报首页下方注明分析员郭某某、黄某某及其执业证书编号。被上诉人提供了执笔人郭某某的劳动合同以及郭某某、黄某某和被上诉人《著作权归属协议》，明确说明执笔人为 A 公司完成的作品，著作权归属于被上诉人。故二审法院确认，涉案作品的著作权人为被上诉人 A 公司所享有。上诉人 B 公司认为涉案作品著作权应归属于 A 公司及其关联机构共同享有的上诉理由，缺乏事实和法律依据，二审法院不予支持。涉案证券研究报告系被上诉人对上市公司中青旅公司等各种公开信息进行筛选、整理、分析研究后完成的，不仅包括公开的信息和数据，还包括"投资亮点"及"估值与建议"等，这种筛选、整理、分析凝聚了创作人员的智力成果，具有一定的独创性，蕴含了作者的思考和判断，并由作者独立完成，具有独创性，属于著作权法意义上的作品。上诉人认为涉案研究报告不属于作品的理由不能成立。

第二，上诉人 B 公司是否实施了侵害涉案作品的信息网络传播权。(2014)京长安内经证字第 22951、22950 号公证书以及(2013)京长安内经证字第 26310 号公证书证明被上诉人通过淘宝网购买学习卡进入中国学术期刊网 www.cajol.net 后点击进入"B 公司终端"，进入 B 公司金融服务平台网页，将在该网页搜索下载的《中国可转债策略双周报——进入纠结期》固定收益研究报告与被上诉人请求保护的涉案作品完全相同。从各个公证书公证内容表明，被上诉人 A 公司通过普通公众常用的方式购买到学习卡登录中国期刊学术网进入 B 公司金融平台下载了涉案文章。从中国期刊数据库跳转的 B 公司金融平台和直接登录的 B 公司金融平台显示的域名完全相同,已从技术上证明了被下载的涉案研究报告的下载平台为B公司经营的B公司金融平台。

虽然B公司否认其向不特定公众传播涉案作品,认为被下载的侵权作品可能来自其公司内部数据库,但却没有提供证据证明。且从涉案作品被下载的网页内容上有平台登录提示,用户名、登录密码选项以及服务热线等信息,且用普通方式购买的学习账号通过中国期刊学术网进入下载作品平台没有任何技术障碍或提示为内部数据库,下载被侵权作品的平台显然非内部数据库。因此,上诉人B公司的该项辩解,二审法院不予采信。根据日常生活经验法则进行判断,二审法院认定公证书下载的涉案侵权作品来自上诉人经营的B公司金融平台。A公司下载侵权作品的网页是对外公开的网站,根据现有的证据,B公司的行为已构成侵犯涉案作品著作权人享有的信息网络传播权。

第三,一审判决赔偿损失的金额是否适当。当事人未举证证明A公司因上诉人侵权遭受损失以及B公司因侵权获取利益之金额,一审法院综合考虑涉案作品类型、国家相关稿酬支付标准、侵权情节以及A公司为制止侵权所支出的合理费用,酌情确定B公司向A公司赔偿经济损失,并无不当。关于律师费发票的问题。鉴于律师费属于维权过程中必定发生的费用,且一审法院考虑律师费发票出具的问题并未全额支持被上诉人的全部维权费用的请求,故二审法院对此予以认可。

(四)裁判结果

一审法院依照《中华人民共和国著作权法》第9条第2项、第10条第1款第12项、第11条第1款及第3款、第48条第1项、第49条,最高人民法院《关于审理著作权民事纠纷案件适用法律若干问题的解释》第7条、第25条第1款及第2款、第26条,《中华人民共和国民事诉讼法》第142条之规定,判决:B公司应于此判决生效之日起10日内赔偿A公司经济损失

2550 元及原告为本案诉讼而支出的合理费用 2750 元；驳回 A 公司的其他诉讼请求。

二审法院认为，B 公司的行为侵犯了 A 公司的信息网络传播权，应当承担相应的民事责任。原审判决认定事实清楚，适用法律正确，二审法院予以维持。B 公司的上诉主张不成立，二审法院不予采信。根据《中华人民共和国民事诉讼法》第 170 条第 1 款第 1 项的规定，驳回上诉，维持原判。

（五）专家点评（朱谢群　深圳大学法学院教授）

本案涉及的是网络环境下证券领域分析报告的著作权保护。著作权保护以作品为起点，以使用必先获得许可为原则，合理使用为例外，并且在网络技术发展的背景之下还提供了保护技术措施的额外保护机制。因此，在网络环境中作品的保护和利用就离不开作品的认定、争讼的使用行为是否为著作权人专有的范围、哪些技术措施属于著作权法所保护的等问题。

A 公司和 B 公司的著作权纠纷就涉及了上述三个方面：有关证券报告是否构成作品、涉案行为是否构成信息网络传播权控制的行为以及原告取证行为是否破坏或者规避了被告设置的技术措施。本文就此展开法律分析，但首先说明的是，本文不评论案件事实问题，尤其是事实认定问题。

1. 关于涉案内容是否构成作品

在本案中，A 公司为会员提供的证券领域的研究报告是否构成作品成为首先要解决的问题。原告主张该报告构成作品，并且具有较高的市场价值。被告主张原告的报告中的图表来源第三方，原告不享有著作权，而且原告的报告是拼凑而来的，不具有作品的独创性。依据作品受保护的实质条件——独创性，一、二审法院都判决认定原告的报告构成作品。

作品的独创性,指的是作品在表达上体现了作者独立的思考和判断。换言之,独创性要求作品是作者独立创作的,而不是抄袭他人的,但并不要求作品思想上的新颖性。因此,如果两个人在没有相互接触和沟通的情况下,各自创作了同一思想的作品,这两部作品各自都受到法律的保护。例如,两个人在同一时间站在同一地点并以同一个角度拍了同一幅照片,这两个摄影者对各自的照片享有独立的著作权。

独创性要求作品是作者独立创作的,而不是抄袭他人的,但并不要求作品思想上的新颖性。

此外,不同类型的作品的独创性的表现形式有所不同,但并无高低之分,只要具备独创性,就满足作品的实质构成要件而为著作权法所保护。例如,奇幻小说的作品通常构思迥异,在思想表达上就不容易受到限制,这时作品表达上的独创性就主要体现在对于故事角色的塑造和刻画上,不同作者创作出来的故事角色就会有比较大的差异。又如,在人物传记上,如果两个作者同时对同一人物写传记,都不可能离开该人物的成长轨迹、主要事迹,这时作者的独创性就主要体现在对这些素材的筛选和安排上。在本案中,原告的研究报告虽然使用了一些公开的素材,但只要原告在素材的筛选和安排上体现自己的独特的思考和判断,该研究报告就满足独创性要求而构成受保护的作品。

因此,独创性仅仅解决了作者创作的哪些表达受到著作权法保护,并不是说作者创作的所有内容都受到著作权法的保护,更不意味着该作品市场价值的高低,后两者是著作权法中作品的合理使用和商业化利用问题。本案中,被告以原告使用了他人创作的图表、市场价值极低来否定原告的研究报告构成作品是对作品独创性的误解。一、二审都坚持了作品独创性的立法原意,值得肯定。

向公众提供是核心行为，可被交互式获得作品是行为效果形成的一种法律状态，并不以社会公众的成员实际获得作品为前提。在侵权诉讼中，著作权人并不用举证证明社会公众的某个成员已经实际获得了作品。

2. 关于被告是否侵犯原告作品信息网络传播权

信息网络传播权是互联网时代作品利用的重要权利，其也因此成为网络环境中著作权纠纷的主要诉争焦点。该权利是我国为执行《世界知识产权组织版权条约》和《世界知识产权组织表演和录音制品条约》中“向公众提供权”条款而专门创立的新权利，指的是作者以有线或者无线方式向公众提供作品，使公众可以在其个人选定的时间和地点获得作品的权利。

信息网络传播权的构成要件是作品被向公众提供，在效果上进入一种状态——社会公众的成员可以在个人选定的时间和地点获得作品——即可。质言之，向公众提供是核心行为，可被交互式获得作品是行为效果形成的一种法律状态，并不以社会公众的成员实际获得作品为前提。在侵权诉讼中，著作权人并不用举证证明社会公众的某个成员已经实际获得了作品。

值得强调的是，作为互联网条约中“向公众提供权”的中国化权利，信息网络传播权被烙上互联网技术特点的鲜明印记：交互式传播。首先，交互式传播是一种非物质形式利用作品的方式，以有线或无线的传播技术为皈依，其不同于传统上以物质形式向公众提供作品的发行权等方式——出售或赠予作品的有形载体，即作品的原件或复制件。例如，出售纸质图书、销售歌曲的 CD 或者 DVD 也是向公众提供作品的方式，但不能脱离作品的物质载体、不属于作品的非物质形式利用，不属于信息网络传播权规制的范畴。其次，交互式传播决定了它不同于传统的单向向公众提供作品的方式，虽然后者如放映权、广播权所控制的也是作品非物质形式利用，但都是由传播者决定作品的传播时间和传播地点，社会公众只能被动接收，不能主动选择。

因此，信息网络传播权在我国著作财产权体系下，不同于作品的复制权，后者必须要求制作了作品的复制件，无论是永久的还是临时的复制件，而前者只要求作品进入公众可以获取的状态即可；信息网络传播权不同于发行权，后者是作品的物质形式利用；信息网络传播权也不同于传统的传播权，后者仅规制单向的作品非物质形式利用。

信息网络传播权只要求作品进入公众可以获取的状态即可。

回到本案来看（不评价案件事实认定问题），现假定原告的取证都有效，证明了被告将原告受著作权保护的作品存储到自己控制的数据库中，并且这个数据库向社会中的不特定多数公众开放，使其数据库的付费企业用户能够在自己选定的时间和地点获得，那么被告就应被认定构成信息网络传播权侵权。在一审、二审中，被告并不否认信息网络传播权的构成要件，但通过各种理由否认原告证据的有效性，一审、二审法院都以被告没有提供充分的证据推翻原告的证据而判定被告侵犯信息网络传播权。

值得注意的是，原告在本案中还提出了判令被告侵犯复制权和发行权的请求。对于发行权，一审法院明确指出了发行权仅针对作品的有形物质载体的转移，而本案涉及的是作品在网络环境下的非物质形式利用，所以驳回了原告的发行权侵权请求，这是正确的。然而，对于原告的复制权侵权请求，一审法院认为信息网络传播权已经包含了复制权，即“被告将涉案研究报告存储在其开放的网络服务器中，使其用户在个人选定的时间和地点获得作品，侵犯了原告对涉案研究报告享有的信息网络传播权，上述行为已包括被告将涉案研究报告存储在其开放的网络服务器中的复制行为”。上诉时，被告对此判定也没有争议。应当说，一审法院的这种认定有一定瑕疵，信息网络传播权和复制权都是独立的权利，并不是谁包含谁的问题，并不能以原告作品存储于被告服务器并通过信息网络向公众交互式提供就否认信息网络环境下复制权的独立性,只不过因为举证的问题,原告和法院都无法直接查验被告的服务器以确认被告服务器上存储了原告作品的复制件,只能通过证据证明可以通过收费的账号从被告的数据库获得作品,反推被告的数据库存储了原告的作品复制件和公开交互式提供作品。当然,一审法院这样的认定并不会导致损害赔偿结果上的差异,法院都要根据原告损失和被告侵权的情节等因素去确定数额,而不是依据侵犯的权利的个数而增加或减少赔偿额。

3. 关于被告对原告破坏其技术措施的抗辩

在本案中,被告提出了原告在取证时为了获得被告数据库中的原告作品的复制件而破坏其数据库的技术保护措施,因而这种破坏技术措施的行为构成一种非法行为,所获的证据也因此构成非法证据不得为庭审所接受。在这里,同样不讨论案件事实,仅就著作权法保护的技术措施做出评述。

在互联网环境下,作品在互联网上可以被非常轻易地获得大量的同质复制件,而且由于互联网的去中心化,使著作权人很难发现和证明作品被谁上传以及被下载,即使法律规定了信息网络传播权,也难以阻止互联网上作品盗版的泛滥,所以互联网条约在规定向公众提供权条款的同时,也规定了作品、表演和录音制品的权利人为了保护自己的权利可以采取技术措施,保障著作权人将作品投放于互联网市场或电子商务市场时能够有效控制其利用和收益。

《中华人民共和国著作权法》从侵权救济的角度在该法第 48 条规定了技术措施的保护,即"未经著作权人或者与著作权有关的权利人许可,故意避开或者破坏权利人为其作品、录音录像制品等采取的保护著作权或者与著作权有关的权利的技术措施的,法律、行政法规另有规定的除外"。但该条对于技术措施并没有进行界定,因而容易被人误解为著作权法保护所有的技术措施。

《信息网络传播权保护条例》第 26 条对于"技术措施"进行了界定:

“指用于防止、限制未经权利人许可浏览、欣赏作品、表演、录音录像制品的或者通过信息网络向公众提供作品、表演、录音录像制品的有效技术、装置或者部件。”其中，控制作品的浏览和欣赏的技术措施实际上是控制作品的访问，更进一步而言，控制的是作品服务器或者数据库的访问权限；控制作品通过信息网络向公众提供的技术措施实际上是控制作品的复制和传播。因此，技术措施在我国著作权法下受到保护要满足两大要件：一是为了保护作品、表演、录音制品的访问、复制或传播等使用，为了其他目的而采取的技术措施不是著作权法保护的对象；二是这个技术措施必须是有效的，能够防止、限制未经许可的作品使用。如果某个技术措施仅仅是个幌子，如某个房间有两个房门，而这个技术措施的采取仅仅是锁了一道门而敞开着另一道门，那么就不构成有效的技术措施。

在本案中，被告的数据库访问仅仅限于会员访问，也就相当于对其数据库采用了访问技术控制措施。但是这种技术措施如果需要获得著作权法的保护，就要证明其满足上文提到的两大要件：一是被告的数据库中的内容是被告享有著作权的作品；二是被告采取的这个技术措施是控制作品的访问的有效措施。很显然，在本案中被告都没有提供证据加以证明。因此，一审法院以此驳回了被告的抗辩，这是合理的。

下篇　银行与互联网金融等纠纷

案例 11　网络借贷平台的权利范围与居间报酬

——评 A 公司与吴某某、C 公司借款合同纠纷案

(一) 案情介绍

原告拥有某网站的经营权,为借贷双方提供 P2P 个人借贷信息、信用咨询等交易信息管理服务。2015 年 2 月 10 日,该网站的 16 名注册用户(甲方)在该网站以投标方式与被告吴某某(乙方)、被告 C 公司(丙方)及原告(丁方)签署了《借款协议》。协议如下:第 1 条“借款基本信息”约定:甲方出借 19 笔款项共计 50 万元给借款人即被告吴某某作为短期周转,应偿还本息数额为 52.25 万元,“借款描述”为“此借款为深圳 S 投资发展有限公司高管短期借款,由 C 公司提供连带责任保证担保”。

第 2 条“协议各方的基本约定”约定:甲方为贷出者,乙方为借入者,丙方为担保方,丁方为管理方;乙方有借款需求,甲方亦同意贷款,双方有意成立借贷关系,并由管理方提供平台化信息对接服务;甲方同意并授权丁方按该协议及网站有关规则的约定对出借款项和相关费用进行划扣和支付,并由丁方代为收取乙方支付的借款本息及有关费用;乙方授权丁方每月从乙方账户中扣除当月应还本息、罚息并将资金转入甲方账户,乙方同时授权丁方从乙方账户中扣除因乙方借款逾期而产生的追偿费等相关费用;各方同意并确认,甲方可自行根据网站有关规则和说明,在该网站以投标方式操作确认签署该协议,各方同意并认可其法律效力。

第 3 条“各方权利和义务”约定:如乙方还款不足以偿还约定本金、利息及违约金的,甲方同意各自按照其借出款项比例收取还款;乙方必

须按期足额向甲方归还每期应还本金和利息,向丁方按时足额支付相关借款管理费和服务费用,并支付因乙方逾期及提前还款等事宜所产生的费用;丙方承诺对该协议项下乙方的债务承担不可撤销的连带责任保证担保,如乙方逾期归还借款本息的,由丙方代为偿还,丙方履行担保责任、进行代偿后,丙方代偿部分对应的其对乙方的债权则立即转让至丙方,丙方承担代偿责任之后有权向乙方进行催收并收取相应的催收费;甲乙双方同意丁方有权代甲方在有必要时对乙方或丙方进行贷款的违约提醒及催收工作,包括但不限于电话通知、发律师函、对乙方提起诉讼等。

第4条"借款管理费及居间服务费"约定:在该协议中,"借款管理费及居间服务费"是指因丁方为乙方提供信用咨询、评估、还款提醒等一系列信用相关服务而由乙方支付给丁方的报酬;在借款成功时,乙方须按借款金额的4.5%向丁方一次性支付居间服务费,乙方同时还须按借款金额向丁方支付每月0.27%的借款管理费。

第5条"违约责任"约定:任何一方违约,违约方应承担因违约使其他各方产生的费用和损失,包括但不限于调查、诉讼费、律师费等,应由违约方承担;如违约方为乙方的,甲方有权立即解除该协议,并要求乙方立即偿还未偿还的本金、利息、罚息、违约金;乙方应严格履行还款义务,如乙方逾期还款且丙方未按约定履行代偿责任时,则应按照罚息利率每天0.8%向甲方支付逾期罚息。

第7条"担保"约定:丙方为乙方向甲方借款提供连带保证责任担保,保证责任范围包括借款本息及相关罚息和管理费,保证期限为该协议项下借款期限届满之日起2年。

2015年2月13日,原告向被告吴某某名下银行账户支付了借款473,445元。2015年3月2日,原告与被告C公司签订一份《债权质押协议》,该协议约定:因被告C公司为包括被告吴某某在内的个人和单位在原告网络平台借款提供连带责任保证担保,为保障原告的权益,确保原告债权得到切实履行，被告 C 公司自愿以其对潘某某、某科技公司、某贸易公司、某眼镜公司、某床上用品公司享有的债权向原告提供质押。同日，原告与被告 C 公司签订一份《〈债权质押协议〉补充协议》，约定对上述《债权质押协议》的债权质押标的补充明确为被告 C 公司享有的债务人的债权。2015 年 3 月 18 日，原告对 C 公司提供质押的上述债权在中国人民银行征信中心办理了应收账款质押登记手续，出质人为被告 C 公司，质权人为原告。2015 年 3 月 23 日，原告向被告 C 公司发出一份《质押登记通知书》，告知上述质押登记手续办理情况，要求被告 C 公司在处理上述债权时，将相应回收款项优先偿还原告及某网站线上投资人。被告 C 公司于同日回复已收悉上述质权登记事宜。

2015 年 4 月 13 日，原告与律师事务所签订一份《民事案件委托合同》，该委托合同约定：原告因经营名下所属 P2P 平台网站，产生借款合同纠纷，聘请该所律师作为包括本案在内的多个案件一审、二审、执行阶段的代理人，每个案件基础费用为 3500 元，风险提成费用为按照诉讼标的额的 4% 收取。2015 年 5 月 20 日，原告向该律师事务所支付本案律师费 3500 元。被告吴某某提交某光电公司、金某某集团公司（共同作为甲方、委托人）、被告吴某某（乙方、受托人）、被告 C 公司（丙方、担保人）于 2015 年 3 月 5 日签订的《代借款确认书》复印件，主张被告 C 公司委托被告吴某某代签涉案《借款协议》，代为借款。上述《代借款确认书》载明：甲方因业务发展需要融资，委托乙方作为借款主体，通过网贷平台融资借款，截至 2015 年 2 月 15 日，甲方已委托乙方融资合计人民币 850 万元，扣除已还款后，剩余本金合计人民币 450 万元及相应利息未偿还；甲方确认上述融资款本息均系甲方委托乙方借款，由甲方负责偿还所有本金、利息及相应款项，与乙方无关；丙方对甲方应履行的义务承担连带担保责任。原告对上述证据真实性不予确认。

再查，原告的股东为某股权投资企业（有限合伙）、许某某、何某某、王某某各持有原告 30%、20%、25%、25% 的股权；某股权投资企业（有限合伙)的执行合伙人为金某投资发展有限公司;某股权投资企业(有限合伙)、金某投资发展有限公司分别持有被告C公司58.3333%、31.6666%的股权。被告吴某某据此主张,原告与被告C为关联公司,原告明知本案借款实际由被告C公司使用,被告吴某某并没有偿还能力。

原告主张:原告实际支付被告吴某某的借款473,445元,系根据《借款协议》约定,在借款50万元的基础上扣除了4.5%的居间服务费、3个月的借款管理费0.27%×3及提现手续费5元,即50万元×(1-4.5%-0.27%×3)-5元=473,445元;被告吴某某正常履行了《借款协议》约定的第1期借款利息,从第2期即2015年4月10日开始没有还款,故被告吴某某尚欠借款本金50万元、借款利息7500元;原告请求的罚息系以借款本金50万元为基数,将《借款协议》约定的逾期还款罚息利率每天0.8%调低为按同期银行贷款利率的4倍从2015年4月10日起计至清偿本息之日止;原告请求的违约金2万元为原告支出的律师费。

(二)争议焦点

本案争点主要有三个:其一为原告是否适格;其二为《借款协议》的效力问题;其三为被告吴某某是否应当偿还借款。

(三)法院观点

原告经营的某网站注册用户与被告吴某某、被告C公司及原告签订的《借款协议》、原告与被告C公司签订的《债权质押协议》及《〈债权质押协议〉补充协议》均系各方当事人的真实意思表示,内容没有违反法律和行政法规的强制性规定,上述合同均依法成立,对各方当事人均具有法律约束力。涉案借款债权人较多,金额分散,为便于实现债权,涉案《借款协议》约定,原告作为某网站的经营者,代收代付涉案借款本息及相关费用。同时,涉案《借款协议》第3条约定,涉案借款贷出者与被告吴某某双方同意原告有权代贷出者在有必要时对被告吴某某或被告C

公司进行贷款的违约提醒及催收工作，包括但不限于电话通知、发律师函、对乙方提起诉讼等。另外，被告 C 公司不仅为本案债务提供了连带责任保证担保，还以其所享有的应收账款向原告提供作为本案债务的质押担保，质权人为原告。因此，原告以自己的名义提起本案诉讼，向被告吴某某、被告 C 公司主张本案借款本息及违约责任，并主张质押权利，符合双方约定，亦不违反法律规定，且有利于债权人更便捷地实现债权，被告吴某某关于原告主体不适格的答辩意见依法不能成立，法院不予采纳。被告吴某某主张债权人已放弃债权，但未提交相应的证据予以证明，故对上述主张，法院依法不予采信。涉案《借款协议》约定被告吴某某作为借款人，且原告将涉案借款依约扣除应支付原告的居间服务费、借款管理费后支付至被告吴某某名下账户，故被告吴某某应对涉案借款本息依约承担还款义务，被告吴某某关于其并非实际借款人的答辩意见依法不能成立，法院不予采纳。

截至 2015 年 4 月 10 日，被告吴某某应偿还原告贷款本金 100 万元、第 2 期借款利息 7500 元，但被告吴某某逾期未偿还，应承担违约责任。原告将涉案《借款协议》约定的逾期还款罚息利率每天 0.8% 调低为以借款本金 50 万元为基数，按同期银行贷款利率的 4 倍从 2015 年 4 月 10 日起计至清偿债务之日止，未超过法律规定的上限，法院依法予以支持。涉案《借款协议》约定违约方应承担其他各方产生的律师费等费用和损失，原告请求的违约金 2 万元为原告支出的律师费，但原告仅支出涉案律师费 3500 元，其余律师费为风险提成费用，应待实际发生后方可主张，故对原告主张的超过实际支出 3500 元的律师费依法不予支持。被告 C 公司在涉案《借款协议》中对涉案债务提供连带责任保证担保，且与原告签订《债权质押协议》及补充协议，以其享有的应收账款对涉案债务提供质押担保，并办理了质押登记手续，故被告 C 公司应对被告吴某某的涉案债务承担连带清偿责任，并以其提供质押的应收账款对涉案债务承担质押担保责任。

（四）裁判结果

依照《中华人民共和国合同法》第 8 条、第 107 条、第 114 条第 1 款、第 205 条、第 206 条、第 207 条，《中华人民共和国担保法》第 18 条、第 31 条，《中华人民共和国物权法》第 228 条，《中华人民共和国民事诉讼法》第 142 条、第 144 条的规定，判决如下：被告吴某某应在判决发生法律效力之日起 10 日内向原告公司偿还借款本金 50 万元、利息 7500 元；被告吴某某应在判决发生法律效力之日起 10 日内向原告公司偿还罚息（罚息以 50 万元为基数，按中国人民银行同期贷款利率的 4 倍从 2015 年 4 月 11 日起计至清偿债务之日止）；被告吴某某应在判决发生法律效力之日起 10 日内向原告公司偿还律师费 3500 元；被告 C 公司对被告吴某某经判决确定的债务承担连带清偿责任，并在承担连带清偿责任后，有权向被告吴某某追偿；原告公司有权就被告公司对潘某某等享有的债权优先受偿；驳回原告 A 公司的其他诉讼请求。

（五）专家点评（张桂龙　浙江大学城市学院讲师）

1. 网络借贷平台的当事人资格

本案中法院直接以《借款协议》中约定原告 A 公司可以代为债权人提起诉讼为由，就认定其是适格原告，似乎运用了“间接代理”的逻辑，但却有失妥当。虽然《中华人民共和国合同法》第 402 条确立了间接代理制度，但是民事诉讼上的代理行为毕竟不同于民事代理行为，在代理内容、对象和法律依据方面全然不同，贸然地套用难免落入南橘北枳的境地。

首先，原告 A 公司对于借款纠纷欠缺直接的给付请求权，难以成为适格当事人。依照当事人适格的一般理论，在普通给付之诉中，有给付请求权的主体才具有原告适格。[①] 本案中的 16 位出借人具有直接的给付请求权,是当之不愧的适格原告。A 公司只有在和借贷双方之间的服务合同纠纷中,才能成为适格原告。

其次,本案不属于民事诉讼法中关于诉讼权利人和名义人可以分离的诉讼类型。事实上,民事诉讼上的"间接代理"行为仅发生在少数诉讼类型中。笔者翻阅《中华人民共和国民事诉讼法》发现,诉讼权利人与名义人可以分离的情形出现在该法第 55 条关于损害公共利益行为的诉讼类型中。此外,诉讼担当也会发生上述"间接代理"的效果,但是常见于破产和继承等法律规定的诉讼类型中。[②]

最后,原告不具备诉讼代理人资格,也不满足诉讼代理的程序性规定。即使认可原告公司借由合同取得代理人的法律地位,但是依据《中华人民共和国民事诉讼法》第 58 条和第 59 条的规定,原告公司仍然缺乏成为诉讼代理人的主体资格,亦欠缺当事人的具体授权。凭借借款合同中寥寥数字的概括性授权条款,具体的委托事项和权限仍然无法得以明确。

2. 涉案借款合同的效力

法院认定涉案借款合同属于当事人之间的真实意思表示,对于各方当事人均有拘束力,笔者基本赞同。

首先,欺诈的事实缺乏证据上的支持。根据《关于贯彻执行〈中华人民共和国民法通则〉若干问题的意见(试行)》第 68 条,受欺诈的法律行为的可撤销性应具备欺诈行为、因果关系与故意三个要件。[③] 值得说明的是,被告吴某某虽然声称其不是高管,但并未提交证据表明他的真实身份,法院也未予以查明,因此欺诈行为的事实不明。

---

① 参见江伟、肖建国主编:《民事诉讼法》(第 4 版),中国人民大学出版社 2008 年版,第 134 页。

② 同上书,第 137 页。

③ 参见朱庆育:《民法总论》,北京大学出版社 2013 年版,第 273 页。

其次，即使存在欺诈行为，这和出借人真实意思表示的作出也缺乏足够的因果关系。受欺诈法律行为中的因果关系需要具备双重因果，须相对人因为欺诈而陷于错误并且基于错误而作出意思表示。[①] 在本案中，被告吴某某的身份问题是否真的会影响出借人意思决定的作出，是值得推敲的。须注意的是，涉案借款合同由被告C公司担保，而担保公司的背书相较个人的资信而言更为令人信赖。因此，本案中出借人真实意思表示的作出并非完全因为被告吴某某的身份问题而陷入意思表示错误的境地。

最后，依据《关于适用〈中华人民共和国合同法〉若干问题的解释（二）》第5条的规定，借款合同上被告吴某某的签名以及各方的签章已经满足合同的成立要件，充分表明了各方当事人之间的真实意思表示。另外，基于合同相对性原理，原被告之间的股权关联性和《代为借款确认书》（即使真实存在）无法影响该借款合同的成立和效力，但是被告吴某某可以基于《代为借款确认书》向真实的委托人主张相应权利。

退一步而言，即使确如被告吴某某所说，其身为普通员工却被以高管身份写入借款合同而构成欺诈，根据《中华人民共和国合同法》第54条的规定，只有受欺诈的16名出借人才能主张变更或撤销借款合同，被告吴某某主张借款合同无效缺乏直接的请求权基础。

3. 民间借贷中的居间报酬性质

在本案中，法院忽略了对民间借贷中居间报酬法律属性的分析，但实际上这是实务中颇有争议的问题。

在“郑某与黄某翔居间合同纠纷”一案中，福建省高级人民法院认为居间合同具有独立性，在借款合同签订时，居间事务已经完成，居间报酬业已确定，与借款合同的履行无关，居间报酬不受国家利率规定的限制，并支持了借款金额日0.28%（换算成年化利率约102%）的标准的居间

① 参见朱庆育：《民法总论》，北京大学出版社2013年版，第274～275页。

费用。[①]

江苏省高级人民法院审判委员会《关于民间借贷会议纪要》(〔2013〕1号)则持另一种观点:“出借人与借款人在借贷关系中除约定利率外,还约定借款人向出借人支付中介费、担保费等费用的,应视为对利息的约定,利息、中介费、担保费等合计以后超过中国人民银行同期同类贷款基准利率四倍的,超出部分不予保护。”在江苏省发布的十大典型案例中,一家公司以P2P抵押公证借款形式为借贷双方的60万元借款提供理财服务,要求双方支付19万元的居间报酬,法院认为其性质上属于通过收取高额服务费、咨询费等,变相收取高额利息,不予支持超过银行同类利率四倍部分。[②]

笔者赞同江苏省高级人民法院的观点。对借款合同的利率进行管制乃举世之通例,意在打击高利贷,从而控制金融风险。虽然居间合同具有独立性,但是民间借贷中的居间行为还带有一般居间行为所不具备的强烈金融属性,关于居间报酬的约定在民间借贷实践中往往沦为为规避国家利率上限规定而精心设计的一块“遮羞布”,畸高的服务费、管理费、咨询费等层出不穷的名目亦是如此。全然不顾居间报酬的具体数额,而贸然套用一般居间合同的法理逻辑,恐将无法揭露当事人隐藏在居间合同背后的真实意思,亦与国家对于利率监管的制度目标背道而驰。

在本案中,借款合同中约定的3个月居间报酬共计4.5%,折算成年化利率为18%。若与18%的借款利率合计后,实际上借款人所承担的综合利率高达年化36%。若严格按照利率的数理模型进行计算,由于18%的年化居间报酬已经被提前一次性支付,借款人所负担的实际利率要略微高于全部借款金额按照先息后本还款模式下的36%年化利率。依照最高人民法院《关于审理民间借贷案件适用法律若干问题的规定》

---

① 福建省高级人民法院(2014)闽民终字第399号。

② 案例参见江苏法院网:http://www.jsfy.gov.cn/xwzx2014/xwfb/2015/08/10115039745.html,最后访问日期:2017年10月6日。

第 26 条的规定,借款年利率介于 24% ~36% 部分的利息属于自然之债,债务人可以依其意愿决定是否履行,借款年利率超过 36% 部分的利息约定属于无效。但遗憾的是,该司法解释中并未规定此处的年化利率基准所对应的是何种还款方式,因为不同还款方式下所测算出的实际借款利率有相当大的差异。本案中的被告吴某某自 2015 年 4 月 10 日起未履行债务,依据上述司法解释,若暂且搁置实际利率计算方式的偏差,4 月 10 日之前已经偿还的利息部分不能要求返还,4 月 10 日之后仅需要支付年利率 24% 范围内的利息,已经支付的居间报酬则应从中做相应抵扣。

4. 涉案债权质押协议的效力

法院认为涉案债权质押协议是当事人之间的真实意思表示并认可其法律效力,但是笔者认为质押协议的效力是值得深入推敲的。本案中,被告 C 公司为涉案债务提供的是应收账款质押,质权人则是原告 A 公司而非真正的 16 位参与网络投标的债权人,债权人和质权人发生身份上的分离,这种形式的质押将面临登记和法律上的双重困境。

首先,涉案债权质押协议难以获得正常登记。我国物权法上的担保物权附随于债权,因此并无单独设立质权的可能。有实务界人士指出,网络借贷实践中的通常做法是线上线下签订两份不同的借款合同,并以此获取质押登记。[1] 据此可知,本案中质押登记的实现方式不无疑问,可能违反《应收账款质押登记办法》第 24 条[2]的规定,从而原告主张质权的请求权基础会发生动摇。

其次,物权行为无法间接代理,债权人和担保物权人身份无法分离,涉案债权质押协议因此陷入法律上的多重困境。有实务界人士认为,网络借贷行业实践中平台代为设立质押,实质上是以自己名义设立物权,

---

① 参见吴景丽:《P2P 网贷中的担保、保理、配资和对赌问题》,载《人民司法》(应用)2016 年第 7 期。

② 《应收账款质押登记办法》第 24 条规定:"质权人、出质人和其他利害关系人应当按照登记公示系统提示项目如实登记。质权人、出质人提供虚假材料办理登记,给他人造成损害的,应当承担相应的法律责任。"

但是法律后果归属于被代理人，属于各方明知的间接代理。虽然质权法律形式上的分离可能导致该项担保被认定为无效，但是不宜简单认定其为无效。① 诚然，以间接代理方式实现网络借贷实践中的担保物权公示问题是时下的权宜之计，然而，物权行为的间接代理本身便饱含争议。物权行为的间接代理暗含着双重物权归属的逻辑，本身便与物权的公示公信原则相悖。从现行《中华人民共和国物权法》规定来看，债权人和担保物权人身份的同一性从《中华人民共和国物权法》第 179 条、第 192 条等条文中便可窥见一斑。因此，债权人和担保物权人身份分离的局面不符合我国现行的物权制度。

就本案而言，原告 A 公司虽然与被告 C 公司签订有债权质押协议，但是原告并非被告吴某某和被告 C 公司的债权人，因此缺乏债权人的法律地位，从而也无法成为质权人。依据《中华人民共和国物权法》第 172 条的规定，质押合同是债权合同的从合同。在主债权合同不存在的前提下，质押合同也将无以立足。因此，由于原被告之间质押合同的效力和质权的设定均存在效力上的缺陷，法院认为债权质押协议有效成立的观点是欠妥当的。

此外，原告 A 公司作为质权名义载体时将导致真正债权人和质权人的分离，从而使真正债权人的质押权利可能落空，难以获得法律上的救济：真正的债权人和债务人所签订的合同留存在网络借贷平台的电子服务器上，是债权人得以主张债权的电子证据，而原告公司质权的获得则是基于线下的另一份基础债权合同和质押合同，债权人因此缺乏主张质权的直接依据。

---

① 参见吴景丽：《P2P 网贷中的担保、保理、配资和对赌问题》，载《人民司法》（应用）2016 年第 7 期。

案例 12　应收账款质押的期限、通知与效力

——评 A 公司与 Y 公司等质押担保合同纠纷案

（一）案情介绍

2012 年 12 月 13 日，A 公司（保证人、丙方）与 C 公司（项目经营人、乙方）签订了一份《项目投资合作合同》，该合同将潜在投资人作为签订合同的甲方，乙丙双方约定：甲乙双方均为 A 公司平台的注册及认证会员，甲乙双方就乙方在 A 公司平台发布的项目权益达成投融资合意，丙方同意接受乙方委托作为乙方债务的保证人。投资合作项目的名称为 C 公司投资收益包，甲方投资本金总额为 200 万元，本项目甲方的年化收益率不低于15.5%。如果乙方逾期还款发生违约，则由丙方全额代偿。丙方保证方式为连带责任保证，丙方担保的主合同项下主债务本金及其收益，丙方向甲方承担保证责任后，有权向乙方追偿，有权要求反担保人承担反担保责任。

2012 年 12 月 13 日，A 公司（保证人、乙方）与 C 公司（委托保证人、甲方）签订一份《担保服务合同》，该合同将潜在投资人作为签订合同的丙方，约定甲方与丙方均为 A 平台的注册及认证会员，甲、乙、丙就 C 项目签订了《项目投资合作合同》，乙方接受甲方的委托，同意为甲方以保证方式向丙方提供担保，丙方对此表示同意。乙方担保的主合同项下主债务的本金金额为 200 万元，乙方所担保的范围为甲方未履行上述约定的主债务本金及对应期间的投资人受益。乙方保证的方式为连带责任保证。乙方按照约定履行担保责任后，即取代丙方的债权人地位，有权要求甲方返还以下代偿款包括但不限于乙方代偿的全部款项、利息、违约金以及实现追偿权的费用等一切损失。自甲方违约逾期还款之日起

至甲方向乙方全部偿还之日止，按照银行同期贷款利率 4 倍向乙方支付利息，自甲方违约还款之日起，每日按乙方已支付的代偿款总额的 1% 支付违约金。A 公司及 C 公司分别与 10 位投资人签署了上述两份合同。

2012 年 12 月 13 日，A 公司（甲方、反担保质权人）还与 C 公司（乙方、反担保出质人）签订了《反担保合同（单位应收账款）》，约定：乙方愿意以其财产向甲方提供质押反担保，现与甲方签订以甲方为唯一受益人的无条件的不可撤销的连带责任的质押反担保合同。该合同的质押应收账款包括 C 公司对 B 公司的 2012 年 9 月应收账款2,444,494.3元及 2012 年 10 月应收账款2,018,102.6元、C 公司对 Y 公司的 2012 年 10 月应收账款2,345,320元。同时，A 公司与 C 公司签订了《应收账款质押登记协议》，2012 年 12 月 18 日双方将上述约定的应收账款在中国人民银行征信中心进行了应收账款质押初始登记，登记期限为 3 年，登记到期日为 2015 年 12 月 17 日。2013 年 2 月 25 日，A 公司与 C 公司又就 C 公司对 B 公司的 2012 年 11 月、12 月应收账款合计 7,396,339 元在中国人民银行征信中心进行了应收账款质押初始登记，登记期限为 1 年，登记到期日为 2014 年 2 月 24 日。

2012 年 12 月 13 日，A 公司（甲方、担保人）与 C 公司（乙方、反担保人）签订了《反担保合同——保证》，合同约定的反担保的债权范围与前述约定一致，并约定反担保的方式为连带责任保证；作为该合同附件的钱某某出具的《承诺书》载明连带责任保证内容。依据上述合同约定，各投资人分别按照约定的投资金额投入融资本金。涉案项目权益包到期后，因 C 公司无法依约向各投资人偿还投资本金并支付收益，A 公司按照合同约定向各投资人偿还了投资本金及支付了收益。2013 年 3 月 19 日，A 公司向法院提起诉讼，向本案 C 公司、钱某某主张权利。

二审法院查明，A 公司诉 C 公司、B 公司、Y 公司追偿权纠纷一案于 2013 年 3 月 19 日被福田法院受理，A 公司起诉时将 B 公司列为第三人，但并未明确请求行使优先受偿权。福田法院于 2013 年 7 月 3 日作出民事判决,随后A公司立即申请强制执行,并查封了C公司在B公司的应收账款。该执行案件因C公司涉案较多,移送一审法院统一执行。

2013年1月30日,Y公司向C公司开具金额为200万元的银行支票,用途为支付货款。C公司将支票背书转让给Q公司。该支票已经实际兑付。2014年5月6日,Y公司将对C公司剩余未付货款709,784元,依法向深圳市龙岗区人民法院提存。C公司对B公司2012年9月、10月、11月、12月应收账款金额分别为2,444,494.34元、2,118,120.64元、3,451,376.58元、2,889,847.66元,B公司已向C公司全部付清2012年9月、10月账款,并部分支付了2012年11月货款2,239,395.5元,2012年12月货款1,367,177元。剩余2012年11、12月货款2,734,651.74元,2013年10月24日至2014年2月8日,一审法院及深圳市南山区人民法院为相关案件的保全和执行,先后共划扣合计2,263,757.82元。B公司自认其余对C公司2012年12月货款470,893.92元未支付。

(二)争议焦点

二审法院认为,本案为质押合同纠纷,争议的焦点有二:一是A公司超过应收账款质押登记期限,提起诉讼要求行使质押权是否应予支持;二是可行使质押权的应收账款的范围。

(三)法院观点

1. 一审法院观点

《中华人民共和国物权法》第223条规定,债务人或者第三人有权处分的应收账款可以出质。该法第228条规定,以应收账款出质的,当事人应当订立书面合同,质权自信贷征信机构办理出质登记时设立。关于C公司对B公司2012年9月应收账款2,444,494.3元,2012年10月应收账款2,018,102.6元以及C公司对Y公司的2012年10月应收账款2,345,320元,C公司与A公司签订了《反担保合同(单位应收账款)》和

《应收账款质押登记协议》,将其有权处分的上述应收账款出质给A公司,A公司作为质权人于2012年12月18日将上述约定的应收账款在中国人民银行征信中心进行了应收账款质押初始登记,登记的到期日为2015年12月17日,A公司起诉的时间为2014年3月5日,质押登记尚未到期,A公司对上述应收账款享有质权。综上,一审法院依法确认A公司与C公司设立的关于A公司享有C公司对B公司2012年9月应收账款2,444,494.3元、2012年10月应收账款2,018,102.6元以及C公司对Y公司的2012年10月应收账款2,345,320元的质权合法有效,确认A公司在C公司不履行债务时对上述应收账款享有优先受偿权。

B公司称2012年9月、10月C公司对其应收账款金额分别为2,444,494.4元、2,118,120.64元,B公司已全部付清2012年9月、10月账款。Y公司称,C公司对其应收账款剩余金额为709,784元。一审法院认为,2007年《应收账款质押登记办法》(新办法已于2017年修订,2017年12月1日起施行)第19条规定出质人或其他利害关系人认为登记内容错误的,可以要求质权人变更登记或注销登记,质权人不同意变更或注销的,出质人或其他利害关系人可以办理异议登记;第20条规定出质人或其他利害关系人应在异议登记办理完毕的同时通知质权人;第21条规定出质人或其他利害关系人自异议登记之日起15日内不起诉的,征信中心撤销异议登记异议。B和Y如认为A公司登记的应收账款质权标的金额与实际不符,应按2007年《应收账款质押登记办法》上述规定的途径主张权利,B公司和Y公司未办理异议登记,也未向法院起诉,B公司和Y公司上述主张不得对抗A公司已登记的质权。

关于C公司对B公司2012年11月、12月应收账款7,396,339元,2007年《应收账款质押登记办法》第12条规定,质权人自行确定登记期限,登记期限以年计算,最长不得超过5年。登记期限届满,质押登记失效;第13条规定,在登记期限届满前90日内,质权人可以申请展期,质权人可以多次展期,每次展期不得超过5年。一审法院认为,对于上述应收账款,A 公司在中国人民银行征信中心所作的应收账款质押登记,登记期限为 1 年,登记到期日为 2014 年 2 月 24 日,A 公司未申请展期。A 公司本案起诉时间为 2014 年 3 月 5 日,已超过登记到期日,质押登记已失效,A 公司要求法院确认其关于 C 公司对 B 公司 2012 年 11 月、12 月应收账款 7,396,339 元的质权,法律依据不足,一审法院不予支持。

2. 二审法院观点

关于第一个问题,虽然 2007 年《应收账款质押登记办法》第 12 条规定,质权人自行确定登记期限,登记期限以年计算,最长不得超过 5 年。登记期限届满,质押登记失效。但是根据《中华人民共和国物权法》第 5 条规定,物权的种类和内容,只能由法律规定。因此,上述《应收账款质押登记办法》第 12 条的规定,不具有消灭应收账款质押权的效力。虽然《中华人民共和国物权法》对权利质押质权人行使质权的期限没有明确规定,但是最高人民法院《关于适用〈中华人民共和国担保法〉若干问题的解释》第 12 条第 2 款规定:"担保物权所担保的债权的诉讼时效结束后,担保权人在诉讼时效结束后的二年内行使担保物权的,人民法院应当予以支持。"此后颁行的《中华人民共和国物权法》第 202 条规定:"抵押权人应当在主债权诉讼时效期间行使抵押权;未行使的,人民法院不予保护。"因此,应收账款质押作为权利质押,其保护期限无论适用前述担保法司法解释的规定,还是参照适用《中华人民共和国物权法》关于抵押权行使期限的规定,最迟也与主债务的诉讼时效期间一致,而不应以登记时间为准。本案中,虽然 A 公司在诉 C 公司、B 公司、Y 公司追偿权纠纷一案中并未明确请求行使优先受偿权,但在 2013 年 8 月 5 日一审判决生效后,A 公司立即申请强制执行,并查封了合同项下的应收账款,也就是说,A 公司在登记期限内已经主张行使质押权。综上,一审判决仅以 A 公司提起诉讼时超过应收账款质押登记的期限为由,认定 A 公司与 C 公司设立的对 B 公司 2012 年 11 月、12 月应收账款质押权利消灭,适用法律错误,二审法院予以纠正;A 公司上诉请求确认 C 公司对 B 公司 11 月、12 月应收账款享有质押权利，具有事实和法律依据，二审法院予以支持。

关于第二个问题。应收账款质押即使进行了登记，但也因次债务人履行债务而消灭。因此，质权人或出质人应当将出质的事实通知次债务人，否则次债务人不承担赔偿责任。本案中，无证据证明 A 公司或 C 公司将项下应收账款质押事实通知了 B 公司和 Y 公司，对质押期间 B 公司及 Y 公司实际已经向 C 公司清偿的部分应收账款，A 公司不得再主张质押权利。经查，2013 年 1 月 30 日 Y 公司向 C 公司支付了货款 200 万元，2014 年 5 月 6 日 Y 公司将对 C 公司剩余未付货款 709,784 元提存于一审法院。B 公司提交的证据证明其已向 C 公司全部付清 2012 年 9 月、10 月账款，并部分支付了 2012 年 11 月货款 2,239,395.5 元，2012 年 12 月货款 1,367,177 元。剩余 2012 年 11 月、12 月货款 2,734,651.74 元，2013 年 10 月 24 日至 2014 年 2 月 8 日，一审法院及深圳市南山区人民法院为相关案件的保全和执行，先后共划扣合计 2,263,757.82 元。B 公司仅 2012 年 12 月货款 470,893.92 元未支付。故一审判令 A 公司享有 C 公司对 Y 公司的 2012 年 10 月应收账款2,345,320元、C 公司对 B 公司 2012 年 9 月应收账款 2,444,494.3 元和 2012 年 10 月应收账款 2,018,102.6元享有质权，属于认定事实存在错误和遗漏。故 Y 公司上诉请求改判在 C 公司不履行债务时 A 公司仅对 Y 公司已提存于一审法院部分的应收账款 709,784 元享有优先受偿权，具有事实和法律依据，二审法院予以支持；A 公司上诉请求对登记的 B 公司欠付 C 公司的 2012 年 11 月、12 月应收账款 7,396,339 元行使质权，二审法院仅对 2012 年 11 月、12 月未支付的部分予以支持，超出部分，不予支持。B 公司尽管没有上诉，但其一审抗辩主张对 C 公司 2012 年 9 月和 10 月货款均已清偿并提交了相关证据，一审仍然判令 A 公司对 B 公司欠付 C 公司的 2012 年 9 月和 10 月应收账款行使质权，有可能损害其他人的合法权益，故二审法院根据最高人民法院《关于适用〈中华人民共和国民事诉讼法〉的解释》第323条第2款的规定，予以纠正。

（四）裁判结果

一审法院依据《中华人民共和国物权法》第223条、第228条、参照中国人民银行制定的《应收账款质押登记办法》第12条、第13条、第19条、第21条之规定，判决：确认A公司与C公司设立的关于A公司享有C公司对B公司2012年9月应收账款2,444,494.3元、2012年10月应收账款2,018,102.6元以及C公司对Y公司的2012年10月应收账款2,345,320元的质权合法有效；确认A公司在C公司不履行债务时对上述应收账款享有优先受偿权；驳回A公司的其他诉讼请求。

二审法院认为，原审判决认定事实和适用法律均部分有误，实体处理部分不当。Y公司的上诉请求成立，二审法院予以支持；A公司的上诉部分成立，二审法院予以部分支持。依照《中华人民共和国物权法》第5条、第202条、第223条，《中华人民共和国民事诉讼法》第170条第1款第2项、第175条，最高人民法院《关于适用〈中华人民共和国民事诉讼法〉的解释》第323条第2款之规定，判决如下：撤销一审法院（2015）深龙法民二初字第158号民事判决；在C公司不履行相关债务的情况下，A公司对C公司对B公司2012年11月和12月应收账款（包括提存于一审法院未分配部分和B公司未支付部分，以不超过人民币2,734,651.74元为限）享有优先受偿权；在C公司不履行相关债务的情况下，A公司对C公司对Y公司已提存于一审法院的应收账款709,784元享有优先受偿权；驳回A公司的其他诉讼请求；驳回A公司的其他上诉请求。

（五）专家点评（刘颖　上海大学法学院讲师）

《中华人民共和国物权法》第 223 条和第 228 条规定了应收账款质押作为权利质押的类型之一，并对应收账款出质的质权设立和出质人转让应收账款的限制进行了简要规定。《中华人民共和国物权法》颁布实施后，在现实商事实践中，应收账款出质作为担保物权的一种，广泛应用于中小企业融资领域，拓展了中小企业融资的渠道。但是，由于《中华人民共和国物权法》只有两个条文专门规定了应收账款出质，这给应收账款出质的法律适用带了诸多疑问。例如，应收账款出质依据 2007 年《应收账款质押登记办法》进行登记是否需要通知原债务人，如出质人和质权人未履行通知义务效力如何；2007 年《应收账款质押登记办法》第 12 条规定，登记期限届满，质押登记失效。如何理解“质押登记失效”，“质押登记失效”是否会影响应收账款质权的效力？

二审法院于 2017 年 5 月作出的“上诉人 A 公司与上诉人 Y 公司、被上诉人 B 公司、原审第三人 C 公司、原审第三人钱某某质押担保合同纠纷案”（“A 公司与 Y 公司等质押担保合同纠纷案”）的判决，[①]是一份比较具有典型意义的应收账款质押登记期限及其效力的判决。本文以该案为基础，结合《中华人民共和国物权法》《中华人民共和国担保法》及其司法解释、2007 年《应收账款质押登记办法》针对应收账款质押的系列问题进行探讨。

1. 应收账款出质的登记设立及其效力

“A 公司与 Y 公司等质押担保合同纠纷案”为应收账款质押担保合同纠纷，因此一审法院首先需要明晰当事人之间的应收账款出质是否为合法有效设立。《中华人民共和国物权法》第 228 条第 1 款规定“以应收账款出质的，当事人应当订立书面合同。质权自信贷征信机构办理出质

---

① 广东省深圳市中级人民法院民事判决书（2016）粤 03 民终 19804 号。

应收账款出质应满足“书面合同+登记设立”的两个形式要件方为有效设立，未经登记的，债权人不能取得应收账款质权。

登记时设立”，应收账款出质应满足“书面合同+登记设立”的两个形式要件方为有效设立，此时“信贷征信机构办理出质登记”为成立要件。未经登记的，债权人不能取得应收账款质权；同时该出质登记具备公开性，可以实现自由查询，因此具有对抗第三人的效力。①故而，我国对于应收账款出质的公示方式采取的是“登记”模式，应收账款出质的登记具有设定力、公信力和对抗力。

本案中，C公司与A公司签订了《应收账款质押登记协议》，质押的应收账款为C公司对B公司2012年9月和2012年10月的应收账款，以及C公司对Y公司的2012年10月应收账款；A公司作为质权人于2012年12月18日在中国人民银行征信中心进行了应收账款质押初始登记，登记期限为3年。2013年2月25日，A公司与C公司就C公司对B公司的2012年11月、12月应收账款亦进行了应收账款质押初始登记，登记期限1年。因此，本案中的两项应收账款均在中国人民银行征信中心进行了登记，出质为有效设立。

2. 应收账款出质的登记期限及其效力

2007年《应收账款质押登记办法》第12条规定：质权人自行确定登记期限，登记期限以年计算，最长不得超过5年。登记期限届满，质押登记失效。关于应收账款出质登记期限及其效力问题，一直存在一定争议。

在司法实践中，各地法院观点不一致。如有法院认为应收账款出质登记期限届满，并不影响质权的成立和效力，本案亦持此观点。在“上诉人辽宁五峰农业科技股份有限公司与被上诉人兴业银行股份有限公司沈阳分行及原审被告镇赉县五峰农业

① 参见曹士兵：《中国担保制度与担保方法》（第3版），中国法制出版社2015年版，第368页。

科技有限公司、北镇市沟帮子五峰生物质热力有限公司、辽宁五峰国际物流有限公司、广州市利峰米业有限公司、黑龙江省建三江农垦伍峰工贸有限公司、北镇市五峰成凤生物科技有限公司、朱金凤、马殿成金融借款合同纠纷案"[①]中，法院认为案涉应收账款的质押登记效力不受信贷征信机构有关登记期限的约束，兴业银行虽未办理质押登记的展期，并不影响质权的成立和效力。但也有不少法院认为，应收账款质押登记期限届满，则质押登记已经失效，因而质押权利已不再存续。在"交通银行股份有限公司温州苍南支行等诉浙江神彩散热器有限公司等金融借款合同纠纷案"中，[②]法院认为原告就被告浙江神彩色母粒有限公司提供的应收账款质押登记已经到期，该质押登记已经失效，质押权利已不再存续，原告已无权向浙江神彩色母粒有限公司主张质权，故法院对原告要求行使质押权的诉请不予支持。[③]

关于应收账款出质登记期限及其效力问题的争议，其本质是对于应收账款出质登记期限性质的理解问题。2007 年《应收账款质押登记办法》第 12 条后段，登记期限届满，质押登记失效。此处的"质押登记失效"应作何种理解，是仅指质押登记效力的终止，还是指"质权失效"？易言之，2007 年《应收账款质押登记办法》中的登记期限是否为担保物权存续的担保期间？

首先，从担保物权的效力终止方面来看，《中华人民共和国物权法》第 177 条规定了担保物权消灭的四种情形，分别为主债权消灭、担保物权实现、债权人放弃担保物权和法律规定担保物权消灭的其他情形。该条所称"法律"应为狭义上的法律，这是物权法定主义的内容之一。[④] 换

① 辽宁省高级人民法院民事判决书(2017)辽民终 239 号。

② 浙江省苍南县人民法院民事判决书(2016)浙 0327 民初 7919 号。

③ 同样持此种观点的案例有：上海浦东发展银行股份有限公司湖州长兴支行诉长兴天都电源有限公司等金融借款合同纠纷案。参见浙江省长兴县人民法院民事判决书(2016)浙 0522 民初 7125 号。

④ 参见梁上上：《物权法定主义：在自由与强制之间》，载《法学研究》2003 年第 3 期。

言之，依照物权法定原则，设立物权和消灭物权只能由法律规定，《应收账款质押登记办法》作为部门规章性质不能规定“应收账款质权的消灭期限”，因此《应收账款质押登记办法》第12条的规定不具有消灭应收账款质权的效力。[①] 另外，从担保物权的存续期间的规定来看，《中华人民共和国物权法》第202条规定“抵押权人应当在主债权诉讼时效期间行使抵押权；未行使的，人民法院不予保护”，该条规定的是抵押权存续期间。而对于质权和留置权的存续期限，《中华人民共和国物权法》并未作出规定。那么《中华人民共和国物权法》第202条关于抵押权的存续期限的规定可否适用于质权和留置权呢？其次，从立法意旨来看，立法者并无将“主债权时效期间届满抵押权不受保护”的规则推及适用于质权、留置权的意图。[②]《中华人民共和国担保法》也并未对担保物权的存续期间进行规定，但《关于适用〈中华人民共和国担保法〉若干问题的解释》第12条规定：“当事人约定的或者登记部门要求登记的担保期间，对担保物权的存续不具有法律约束力。担保物权所担保的债权的诉讼时效结束后，担保权人在诉讼时效结束后的二年内行使担保物权的，人民法院应当予以支持。”《关于适用〈中华人民共和国担保法〉若干问题的解释》第12条第1款规定的是当事人约定或登记部门要求登记的担保期间效力认定，即除法律规定之外，当事人约定或登记部门要求登记的担保期间对担保物权的存续不具有法律约束力。因此，尽管2007年《应收账款质押登记办法》第12条有登记期限届满，质押登记失效的规定，但此规定并不会影响担保物权的存续产生法律约束力。[③]

---

① 曹士兵：《中国担保制度与担保方法》（第3版），中国法制出版社2015年版，第369页。

② 徐洁：《担保物权与时效的关联性研究》，载《法学研究》2012年第5期。持同样观点的有程啸教授，参见程啸：《论担保期间之存续期间》，载《财经法学》2015年第1期。

③ 2017年10月25日，中国人民银行公布了《应收账款质押登记办法》（修订），该修订版本于2017年12月1日起施行；其中修订后的第12条规定：“质权人应根据主债权履行期限合理确定登记期限。登记期限最短6个月，超过6个月的，按年计算，最长不超过30年”，删除了原第12条中的登记期限届满，质押登记失效。可见，修订后的《应收账款质押登记办法》亦认可登记期限届满，并不会影响质押登记的效力。

本案中,主要有争议的是A公司与C公司设立的对B公司2012年11月、12月应收账款质押权利是否消灭的问题。一审法院以A公司提起诉讼超过应收账款质押登记的期限为由认定该项应收账款质押权利消灭,如前述登记期限届满仅导致质押登记失效,并不会影响担保物权本身的存续效力,因此二审进行纠正的做法是适当的。

3. 应收账款出质的通知义务及其效力

《中华人民共和国物权法》和2007年《应收账款质押登记办法》等均未规定应收账款出质的通知义务,因此就应收账款质权的设立是否需要通知债务人存在争议。

持无须通知债务人的学者认为,既然在中国人民银行征信机构进行了登记就足以实现应收账款质权的公示,无须再增设逐一的通知义务,因此应收账款质押事项亦无须通知应收账款债务人。[①] 也有学者持不同意见,如曹士兵认为应收账款出质登记虽对第三人发生对抗效力,但对应收账款的特定债务人并不当然发生效力,债务人并无义务在清偿债务前查询应收账款出质登记。[②]

之所以产生对于是否应当通知次债务人的争议,是因为在大陆法系国家和地区对于债权质押有不同的模式。大陆法系国家和地区关于一般债权担保的三种公示方式无非是"交付债权凭证""通知次债务人""登记",在"通知次债务人"模式[③]中,如日本《民法典》第364条,德国《民法典》第467条、第1274条第1款和第1280条,法国《民法典》第1691条,意大利《民法典》第1264条和我国台湾地区"民法"第297条等。[④] 因此,各国(地区)采取不同的公示模式,将影响应收账款出质的一

---

① 参见程啸:《担保物权研究》,中国人民大学出版社2017年版,第580页。

② 曹士兵:《中国担保制度与担保方法》(第3版),中国法制出版社2015年版,第370页。

③ "通知次债务人"是指一般债权的质权人和出质人将质押的事实通知给一般债权的债务人,使其无论向质权人或出质人(一般债权的债权人)履行债务时均应征得另外一方的同意。

④ 参见苏长明:《应收账款商事质押法律问题研究》,吉林大学法学院2014年博士学位论文,第94~95页。

系列规则。对于应收账款出质是否需要通知次债务人，出质人或质权人是否负有通知义务，应结合我国现行法进行判断，而不能简单借鉴比较法上的经验。如前叙述，《中华人民共和国物权法》对于应收账款出质的公示办法采取的是“登记”，一经设立即具有设定力、公信力和对抗力，即经过登记的应收账款质押依法成立生效，产生担保物权对抗第三人的效力；质权人被推定为享有登记的权利，同时民商事主体基于对登记的信任所从事的民商事法律行为受到法律的保护。因此，我国以登记作为公示方法的应收账款质押，与其他大陆法系国家和地区的“通知债务人”作为应收账款转让的对抗要件截然不同，产生的法律效果亦完全不同。但应注意的是，尽管“通知债务人”并不是我国应收账款质押的公示方法，但并不代表出质人或质权人就不负有通知义务，因为应收账款作为一种债权质押，其权利关系的变动会影响次债务人的清偿问题。因为，从利益衡量的角度来看，在应收账款质押的法律关系中，出质人和质权人为内部关系，出质人、质权人与次债务人之间是外部关系；作为外部关系中的次债务人而言，次债务人和出质人之间的债权债务具有相对性，其本身并不具有随时核查债权（债务）出质的义务，如课以次债务人此种义务，显然加重了次债务人履行债务的注意义务，这是不妥的。因此，高圣平教授认为，虽然“通知债务人”对应收账款质权的设立没有意义，但它是应收账款质权人保全其质权的一种方法。在应收账款质权因登记而设立后，应收账款债务人本无义务查询应收账款质押登记公示系统，其仍可向应收账款出质人清偿债务而使应收账款消灭。[①] 该观点值得赞同。易言之，在我国现行法中，应收账款出质的通知义务的效力并不会涉及应收账款质押的设立效果，但出质人或质权人是否履行通知义务，将影响次债务人履行债务的给付对象及其责任承担；如质权人或出质人未进行通知，次债务人向出质人清偿债务亦构成有效清偿并且不对质权

---

① 高圣平：《应收账款质权登记的法理——以〈应收账款质押登记办法〉的修改为中心》，载《当代法学》2015年第6期。

人不承担责任。总之，应收账款质押登记的通知次债务人的义务，对平衡出质人、质权人和次债务人的权益具有积极意义。

有不少法院的判决已经采纳此种观点，应收账款质押事项是否通知应收账款债务人并不影响质押合同的效力及质权的设立。如在“上诉人王某某与被上诉人张某某、浙江某科技发展有限公司民间借贷纠纷一案”[①]中，法院认为原审以张某某将应收账款出质时未通知出质债权的债务人为由，认定该案王某某对出质应收账款的质权尚未设立，缺乏法律依据，应予以依法改判。[②]

在本案中，二审法院认为，应收账款质押即使进行了登记，质权人或出质人应当将出质的事实通知次债务人，否则应收账款也因次债务人的履行债务而消灭，次债务人不承担赔偿责任。换言之，次债务人Y公司和B公司未收到出质人C公司和质权人A公司的关于应收账款质押的通知。因此，次债务人Y公司于2013年1月30日向C公司清偿了货款200万元。债务人B公司向C公司全部清偿2012年9月、10月账款，并部分支付了2012年11月、12月货款，此做法并不违反我国现行法律的规定，并不需要承担赔偿责任。

4. 应收账款质押的优先受偿形式

关于应收账款的优先受偿形式，《中华人民共和国物权法》和2007年《应收账款质押登记办法》均未作出明确规定。但根据《中华人民共和国物权法》第229条规定“权利质权除适用本节规定外，适用本章第一节动产质权的规定”，而在该章（质权）第一节中规定了质权实现的规则，即第208条规定：“为担保债务的履行，债务人或者第三人将其动产出质给

---

① 浙江省温州市中级人民法院民事判决书（2013）浙温商终字第1500号。

② 同样的案例有：（1）中国民生银行股份有限公司武汉分行与广州钢铁控股有限公司、深圳市核电工程建设有限公司等金融借款合同纠纷案，参见最高人民法院民事裁定书（2016）最高法民申3444号；（2）上诉人合肥高新建设投资集团公司为与被上诉人东莞银行股份有限公司合肥分行、安徽省晋源建筑安装工程有限公司，原审被告合肥市蜀山区五里墩街道办事处、安徽胜华投资管理有限公司、曹某某、蔡某某、曹某、曹某某、毕某某借款合同纠纷一案，参见安徽省高级人民法院民事判决书（2014）皖民二终字第00658号。

债权人占有的，债务人不履行到期债务或者发生当事人约定的实现质权的情形，债权人有权就该动产优先受偿。”[①]因此，本案中 Y 公司请求改判在 C 公司不履行债务时，A 公司对 Y 公司已提存部分的应收账款进行优先受偿。

① 但不同形式的应收账款，优先受偿的方式也会有所不同。如特许经营权的收益权依其性质不宜折价、拍卖或变卖，质权人主张优先受偿权的，人民法院可以判令出质债权的债务人将收益权的应收账款优先支付质权人，参见指导案例 53 号：福建海峡银行股份有限公司福州五一支行诉长乐亚新污水处理有限公司、福州市政工程有限公司金融借款合同纠纷案。

案例 13　网络借贷中的担保主体及民刑交叉

——评付某某与 A 公司、B 公司、彭某某、邓某某借款合同纠纷案

(一)案情介绍

2014 年 8 月,原告在被告 A 公司处开通了 P2P 网络平台借贷账户。出借款项时,原告(贷出方、甲方)、债务人(借入方、乙方)、被告 B 公司(担保方、丙方)和被告 A 公司(管理方、丁方)签订《借款协议》,约定:管理方是 A 公司,为借贷双方提供 P2P 个人借贷信息、信用咨询等交易信息管理服务,贷出方和借入方同意成立借贷关系,并由管理方提供平台化信息对接服务。乙方若还款不足以偿还约定本金、利息及违约金的,甲方同意各自按照其借出款项比例收取还款,不足部分,由丙方垫付。丙方为乙方向甲方借款提供担保,担保方式为连带担保责任,保证责任范围包括本笔借款本息及由此产生的相关罚息和管理费。

原告提交的账户总览内容显示,原告在被告 A 公司处开设账户后,向相关债务人借出借款,之后收回部分借款,至今未收回借款金额(冻结总额)为 159,731.65 元。2015 年 2 月 5 日,原告(出借人、甲方)和被告 A 公司(借款人、乙方)签订一份《借款合同》,因乙方经营需要,甲方向乙方分别出借 11,165 元、27,405 元、16,240 元、104,921.65 元,借款期限分别为 2015 年 1 月 22 日至 3 月 31 日、2015 年 1 月 28 日至 3 月 31 日、2015 年 1 月 29 日至 3 月 31 日、2015 年 2 月 5 日至 5 月 5 日,即 69 日、63 日、62 日、90 日。另查,被告 A 公司成立于 2014 年 6 月 6 日,为有限责任公司(自然人独资),法定代表人原为被告彭某某,于 2015 年 4 月 23 日改为张某某,认缴注册资本总额为 1000 万元,实收资本总额为 0 元。

被告B公司成立于2012年6月8日,为有限责任公司(自然人独资),股东原为被告邓某某和李某某,于2014年5月26日改为被告邓某某,认缴注册资本总额为10,000万元,实收资本总额为100万元。之后,原告将三被告诉至法院,要求三被告偿还借款。

再查,根据深圳市福田区人民检察院深福检刑诉起诉书载明:A公司成立于2014年6月6日,法定代表人为张某某,实际控制人为陈某(另案处理)。陈某同时经营B公司、C公司。上述三公司合署办公。A公司自成立以来,即通过P2P平台发布虚假融资信息,利用互联网、C公司授课、口口相传等方式进行宣传,以高额利息等条件吸引投资者,通过该P2P平台及线下签订合同方式向不特定投资人非法吸收存款。至2015年2月,A公司无法支付投资人本金及利息。经查,陈某为A公司实际控制人;被告人冯某某系A公司运营总监,负责公司全面工作;被告人李某某系C公司负责人,负责A公司员工培训以及对外授课宣传A公司的P2P平台理财业务;等等。经审计,涉案投资人向A公司归还投资人资金合计18,133,441.65元;13名投资人通过线下投资,本金合计3,973,264元。被告人冯某某、李某某等于2015年4月23日被公安人员抓获归案。之后,检察院提起公诉。

(二)原告诉求

原告请求法院判令:被告A公司向原告偿还借款本金和利息166,205.09元;被告A公司向原告支付逾期还款利息;被告A公司向原告支付律师费15,000元;被告B对被告A公司上述债务承担连带清偿责任,被告彭某某和被告邓某某对被告A公司上述债务承担补充清偿责任。

(三)法院观点

被告A公司相关工作人员涉嫌非法吸收公众存款罪一案,法院已经受理目前尚未审结,本案相关事实涉及刑事犯罪。根据检察院起诉书内容,可以确认,被告A公司实际控制人同时经营被告A公司和被告B公司,且该两公司合署办公,故被告B公司为原告提供担保的行为本身亦属于涉嫌犯罪行为的一部分。最高人民法院《关于审理民间借贷案件适用法律若干问题的规定》第13条第2款所称之"担保人",应是指实质上独立于借款人的人,被告B公司不属于该条款所称之担保人。因此,在涉案纠纷中,无论出借人对借款人还是担保人提起的民事诉讼,都因借款人和担保人的行为本身涉嫌犯罪,而应予驳回。

(四)裁判结果

依照《中华人民共和国民事诉讼法》第119条第4项、第154条第3项,最高人民法院《关于审理民间借贷案件适用法律若干问题的规定》第5条第1款、第13条第2款,最高人民法院《关于在审理经济纠纷案件中涉及经济犯罪嫌疑若干问题的规定》第11条的规定,裁定驳回原告付某某的起诉。

(五)专家点评(李磊明　深圳市蓝海现代法律服务发展中心副理事长)

1. 本案的法律关系

本案原告在被告A公司处开通了P2P网络平台借贷账户。根据被告A公司提供的项目和资金需求信息进行网络借款,且被告A公司作为P2P网络借贷服务平台为资金的借出与还款提供管理服务。被告B公司作为担保方,对项目和资金需求的真实性进行担保,并对项目还款承担连带保证责任。自2015年1月22日至2月5日,原告先后有四期借款本息合计159,731.65元到期,被告A公司应予兑付。但被告A公司以资金紧张为由未予兑付,且要求原告作为出借人,被告A公司作为借款人,双方就上述资金签订一份借款合同,约定前三期资金于2015年3月31日到期,第四期资金于2015年5月5日到期,被告A公司在每期资金到期后3个工作日内向原告付清全部本金和利息。截至2015年5月8日,原告最后一期资金到期后3个工作日内,被告A公司仍未向原告支付分文本息。本案中,付某某首先是在A公司开通了P2P网络平台借贷账户,并提供了网络借款,由于2015年1月22日至2月5日先后有四期到期借款本息未兑付,双方就该未兑付款项另行签订了一份借款合同。

P2P是英文person-to-person的缩写,意即个人对个人(伙伴对伙伴),通常又称为“点对点网络借款”,是一种将小额资金聚集起来借贷给有资金需求人群的一种民间小额借贷模式。P2P属于互联网金融(ITFIN)产品的一种,属于民间小额借贷,借助互联网、移动互联网技术的网络信贷平台及相关理财行为、金融服务。

本案中,原告根据被告提供的项目和资金需求信息进行网络借款,被告对资金的出借和还款提供服务,同时亦有第三方为项目和资金提供担保,从现有材料中大致可以看出本案的P2P模式为线上模式与担保模式的结合。从P2P的运作模式来分析,原告(投资者)与被告(P2P平台)之间并不存在直接的借贷关系,被告只是对原告的投资资金进行管理服务。但是本案的特殊性在于,因被告无法兑付原告的投资款本息,双方另行签订了一份《借款合同》,表面上似乎形成了新的借贷关系。

但是根据《网络借贷信息中介机构业务活动管理暂行办法》第10条的规定,网络借贷信息中介机构不得从事或者接受委托从事下列活动:(1)为自身或变相为自身融资;(2)直接或间接接受、归集出借人的资金;(3)直接或变相向出借人提供担保或者承诺保本保息;(4)自行或委托、授权第三方在互联网、固定电话、移动电话等电子渠道以外的物理场所进行宣传或推介融资项目;(5)发放贷款,但法律法规另有规定的除外;(6)将融资项目的期限进行拆分;(7)自行发售理财等金融产品募集资金,代销银行理财、券商资管、基金、保险或信托产品等金融产品;(8)开展类资产证券化业务或实现以打包资产、证券化资产、信托资产、基金份额等形式的债权转让行为;(9)除法律法规和网络借贷有关监管规定允许外,与其他机构投资、代理销售、经纪等业务进行任何形式的混合、捆绑、代理;(10)虚构、夸大融资项目的真实性、收益前景,隐瞒融资项目的瑕疵及风险,以歧义性语言或其他欺骗性手段等进行虚假片面宣传或促销等,捏造、散布虚假信息或不完整信息损害他人商业信誉,误导出借人或借款人;(11)向借款用途为投资股票、场外配资、期货合约、结构化产品及其他衍生品等高风险的融资提供信息中介服务;(12)从事股权众筹等业务;(13)法律法规、网络借贷有关监管规定禁止的其他活动。在本案中,被告公司作为网络借贷平台,与投资人(出借人)签订借款合合同,实际上是为自身或变相为自身融资、归集出借人的资金,已非合法意义的P2P网络借贷平台。

2.法院裁判依据分析

(1)关于借款合同效力

最高人民法院《关于审理民间借贷案件适用法律若干问题的规定》第13条第1款规定,借款人或者出借人的借贷行为涉嫌犯罪,或者已经生效的判决认定构成犯罪,当事人提起民事诉讼的,民间借贷合同并不当然无效。人民法院应当根据《中华人民共和国合同法》第52条,该规定第14条之规定,认定民间借贷合同的效力。

《中华人民共和国合同法》第52条规定,有下列情形之一的,合同无效:①一方以欺诈、胁迫的手段订立合同,损害国家利益;②恶意串通,损害国家、集体或者第三人利益;③以合法形式掩盖非法目的;④损害社会公共利益;⑤违反法律、行政法规的强制性规定。

最高人民法院《关于审理民间借贷案件适用法律若干问题的规定》第14条规定,具有下列情形之一,人民法院应当认定民间借贷合同无效:①套取金融机构信贷资金又高利转贷给借款人,且借款人事先知道或者应当知道的;②以向其他企业借贷或者向本单位职工集资取得的资金又转贷给借款人牟利,且借款人事先知道或者应当知道的;③出借人事先知道或者应当知道借款人借款用于违法犯罪活动仍然提供借款的；④违背社会公序良俗的；⑤其他违反法律、行政法规效力性强制性规定的。

因为本案的被告涉嫌非法吸收公众存款罪已被检察院提起公诉，根据最高人民法院《关于审理民间借贷案件适用法律若干问题的规定》第13条第1款规定，本案的一审法院应当对涉案借款合同效力作出认定，但是在本案的裁定书中并未涉及借款合同效力的认定。本案的借款合同是基于P2P网络借贷后发生后，出借人与网络借贷平台之间签订的，在此合同下，被告平台公司成为借款人，而非作为中介服务机构，这实际上是违反了《网络借贷信息中介机构业务活动管理暂行办法》中的规定，因此，本案中的借款合同违反了法律、行政法规效力性强制性规定，法院应当认定合同无效。

（2）关于担保人的责任

就本案而言，原被告之间的《借款合同》应当认定为无效，则根据《中华人民共和国担保法》第5条的规定，担保合同是主合同的从合同，主合同无效，担保合同无效。担保合同另有约定的，按照约定。担保合同被确认无效后，债务人、担保人、债权人有过错的，应当根据其过错各自承担相应的民事责任。

若本案中的《借款合同》项下存在担保合同，则因为主合同无效，导致担保合同无效。而对于B公司、彭某某和邓某某3名担保人的担保责任，应当分别认定：

第一，B公司与被告A公司均为同一实际控制人，一审民事裁定书中认为“被告A公司实际控制人同时经营被告A公司和被告B公司，且该两公司合署办公，故被告B公司为原告提供担保的行为本身亦属于涉嫌犯罪行为的一部分。最高人民法院《关于审理民间借贷案件适用法律若干问题的规定》第13条第2款所称之‘担保人’，应是指实质上独立于借款人的人，被告B公司不属于该条款所称之担保人。因此，在涉案纠纷中,无论出借人对借款人还是担保人提起的民事诉讼,都因借款人和担保人的行为本身涉嫌犯罪,而应予驳回。”

但是根据《中华人民共和国担保法》第 5 条第 2 款、最高人民法院《关于审理民间借贷案件使用法律若干问题的规定》第 13 条第 2 款规定,担保人以借款人或者出借人的借贷行为涉嫌犯罪或者已经生效的判决认定构成犯罪为由,主张不承担民事责任的,人民法院应当依据民间借贷合同与担保合同的效力、当事人的过错程度,依法确定担保人的民事责任。根据最高人民法院《关于审理民间借贷案件适用法律若干问题的规定》第 8 条规定,借款人涉嫌犯罪或者生效判决认定其有罪,出借人起诉请求担保人承担民事责任的,人民法院应予受理。

A 公司与 B 公司为两个独立的法人,一审法院以实际控制人、办公场所等情况即认定 B 公司提供担保的行为属于违法犯罪的一部分,而间接免除了担保人的担保责任,该认定值得商榷。虽然担保合同为无效合同,B 公司为原告提供担保的行为本身亦属于涉嫌犯罪行为的一部分,根据上述法律条文中关于当事人过错的规定,B 公司作为担保人应当承担保证责任。

第二,彭某某和邓某某分别是 B 公司和 A 公司的股东,在本案中,主要是认定其是否要以公司股东身份作为担保人,承担补充清偿责任。

最高人民法院《关于使用中华人民共和国公司法若干问题的规定(三)》第 13 条第 2 款规定,公司债权人请求未履行或者未全面履行出资义务的股东在未出资本息范围内对公司债务不能清偿的部分承担补充赔偿责任的,人民法院应予支持;未履行或者未全面履行出资义务的股东已经承担上述责任,其他债权人提出相同请求的,人民法院不予支持。此款规定的“未履行后者为全面履行出资义务的股东”实际应当是公司章程中规定的实缴出资的股东和认缴期限已届满的股东;而对于未到认缴出资期限的股东,法院对公司债权人要求股东承担补充赔偿责任的诉请,往往不予支持。

因此,本案中彭某某和邓某某是认缴出资期限未到期的股东,因此无论是作为被告A公司的股东还是B公司的股东,均无须为对原告承担补充清偿责任。

3. 民事和刑事交叉的相关规定分析

在很多民事纠纷案件,尤其是经济类纠纷案件中,常常会涉及民事与刑事的交叉问题,如何解决这类问题,这就需要对案件情况予以具体分析。

最高人民法院《关于在审理经济纠纷案件中涉及经济犯罪嫌疑若干问题的规定》第10条规定,人民法院在审理经济纠纷案件中,发现与本案有牵连,但与本案不是同一法律关系的经济犯罪嫌疑线索、材料,应将犯罪嫌疑线索、材料移送有关公安机关或检察机关查处,经济纠纷案件继续审理。该司法解释第11条规定,人民法院作为经济纠纷受理的案件,经审理认为不属经济纠纷案件而有经济犯罪嫌疑的,应当裁定驳回起诉,将有关材料移送公安机关或检察机关。

最高人民法院《关于审理民间借贷案件适用法律若干问题的规定》第5条规定,人民法院立案后,发现民间借贷行为本身涉嫌非法集资犯罪的,应当裁定驳回起诉,并将涉嫌非法集资犯罪的线索、材料移送公安或者检察机关。

可见在民事纠纷与涉嫌犯罪共存的案件中,民事案件的受理法院对民事案件继续审理的前提是当事人之间确实构成民事法律关系,且刑事犯罪现已不影响民事案件审理的,民事案件可继续审理。在本案中,前述已分析涉案的借款合同应为无效合同,原告与被告之间并未存在借贷关系,因此一审法院依据最高人民法院《关于在审理经济纠纷案件中涉及经济犯罪嫌疑若干问题的规定》第11条和最高人民法院《关于审理民间借贷案件适用法律若干问题的规定》第5条,裁定驳回原告的起诉,符合法律规定。

而本案原告的权益应当如何保障,则应当在被告涉嫌非法吸收公众存款罪的案件中寻求刑事司法救济。

4. 对 P2P 融资行为的警示

P2P 借贷平台从事金融业务，但现有法律难以明确界定其金融属性并进行有效规范。互联网金融企业的业务活动经常突破现有的监管边界，进入法律的“灰色地带”，甚至可能触及非法集资、非法经营等“底线”。但随着《网络借贷信息中介机构业务活动管理暂行办法》实施，新的监管要求陆续出台，其中有三点最为关键：P2P 平台必须在当地金融办进行备案登记；须在银行进行资金存管；须有一定的业务限额。如果 P2P 企业没有做到以上三点就肯定是违规的，存在较大政策风险。

P2P 平台必须在当地金融办进行备案登记；须在银行进行资金存管；须有一定的业务限额。如果 P2P 企业没有做到以上三点就肯定是违规的。

对于投资者来说，如何在 P2P 投资中甄别优劣，规避风险是至关重要的，个人建议，投资者在作出投资决策时，可以从平台的兜底能力、专业性、合规性几个方面进行考量，只有在合法合规的前提下，具有可靠的技术和资金实力的 P2P 平台，才可以为投资者降低风险。

案例 14 互联网支付中的安全保障义务

——评刘某某与 A 银行支行、B 公司银行卡纠纷案

(一)案情介绍

刘某某在 A 银行支行处办理了一张卡号为 62×××45 的借记卡,向 B 公司申请了一个账户 42×××××@qq.com,并有一个号码为 158××××××65 的中国移动电话卡。刘某某将上述银行卡与 B 账户进行了绑定,并将 158××××××65 号码设定为其上述银行卡和 B 网络支付账户绑定的手机号码。2015 年 10 月 5 日,刘某某的苹果 5S 手机在湖南省长沙市被人偷窃,该手机使用的手机卡号码为 158××××××65,刘某某当天即向长沙坡子街派出所报案,又于第二天即 10 月 6 日向深圳市公安局粤海派出所报案。刘某某手机被盗后,其 B 支付账户的余额 72,200 元于 2015 年 10 月 6 日下午 15 时 23 分至 15 时 44 分,被人分三次转入刘某某上述尾数为 4045 的 A 银行卡内。同日即 2015 年 10 月 6 日,刘某某的 A 银行卡内的存款 72,270 元又被人分六次通过网上银行分别转至贺某某、孙某某、张某、梅某某四人的银行账户。刘某某发现其 B 网络支付账户余额及银行卡余额被人转走后,遂将 A 银行支行诉至该院,并在本案审理过程中将 B 公司追加为本案共同被告。

刘某某在手机被盗后,于 2015 年 10 月 5 日晚上向中国移动申请将其遗失的手机卡 158××××××65 停机,但没有申请挂失,第二天即 2015 年 10 月 6 日,刘某某的该手机号又被他人申请开机。2015 年 10 月 6 日凌晨0:54和 1:41,B 支付公司两次发邮件给刘某某,通知刘某某,因检测到刘某某的账户有异地登录的情况,账户存在一定风险,已先行关

闭了账户余额支付功能，并告知刘某某"如果您确认账户安全，并在此之前已经绑定了有效手机，您可以通过手机校验的方式自行开启此功能"。同时B公司还在邮件中向刘某某提出了安全建议。2015年10月6日14时19分左右，B公司的客服人员致电158××××××65，向该号码的使用人核实42×××××@qq.com账户异常登录的情况，接听电话的人表示异地登录的使用人为其朋友，该客服人员在核实了使用人的生日后表示稍后将恢复账户正常。

A银行的《申请开立A银行个人存款账户须知》第3条约定"……凡使用密码进行的交易均视为账户所有人本人所为。账户所有人应妥善保管账号、密码等个人银行资料……"另查，A银行的《申请开立A银行个人存款账户须知》第5条告知："申请人如遗失个人账户等存款凭证、遗忘或发现个人账户密码泄露，要立即向A银行提出挂失申请。在申请挂失前或口头挂失失效后（口头挂失五日内有效）账户资金被支取，责任由申请人自负。"

蚂某呗功能是一款网上消费信贷产品，开通用户可获得一定金额的消费额度。用户购物消费时，可预支蚂某呗的额度进行付款，用户在固定还款日定额或分期还款。该产品功能类似于银行信用卡。2015年10月6日（刘某某手机被盗次日），刘某某的B账户通过蚂某呗功能在长沙市购买了一部价值5280元的手机。2015年10月16日，众某在线财产保险股份有限公司向刘某某赔付保险金5280元，刘某某向众某在线财产保险股份有限公司出具承诺函，承诺保密、协助追偿等。

（二）争议焦点

一审法院认为本案的争议焦点在B公司对于刘某某的B账户余额内资金被人转走是否存在过错，A银行支行对于刘某某银行卡内的存款被人转走是否存在过错。

二审法院认为，本案的争议焦点在于A银行支行与B公司是否已尽到安全保障义务，A 银行与 B 公司是否应对涉案财产损失承担赔偿责任。

(三)法院观点

1. 一审法院观点

关于 B 公司是否存在过错的问题。B 公司在刘某某手机被盗的次日凌晨因检测到刘某某的账户存在异地登录的异常情况后临时关闭了刘某某的账户的余额支付功能，并在不到一小时内连续两次向刘某某发出风险示警的邮件，告知刘某某其账户存在的风险，同时还提醒“如果您确认账户安全，并在此之前已经绑定了有效手机，您可以通过手机校验的方式自行开启此功能”即通过 B 网络支付软件绑定的手机可以重新开启余额支付功能，B 公司作为一个第三方支付平台，其在检测到刘某某账户潜在的风险后已经及时地采取了必要的风险防控措施并及时地通知了刘某某，其已经尽到了审慎审查及通知的义务。刘某某在其被盗的手机内安装了 B 网络支付软件，在手机被盗后，应当谨慎地意识到其在 B 公司中的余额可能存在被盗的风险，但其在收到 B 公司发出的示警邮件后，并未引起足够重视，在明知通过手机校验的方式可以重新开启 B 余额支付功能的情况下，没有采取有效的措施及时告知 B 公司，与 B 绑定的手机被盗以防止他人利用该手机重启余额支付功能，防范其账户被盗风险的发生。因此，他人利用与 B 绑定的手机重启刘某某的 B 账户的余额支付功能，并将其中的余额转走，系刘某某怠于采取风险防范措施所致，B 公司对此不存在过错。

关于 A 银行支行是否存在过错的问题。目前证据显示，他人通过输入正确的网银交易密码和手机动态验证码将刘某某银行卡内的余额转走。网银交易密码和接收验证码的手机均由刘某某自行掌握，他人转账时输入了正确的交易密码和手机验证码，A 银行支行提供的网银交易终端自动据此识别为账户所有人授权的交易，A 银行支行对此并不存在过错,刘某某认为 A 银行支行的交易系统明显地存在技术缺陷的主张,没有事实依据。事实上,刘某某在其手机被盗后,其可以通过挂失手机卡、挂失银行卡、解除 B 账户与银行卡的绑定等多种途径防止其银行卡内的资金被盗取,但刘某某对其手机的被盗可能导致的后果并未加以足够的重视,也未采取有效的风险防范措施防止其账户被他人入侵,故银行卡的存款余额被盗,系刘某某自身过错所致,与 A 银行支行交易终端的技术没有因果关系。

2. 二审法院观点

刘某某名下的银行卡账户与 42 × × × × ×@ qq. com 账户中存有资金,刘某某使用上述账户进行网络交易活动,并通过绑定 158 × × × × × ×65 手机号码的方式对上述账户进行操作。刘某某与 A 银行支行、B 公司之间形成储蓄合同及服务合同关系。本案的争议焦点在于 A 银行支行与 B 公司是否已尽到安全保障义务,及 A 银行支行与 B 公司是否应对涉案财产损失承担赔偿责任。本案中,刘某某手机遗失后未申请手机挂失,未告知 B 公司关闭支付,也未申请银行账户挂失。B 公司在检测到刘某某的账户登录异常后及时采取了发送风险提示邮件、临时关闭账户、手机校验及电话核实个人信息等措施,而刘某某未进一步采取其他措施。刘某某上诉主张 B 公司未采取《服务协议》中所载“扫描二维码、声波支付等”身份识别方式,因刘某某未提交证据证明其已开通上述功能并支付相应对价,故其关于 B 公司未采取上述措施的上诉理由,不能成立。B 公司在电话核对个人信息后重新开启了支付功能,次日,刘某某账户上的 72,270 元余额被转至银行卡账户,之后又被转至他人银行账户。双方当事人一致确认上述交易均须使用密码进行操作,现无明确证据证明是刘某某还是 A 银行支行或 B 公司故意泄露了密码信息,因刘某某是账户密码信息的持有人,其遗失手机导致密码信息存在泄露或盗取的风险,而 A 银行支行或 B 公司对此不存在任何过错。因此,刘某某疏于保管遗失手机导致密码信息泄露,并在手机遗失后未及时采取挂失等相应措施，导致账户资金被他人转走，A 银行支行与 B 公司在本案中不存在违约情形，已尽到合理安全保障义务，无须对刘某某的财产损失承担赔偿责任。刘某某可另循法律途径向盗取手机的实际侵权人进行追偿。

关于刘某某上诉称其通过蚂某呗功能消费的 5280 元获得赔偿的上诉理由，因该损失的赔付主体是案外人众某在线财产保险股份有限公司，即该赔偿责任是基于刘某某与案外人之间的保险合同关系，而非本案刘某某与 B 公司之间的合同关系，因此，刘某某以其获得上述赔偿为由主张 B 公司同样应承担本案赔偿责任的上诉理由，不能成立。

（四）裁判结果

一审法院认为，刘某某认为 B 公司对其账户余额被盗存在过错，A 银行支行对其银行卡内余额被盗存在过错的主张，均无事实依据，其要求 A 银行支行与 B 公司共同赔偿其损失，没有法律依据，不予支持。据此，依照《中华人民共和国民事诉讼法》第 64 条之规定，判决如下：驳回刘某某的全部诉讼请求。本案案件受理费 803.7 元由刘某某负担。

二审法院认为，刘某某的上诉理由均不成立，原审判决认定事实清楚，适用法律正确，依法予以维持。依照《中华人民共和国民事诉讼法》第 170 条第 1 款第 1 项之规定，驳回上诉，维持原判。

（五）专家点评（董连和　深圳仲裁委副主任）

在本案审理中，一审法院认为本案争议焦点为 B 公司和 A 银行支行对于刘某某账户余额内款项被人转走是否存在过错。二审法院认为本案争议焦点为 A 银行支行与 B 公司是否已尽到安全保障义务，A 银行支行与 B 公司是否应对涉案财产损失承担赔偿责任。

1. 合同之债与侵权之债的竞合

(1)本案当事人主张损害赔偿请求权既可以基于契约关系,也可以基于侵权责任。当案件存在违约损害赔偿请求权与侵权损害赔偿请求权的竞合时,具体主张哪种请求权,其选择权在于当事人。因不同请求权的构成要件、举证责任、时效及法律效果不同,如当事人提出的诉讼请求、事实理由以及举证行为等表明其存在混淆情形,法院在审理案件时应在向当事人释明的基础上引导当事人选定一种请求权进行主张,从而根据该请求权确定裁判思路。本案中,从一审法院和二审法院对本案争议焦点的不同归纳可以看出,一、二审法院对本案当事人主张的请求权存在不同判断。一审法院主要从侵权之债的角度进行审理;二审法院主要从合同之债的角度进行审理。

(2)从合同之债观之,其请求权基于契约而生。存款人于金融机构或准金融机构开立账户,并将款项存入该账户后,双方即建立储蓄合同及服务合同关系。根据《中华人民共和国商业银行法》第6条规定:"商业银行应当保障存款人的合法权益不受任何单位和个人的侵犯。"《中华人民共和国合同法》第60条第2款规定:"当事人应当遵循诚实信用原则,根据合同的性质、目的和交易习惯履行通知、协助、保密等义务。"(准)金融机构在储蓄合同中有附随义务及安全保障义务,对存款人账户内的资金负有提供必要的安全、保密环境的义务。(准)金融机构如果没有履行安全保障义务,即构成违约,应当承担相应的违约赔偿责任。其构成要件有三:一是(准)金融机构存在没有尽安全保障义务的违约情形;二是存款人有损失;三是违约情形与损失之间有因果关系。因此,从构成要件及其证明的角度可以看出,二审法院的裁判思路和法律适用是正确的。

(准)金融机构如果没有履行安全保障义务,构成要件有三:一是(准)金融机构存在没有尽安全保障义务的违约情形;二是存款人有损失;三是违约情形与损失之间有因果关系。

(3)从侵权之债观之,本案的请求权基础适用《中华人民共和国侵权责任法》第 37 条之规定:“宾馆、商场、银行、车站、娱乐场所等公共场所的管理人或者群众性活动的组织者,未尽到安全保障义务,造成他人损害的,应当承担侵权责任。因第三人的行为造成他人损害的,由第三人承担侵权责任;管理人或者组织者未尽到安全保障义务的,承担相应的补充责任。”(准)金融机构承担侵权责任的构成要件有三:一是存在管理人未尽安全保障义务的侵权行为;二是当事人受有损害;三是侵权行为与损害之间有因果关系。本案中(准)金融机构对账户资金被盗取承担相应补充责任的构成要件有三:一是管理人未尽到安全保障义务;二是当事人受有损害;三是第三人的侵权行为与损害之间有因果关系。从上述构成要件的分析可以看出,即便在同一条法律规定中,依据前后半段的请求权基础不同,其构成要件亦不同。由此可见,一审法院虽然其裁判结果正确,但其裁判思路和法律适用值得商榷。

(准)金融机构承担侵权责任的构成要件有三:一是存在管理人未尽安全保障义务的侵权行为;二是当事人受有损害;三是侵权行为与损害之间有因果关系。

2.“安全保障义务”的判断标准

本案的关键在于(准)金融机构承担安全保障义务的判断标准。笔者认为,因合同或者其他民事行为而引起的“安全保障义务”,其判断标准需要借助合同约定、法规规定和理性人(审慎管理人)的具体标准。通常以行为人是否尽到了同类交易情形下通行的注意义务作为衡量尺度,如考虑安全保障义务是否达到了主管机关、行业协会所要求的安全保护标准;在执行这些标准规定时是否存在疏忽、纰漏;在发生损害时的处置措施是否妥当,等等。同时,安全保障义务的具体内容应当是根据个案的实际情况确定的,是与时俱进、符合社会发展要求的。

随着网络银行和移动支付的快速发展,凭交易密码和手机验证码自动识别为账户所有人授权的交易,已成为网络交易惯例、社会生活常识和普遍认知。结合本案刘某某疏于保管手机导致密码泄露又未挂失的具体案情，以及 B 公司在检测到刘某某的账户登录异常后采取的一系列措施，可以认定本案中 A 银行支行和 B 公司已尽到合理安全保障义务。

实践中已有案例事实证明，尽管存款人遵守保密义务，犯罪分子仍能利用先进技术盗取存款。对此，笔者认为，提供交易功能的网络银行和移动支付，都是（准）金融机构利用先进技术向社会推出的金融工具或支付工具。金融由于其特性，历来易招致多种犯罪攻击。网络银行等的推出，既为存款人带来了便利，为（准）金融机构能更多地吸纳存款和增加盈利提供了机会与空间，也给金融交易安全带来新的风险。在存款人遵守保密义务或约定义务的情形下，对金融机构的安全保障义务应采特别标准，由金融机构对犯罪行为而产生的存款人存款被盗取的风险承担责任。因为金融机构有条件、有机会、有能力，也有责任承担防范高科技犯罪的义务。金融机构应从安全保障技术和管理机制两个方面履行防范犯罪的义务，以确保金融管理秩序的正常运转，确保存款人的存款安全，维护存款人的合法权益。

值得一提的是，本案中 B 公司是非金融机构或准金融机构，其安全保障义务的程度要求一般应低于金融机构。虽然支付服务提供商的安全保障义务已经被写进《非金融机构支付服务管理办法》及其实施细则中，但该办法的措辞抽象，对安全缺陷的责任和补偿、举证责任以及违反义务的法律责任都规定得很不明确，需要进一步细化和完善。随着移动支付的快速发展，移动支付服务提供商与金融机构须共同合作承担安全保障义务的情形会越来越多。

最后，法院在判断安全保障义务的标准和程度时，还需要平衡和综合考量保证支付、取款自由、取款便利等储蓄合同的价值原则。

3. 金融机构的归责原则和举证责任分配

为保护存款人合法权益，依法维护金融机构信用，应按照严格责任原则认定金融机构的责任承担，而非本案一审法院采用的过错责任原则。金融机构以存款已被他人取走以及存款人存在过错为抗辩理由，应负举证责任。如果举证不能，仍应承担兑付责任。存款人与金融机构对存款被盗取均无过错的，则金融机构仍应承担兑付或赔偿责任。金融机构举证证明存款人对存款被盗取也存在部分过错的，则依照存款人和金融机构导致结果的各自原因力大小，分别对存款损失承担相应的责任。

本案在具体分析失密原因的基础上将存款被他人盗取归责于存款人一方从而判定责任承担是公平公正的。而在技术不断进步且犯罪手段不断变化的今天，不具体分析失密的原因，不考虑存款人是否存在过错，一概以“凡使用密码进行的交易均视为账户所有人本人所为，应自行承担责任”这一格式条款作为金融机构的免责理由进行抗辩，把一些本应由金融机构承担的责任也推向存款人，无疑加重了存款人责任，有违公平原则。

案例 15 金融消费者视角下信用卡被冒用的风险承担

——评黎某某与 A 银行某分行信用卡纠纷案

(一)案情介绍

2012 年 6 月 28 日,黎某某向 A 银行某分行申请信用卡,登记联系手机号码为 13××××××××9。A 银行某分行经审核向原告发放了尾号为 4907 的信用卡。双方提交的录音显示,2012 年 11 月 23 日,黎某某发现该信用卡丢失,遂通过电话将该信用卡挂失。2012 年 12 月 3 日,黎某某通过电话申请补卡。A 银行某分行主张通过珠海邮政局将补发的尾号为 0413 信用卡邮寄至黎某某首次申请信用卡时登记的地址,但未提交邮局回单,黎某某否认签收补办信用卡。A 银行某分行主张未能提交邮寄回单的理由是,根据《国内邮件处理规则》第 339 条的规定,珠海邮政局保留回单时间只有 1 年,至双方发生争议时已经超过上述保留最长时间而无法提交。

2012 年 12 月 27 日该卡被激活。2013 年 4 月 29 日,黎某某通过电话查询自己信用卡项下欠款余额,并声称还完欠款后信用卡“不要了”,A 银行信用卡中心客服人员明确向其表示在还完信用卡项下欠款人民币 505 元后,再致电或柜台将信用卡销卡。A 银行某分行提交的一份《个人存款凭条》显示,2012 年 4 月 29 日黎某某向尾号为 0413 号的信用卡存款 505 元。无证据显示黎某某在存款后对尾号为 4907 或 0413 号的信用卡进行了电话或柜台销户。A 银行某分行提交的电话录音及 A 信用卡中心采信沟通平台记录显示,2013 年 10 月 4 日,尾号为 0413 的信用卡再次被他人激活(A 银行某分行提交的该激活电话录音显然非黎某某本人声音,通话中 A 银行信用卡中心客服人员仅仅核对了手机号码及地址)，A 银行信用卡中心采信沟通平台曾向 13 × × × × × × × ×9 号码发送短信，告知尾号为 0413 号的信用卡被激活成功，若非本人激活请速发 ccdj 至 95559 冻结卡片。

2013 年 10 月 5 日尾号为 0413 号的信用卡消费 17,000 元。2013 年 10 月 21 日，黎某某向尾号为 0413 号的信用卡存款 50 元，并挂失。2013 年 10 月，A 银行某分行要求黎某某偿还欠款 17,000 元及利息。2013 年 12 月 14 日 A 银行信用卡中心向黎某某发出《催款通知书》，要求还款本息17,580.80元。2014 年 5 月 29 日，A 银行某分行并从黎某某工资卡划款 10,869.53 元用于偿还尾号为 0413 号信用卡项下欠款。双方遂发生纠纷，并前往公安机关报案未被受理，黎某某诉至一审法院，请求判令自己不应偿还信用卡欠款，并判令 A 银行某分行归还已划款 10,869.53 元及利息，赔偿误工费、交通费等损失 1000 元，精神损失费 1000 元，诉讼费由 A 银行某分行承担。

(二)争议焦点

法院认为本案为信用卡纠纷，争议的焦点是黎某某名下的尾号 0413 号的信用卡项下，于 2013 年 10 月 5 日的金额为 17,000 元消费是否为黎某某本人或授权他人进行。

(三)法院观点

1. 一审法院观点

黎某某称其在 2012 年 11 月挂失后并未收到补寄的新卡，因此认为其并未持卡消费。但是，黎某某向 A 银行某分行申请补发新卡后，在未收到新卡超过合理期限后，并未向 A 银行某分行询问新卡邮寄情况。同时，黎某某先后两次向补寄后的新卡存款，该行为与黎某某否认收到新卡的抗辩相矛盾。在补办新卡的过程中，黎某某对于自己的权利没有尽到合理的保护义务，同时其行为与法庭上的辩解相矛盾。

2. 二审法院观点

首先，A 银行某分行无证据证明已经将尾号为 0413 号的补发新卡送达给黎某某本人。虽然 A 银行某分行对此解释是邮政部门依据《国内邮件处理规则》第 339 条的规定，超过 1 年的回单保留时间，具有一定的客观性和合理性，但是在信用卡的发卡和补卡过程中，确保将卡片交付给申请人本人签收是保证信用卡安全使用和减少纠纷的重要环节，A 银行某分行作为发卡行理应区别于其他业务，履行更严格的安全保障义务。例如，可以与负责邮递业务的机构就发卡和补卡回单必须交本人签收及回单保留时间作特别约定，否则不能排除像本案这种持卡人主张未收到卡片而发卡行无法举证情形的发生。

其次，A 银行某分行未能提交涉案信用卡争议消费的签购单。A 银行某分行对此的解释是双方发生争议时已经超过了银联关于签购单 6 个月的保留最长期限，无法调取。但从 A 银行某分行提交的证据显示，争议 17,000 元透支消费时间为 2013 年 10 月 5 日，至同年 12 月 14 日 A 银行某分行书面向黎某某催收之前，也已多次向黎某某电话催收，黎某某一直否认为自己消费，双方已经发生争议，并没有超过 3 个月，A 银行某分行理应调取相关签购单保存证据，但其没有进行相应的保存，若本案有签购单则能鉴定是否为黎某某本人消费签单。

再次，也是最重要的，A 银行某分行提交的 2013 年 10 月 4 日的通话记录可以证明，在黎某某 2013 年 4 月 29 日按照 A 银行某分行客服查询和指示，还完信用卡欠款并电话挂失后，正是他人在 2013 年 10 月 4 日通过电话再次激活并更改了交易密码而非黎某某本人。

最后，虽然黎某某曾经于 2013 年 4 月 29 日和 10 月 21 日分别向尾号为 0413 号的信用卡账户存款 505 元和 50 元，但通话录音可以证明黎某某是为了挂失信用卡，甚至真实意思表示为了销卡而通过向 A 银行信用卡中心客服人员咨询后进行存款的，完全非为了偿还信用卡透支款的意思表示，基于文化程度的因素以及对信用卡挂失、销户流程的不了解甚至误解，即使存款凭条上填写了信用卡 0413 号的尾号，也不能当然认定黎某某收到了补发的该卡或者认可自己持该卡消费并为之偿还欠款。综上，二审法院认为，本案信用卡于 2013 年 10 月 5 日金额为 17,000 元争议消费，A 银行某分行无证据证明为黎某某本人消费。一审法院仅依据黎某某曾经两次向相关账户存款及未向 A 银行某分行询问补卡邮寄情况，推定黎某某收到了补记新卡并持卡消费，认定事实错误，二审法院予以纠正。一审对 2013 年 4 月 29 日金额为 505 元的存款凭条上黎某某签名真实性进行鉴定，程序合法。黎某某否认检材的真实性并申请重新鉴定，理由不成立。鉴于二审法院对本案上述事实的重新认定，黎某某再次申请鉴定也无必要，故二审法院不予准许。

关于本案 17,000 元透支款项损失的责任承担问题。二审法院认为，如前所述，信用卡发卡、补卡以及激活等环节是事关持卡人财产安全的重要业务流程，存在较大风险。因此，A 银行某分行及其信用卡中心作为发卡行理应将上述业务区别于其他业务，履行更严格的安全保障义务，以确保将卡片交付给申请人本人签收。另外，持卡人黎某某作为文化程度不高、年龄较大的申领人，几次通话记录证明，黎某某对信用卡挂失和销户存在理解偏差，表达不是很清晰。A 银行某分行既然向该客户发卡，也理应区别不同客户，履行更为谨慎和耐心的说明义务，设计更加保险安全的业务流程。但是，本案证据显示：首先，A 银行某分行对补卡寄送无证据证明是本人签收或者强制要求申请人本人签收，仅仅委托邮政机构按照其自己的普通邮件业务处理流程寄送，这样使他人冒领存在可能。其次，特别是在信用卡激活环节，黎某某于 2013 年 4 月 29 日挂失信用卡后，在他人电话激活过程中，A 银行信用卡中心客服人员仅核对了信用卡后三位尾号及手机号，未能核对其他登记信息，使他人轻松就能激活并使用，要么激活流程存在漏洞，要么未严格按照激活流程要求认真履行职责。因此，二审法院认为，A 银行某分行作为发卡行过错明显，应承担主要责任。

黎某某作为持卡人,虽然值得同情,但是基于如下理由对本案损失的发生也存在一定过错,也应承担次要责任:首先,虽然黎某某主张 2013 年 4 月 29 日其通过电话查询自己信用卡项下欠款余额,并声称还完欠款后信用卡“不要了”是要销卡,但 A 银行信用卡中心客服人员明确向其表示在还完信用卡项下欠款 505 元后,需要再致电或到柜台将信用卡销卡,无证据证明黎某某此后曾经销卡,造成他人再次激活并透支消费。其次,A 银行某分行提交的 A 银行信用卡中心采信沟通平台记录显示,2013 年 10 月 4 日,尾号为 0413 的信用卡再次被他人激活后,A 银行信用卡中心采信沟通平台曾向 13××××××××9 号码发送短信,告知尾号为 0413 号的信用卡被激活成功,若非本人激活请速发 ccdj 至 95559 冻结卡片。黎某某虽否认收到该短信,但黎某某同时陈述称收到过 2013 年 10 月 5 日透支消费短信通知,上述激活短信和消费短信都是同样平台发送,二审法院对黎某某否认收到激活短信的陈述不予采信。黎某某在收到激活短信后,明知他人非法激活自己名下信用卡,但未采取挂失销户等积极避险措施,客观上放任了损失的发生。最后,本案中,他人电话非法激活信用卡并修改密码时,持有涉案尾号为 0413 号的信用卡并准确报出了黎某某登记的地址和电话号码,故不能排除是了解黎某某身份信息的身边人所为,因此,黎某某客观上对自己的信用卡及相关信息没有尽到合理的安全保护义务。

(四)裁判结果

一审法院认为,黎某某的诉讼请求无事实依据,不予支持。依照《中华人民共和国民事诉讼法》第 64 条第 1 款之规定,判决驳回黎某某的诉讼请求。一审案件受理费 564 元减半收取 282 元,由黎某某负担。鉴定费 4040 元,由黎某某负担。

二审法院认为,结合本案实际,酌定黎某某对自己申领并补办信用卡 17,000 元透支款损失承担 30%,即 5100 元赔偿责任；A 银行某分行自行承担 70%，即 11,900 元的责任。A 银行某分行自行从黎某某工资账户划扣 10,869.53 元，超出黎某某应承担责任的部分即 5769.53 元应予以返还，并承担利息损失。黎某某请求 A 银行某分行赔偿交通费、精神损失费因二审法院认定其也有过错，不予支持。一审认定事实部分有误，适用法律和实体处理部分不当，二审法院予以纠正。黎某某的上诉请求，部分成立，二审法院予以部分支持。依照《中华人民共和国合同法》第 107 条和第 120 条，《中华人民共和国民事诉讼法》第 170 条第 1 款第 2 项、第 175 条之规定，判决：撤销一审法院（2014）深福法民二初字第 6113 号民事判决；被上诉人 A 银行某分行应在判决生效之日起 10 日内向上诉人黎某某返还 5769.53 元及利息（利息按照中国人民银行同期同类贷款利率从 2014 年 5 月 29 日计算至实际清偿之日止）；驳回黎某某其他诉讼请求。

（五）专家点评（袁康　武汉大学法学院讲师）

本案的争议焦点可以归纳为三点：第一，信用卡被冒用应归于哪一方之过错；第二，信用卡被冒用的透支损失责任如何承担；第三，法院判决双方分担损失是否合理。

1. 信用卡被冒用的过错认定

（1）银行应采用严格责任

持卡人通过与银行签订信用卡领用合约取得信用卡，双方由此建立一个基础合同关系。当信用卡不慎丢失而被恶意透支，因属第三人侵权，依合同之相对性，发卡人银行只能以合同请求持卡人赔偿。但信用卡被冒用属于非授权行为，不存在持卡人真实正确的指示或要求，一律要求持卡人承担损失，不符合民法公平原则之要求。司法实践中逐渐形成了以“过错”衡量责任的标准，最高人民法院《关于银行工作人员未按规定办理储户挂失造成储户损失银行是否承担民事责任的批复》指出，某银行机构未按规定办理临时止付的登记手续，致使该存款挂失后被他人冒领，根据《中华人民共和国民法通则》第 75 条、第 106 条的规定，银行对由此造成的经济损失应依法承担民事责任。本案中，黎某某 2013 年 4 月 29 日挂失后，A 银行某分行不仅未采取相关支付安全保护措施，更是在他人电话激活过程中，通过电话声音辨认非黎某某的情况下 A 银行某分行信用卡中心客服人员仅核对了信用卡后三位尾号及手机号，未能核对其他登记信息，因此对于其不管是因激活流程存在漏洞，还是未严格按照激活流程要求认真履行职责，A 银行某分行作为发卡行都有过错明显，应对信用卡被冒用损失承担主要责任。

与之相反，法院一审认为黎某某向 A 银行某分行申请补发新卡后，在未收到新卡超过合理期限后，未向 A 银行某分行询问新卡邮寄情况，以及黎某某先后两次向补寄后的新卡存款的行为不能否认其收到新卡，为此黎某某未尽到合理的保护义务，应自己承担信用卡被冒用透支的全部损失。然而这种认定只考虑了持卡人作为信用卡领用合同当事人的身份，进而依民法上的一般过错规则认定责任，却忽略了一个前提，即发卡行于缔约时已经告知持卡人安全设置、保管密码的措施及其风险，履行了充分说明的义务，持卡人方能合理安排自身行为，基于自己责任原则下承受风险。不然就会将本应由发卡人银行承担的责任部分转嫁给持卡人。合同作为私法自治的结果，是双方权利义务平等的体现，信用卡合同的当事人是社会弱势群体的持卡人与实力雄厚的银行，在信息掌控和风险承担上二者能力并不相同，信用卡合同实质上并不是完全的意思自治。为了加强对信用卡持卡人的倾斜性保护，“各国法律也经历了从贯彻私法自治、对有利于经营者的合约安排不加干预发展到对合同自由加以限制、对消费者进行特殊保护的历程”。[①] 因此，发卡人与持卡人

① 覃有土、邓娟闰：《论信用卡持卡人的抗辩权》，载《法学》2000 年第 7 期。

的关系不单是合同关系，应以金融消费关系来维持双方权利义务平衡。

发卡人银行不仅具有较强的经济实力，而且在信息获取、系统更新、知识保障、风险转嫁等方面均优于势单力薄的金融消费者，金融消费者由于在信息获取和理解上存在偏差，极易在与金融机构的交易中偏离理性，甚至完全依照金融机构的指示而作出不符合内心真意的行为。因此，法院判断行为人是否存在过错时，除了要考察强势的金融机构是否充分履行了说明和告知义务，也应尽可能判断行为人对其行为的社会性质或未来可能的抽象风险有无识别能力，具体分析个人是否存在认识的可能性，不宜一概认为存在过失，否则便是一种抽象的而非具体的判断，违背法律对行为人主观识别能力所进行的伦理评价。金融机构在信息、系统、风险负担方面具有比金融消费者更强的控制力和使用力，其在合同缔约、变更、解除中极易滥用自身支配地位，比如领用合约中的格式条款、挂失、销卡烦琐抑或不安全的系统设定等。对于银行自身系统领域内的风险，其应承担严格责任。

对于银行自身系统领域内的风险，其应承担严格责任。

(2)密码泄露谁之过

密码是由本人确定并由自己秘密掌控的类型化的个人信息"权利"，其一般具有秘密性、唯一性和确认性三个特征。[①] 在法院的裁判中，通常颇为看重密码使用的情况，因为密码作为由本人掌握并秘密控制的私密信息，如果不是持卡人自行泄露或是没有证据证明银行方面因系统故障而导致密码泄露，他人根本无法获知真实密码。最高人民法院《关于银行储蓄卡密码被泄

① 张雪楳：《银行卡纠纷中的民刑交叉问题研究》，载最高人民法院民事审判第二庭编：《商事审判指导》(2011 年第 3 辑 · 总第 27 辑)，人民法院出版社 2012 年版，第 103 页。

露导致存款被他人骗取引起的储蓄合同纠纷应否作为民事案件受理问题的批复》指出："因银行储蓄卡密码被泄露，他人伪造银行储蓄卡骗取存款人银行存款，存款人依其与银行订立的储蓄合同提起民事诉讼的，人民法院应当依法受理。"可见，对于银行卡密码泄露问题，双方应以基础合同关系来分析。对于密码，持卡人经本人秘密确定后，就成为个人私密信息的一部分，拥有密码的信息权利，并负有保证密码不被泄露的义务。金融机构则负有提高密码的复杂性和密码的个人属性之义务，应在信息优势和风险防控问题上通过不断系统升级、技术改进等减少信用卡被冒用的风险。

本案中，A银行某分行寄送补办的新卡时，仅仅委托邮政机构按照其自己的普通邮件业务处理流程寄送，并未强制要求申请人本人签收，使信用卡被他人冒领，黎某某根本就没收到新卡。在信用卡被人激活时，A银行信用卡中心客服人员仅核对了信用卡后三位尾号及手机号，未核对其他登记信息，虽然A银行信用卡中心采信沟通平台曾向黎某某号码发送短信，告知若非本人操作请发送短信冻结卡片。银行在发放新信用卡时，并未告知持卡人在收到信用卡后几日内答复或设置密码，甚至是在几日内未收到信用卡之后向银行咨询。对于发放信用卡而言，信用卡传递的管控权和信息控制权在于银行而不是持卡人，信用卡是否准确签收，银行负有及时告知持卡人或跟踪邮寄情况的义务。持卡人在未接收信用卡前不负有管控的能力，因此对于发放信用卡过程中卡片被盗或冒用的风险应由银行承担，银行对此存在重大过失。信用卡密码属于个人基本信息，在持卡人未收到卡的情况下，对信用卡被冒用激活所产生的密码根本不存在控制可能，其不属于持卡人被类型化的个人信息"权利"。信用卡密码被泄露过失在于银行操作系统未采取更为安全的保护措施和银行职员未认真履行职责，这均属于银行义务的范畴。

2. 持卡人的金融素养在信用卡冒用损失中的考量

金融素养是对金融概念和风险的知识和理解，以及应用这一知识和理解的技能、动机和信心，以便在各种金融背景下，作出有效的决策，提升个人和社会的金融幸福，并能够参与到经济生活之中。[①] 依据合同法形成的合同关系具有意思自治的品格，它建立在对双方主体的同质性上，追求公平、诚信、禁止权利滥用的基本原则。金融消费者具有异质性，金融法视域内的交易并不是实质上的意思自治，为了矫正这种实质上的不平等，需要附加给金融机构更多的义务规范。在我国很少有人系统地接受过金融知识教育，金融素养的形成需要多方面考察地域、经济、社会等背景因素，带有一定伦理性的评价。在网络信息传播技术的发展中，时空分离度不断超脱于传统的面对面的交易，这一过程中面临的信息不对称更加严重，处于弱势地位的金融消费者缺乏信息获取能力，在交易选择上容易产生对金融机构的依赖，导致权利义务的失衡。金融机构负有更加充分的说明义务和禁止采取其他不当明示方式，主要包括交易的性质、结构与风险等。这是消费者知情权和法律进行倾斜性保护的基础，旨在促使二者在交易上实质平等。

本案中，黎某某两次存款均是根据 A 银行信用卡中心工作客服人员指示存入，因此不能当然的认定其确实已收到新卡。A 银行某分行没有调取信用卡冒用消费 17,000 元的账单，但发生争议后却未进行相应的保存。黎某某存款的真实意思表示是销卡存费，而非偿还信用卡透支款。基于黎某某文化程度的因素以及对信用卡挂失、销户流程的不了解甚至误解，即使存款凭条上填写了信用卡 0413 号的尾号，也不能据此认定黎某某收到了补发的该卡或者认可自己持该卡消费并为之偿还欠款。根据最高人民法院《关于银行扣款侵权问题的复函》："银行不应当为某一公司讨债而强行扣划债务人在银行的存款。……属于侵权行为。"A 银行某分行自行从黎某某工资账户划扣没有法律依据，属于侵权行为。

文化程度不高、年龄较大、理解偏差以及表达不清晰等属于个人金

---

① 赖小琴、刘晗潇：《PISA2012 金融素养评价的特点及启示》，载《广西教育学院学报》2015 年第 5 期。

融素养,是对行为人的主观识别能力状况的伦理评价,如果在分担损失时抽象地依据客观行为分析主观状态的过失,便是舍本逐末。因为行为人对其行为的社会性质或抽象风险无相应的识别能力,无认识能力;对超出可认知范围外的事项不具备因过错而承担责任的资格。本案法院的判决恰恰是受合同关系思维束缚,对于合同相对人的持卡人而言,其虽与发卡人签订合同时存在意思自治的因素,但是当因介入金融领域信息风险负担和金融知识认知能力时,金融机构便不再仅仅承担合同约定的义务,而应承担法律强加的更高注意义务,这属于法定义务。法律关系中的当事人是具体人而非抽象人,当金融业务超出行为人认知范围之外,金融机构便应根据个人金融素养等方面的因素,具体履行相应的说明和涉及符合消费者自身承担风险能力产品的义务。如果一味抽象地依据各自过失分担损失,实质上偏袒了金融机构而非弱势的消费者,违背了对消费者进行倾斜性保护的宗旨。

3. 司法裁判应注重金融消费者保护思维的引入

信用卡审判实践倾向于考察涉及纠纷各方的过错情况,依据过错程度分担责任,使"信用卡纠纷裁决文书中存在明显有利于银行、不利于持卡人的现象"①过错责任只是民法上的一般性规则责任,而金融法律有其特殊的立法原则和价值取向。前已述及,发卡人与持卡人的关系不单是合同关系,金融消费关系能更好地矫正双方权利义务不平衡。在信用卡纠纷审判时,应具体考察造成信用卡被冒用的产生原因,对于银行自身系统领域内的风险,其应采用严格责任。持卡人的金融素养是信用卡被冒用产生损失的重要因素,属于行为人的主观识别能力状况的伦理评价,法院应金融消费者的认知能力和金融机构履行说明义务的情况,不应一味抽象地依据各自过失分担损失,须侧重对金融消费者的倾斜性保护。本案一审判决持卡人承担全部损失,法院二审认定双方均存在过

① 蓝寿荣:《信用卡纠纷裁判不当问题研究》,载《政法论丛》2016年第3期。

错，并改为银行承担主要责任，持卡人承担次要责任，看似公平实则不然。法院并未跳出合同关系思维束缚的樊篱，引入金融消费者保护思维。仅依据《中华人民共和国合同法》第 107 条、第 120 条（当事人双方都违反合同的，应当各自承担相应的责任）确定过错责任，但法律对过错具体认定情节和比例规定笼统，这赋予了法官较大自由裁量权，容易导致裁判尺度差异大、同案不同判。

金融机构除应按信用卡合同履行义务外，在系统安全维护和密码激活识别等环节具有不可推卸的责任，其未能履行义务从而造成信用卡被冒用的损失要承担严格责任。持卡人与发卡人的关系从简单的合同关系转换为金融消费关系，相应地要侧重对持卡人作为金融消费者的倾斜性保护。在银行对信用卡冒用具有重大过失，而持卡人充其量只具有轻过失时，应由银行承担全部责任。本案中 A 银行某分行未确保信用卡准确送达，黎某某不具有管控信用卡及其密码的能力，也就无相应的保管义务。面对文化程度不高、年龄较大的持卡人黎某某，A 银行某分行不仅负有清晰的说明义务，更有为超出黎某某认知能力的金融事项适当加强风险防控安排的义务，对此金融机构承担严格责任。但适用严格责任并不完全排斥过失相抵规则的适用，在金融机构能证明损害是由于受害人的过失、第三人的过失和自然原因造成，可以适当减轻或免除其责任。

在比较法上，各国通过制定法律或法规直接规定了在持卡人具有轻过失和无过失情形下，对冒用损害实行限额赔偿规则。英国《银行业惯例守则》规定“发卡人被通知卡遗失或被盗或其他人知道其个人密码的误用事件中，客户对未经授权的交易的责任应限制在 50 英镑以内，但客户有欺诈行为或重大过失除外”，美国在《电子资金划拨法》、联邦储备系统理事会的 E 条例规定以及官方人员注释，对消费者承担未经授权的电子资金划拨的责任有三个等级，即 50 美元、500 美元和无限责任，并规定了严格的适用条件，具体适用取决于消费者通知金融机构存在未经授权的划拨的时间以及未经授权的划拨发生的时间。[①] 日本在 2006 年 2 月实施的日本《存款人保护法》中规定，银行客户的银行卡因被伪造和盗窃而在 ATM 上被非法提现时，持卡人承担 25% 的责任。我国在进行金融司法判决时要跳出合同法关系的思维，考虑金融领域的复杂性对金融机构实行严格责任，同时辅之以过失相抵规则。即使金融司法审判未能如此也不应一味地实行过错原则，应采用缓和的立场，限制消费者承担责任的份额，避免不当转嫁责任。

---

① 刘颖：《电子资金划拨法律问题研究》，法律出版社 2001 年版。转引自杨立新、王玲芳：《债法视角下的信用卡冒用损害责任》，载《求是学刊》2015 年第 1 期。

案例 16 电话挂失信用卡情况下的损失分配

——评 J 银行股份有限公司 S 市分行诉钟某信用卡案

(一)案情介绍

被告对申领涉案信用卡并进行使用的事实无异议,但认为涉案欠款系为 2009 年 12 月 19 日被不法分子三笔盗刷 8164 元的本息。原告在庭审中确认,其诉请的款项系上述 2009 年 12 月 19 日三笔消费的本息,但认为该三笔消费系在被告挂失前发生,应由被告承担还款责任。

原告与被告的约定:申请人对使用信用卡发生的欠款负有清偿责任,并应在到期还款日或之前偿还;未全部偿还的全部应还款项不享受免息还款期,自银行记账日起按规定利率计算透支利息,日利率为 0.05%,按月计收复利;申请人未在到期还款日或之前偿还最低还款额的,除计收利息外还须按月支付滞纳金,滞纳金为最低未还款额未还部分的 5%,最低 5 元;遇信用卡遗失、被窃或遭申请人以外的他人占用,申请人应立即致电银行客户服务电话或利用网上银行等方式挂失,挂失经银行确认后即时生效。自挂失生效后发生的非申请人所为而造成的债务和损失不再由申请人承担,但申请人未办妥挂失手续前的交易除外。信用卡金卡主卡年费为 160 元,普通卡主卡年费为 80 元,挂失手续费为 50 元。

另查明,"95533"是 J 银行的电话银行号码,通过该号码可以办理查询、缴费、挂失、转账等业务。再查明,涉案的信用卡系凭签名消费,未设置消费密码。信用额度为 15,000 元。被告辩称,被告在信用卡丢失后第一时间拨打原告客服电话进行了信用卡挂失,且原告也受理了被告的挂失申请。被告的信用卡被不法分子盗刷,是发生在挂失之后的事情,与被告无关,请求驳回原告的诉讼请求。原告提交电话录音显示:(1)被告曾于2009年12月19日18:26拨打“95533”要求挂失信用卡,但录音在接线员说将电话转往信用卡中心后结束,录音时长33秒;(2)2009年12月19日18:57,被告再次拨打“95533”要求核实信用卡挂失后为何还被盗刷一事。被告对上述证据真实性认可,但是认为2009年12月19日18:26的录音不全。被告提交了涉案的2009年12月19日的POS机签购单复印件3份,消费时间和金额分别为18:48:23、4450元,18:50:48、3299元,18:54:08、415元,原告对3份签购单的真实性认可。

(二)争议焦点

本案涉及的消费是在2009年12月19日18:26至18:57,被告两次拨打“95533”电话之间产生的。按照《领用合约》的约定,挂失生效后发生的非申请人所为而造成的债务和损失不再由申请人承担。因此,本案争议的焦点是被告于2009年12月19日18:26拨打“95533”进行的挂失是否生效。

(三)法院观点

原告与被告之间的信用卡合同关系不违反法律、行政法规的强制性规定,合法有效,合同当事人均应依约履行。法院有以下意见:

第一,从原告提交的2009年12月19日18:26和18:57的两段通话录音来看。被告在本案争议的消费发生之前已向“95533”致电要求挂失,由于原告提交的18:26的录音只有33秒,无接线员称将来电转到信用卡中心之后的录音,也没有被告挂断电话的内容,故无法确定该段录音的完整性,也无法确定是否挂失成功。18:57的录音内容反映出被告向原告要求核实信用卡挂失后为何还被盗刷一事,由此可见被告是相信在上次的通话中已经完成了挂失的手续,因而在发现信用卡被消费后才要求核实的。从常理来说,被告的对挂失成功的判断应是基于接线员的回复或者“95533”电话系统的确定。

第二,从“95533”电话银行的功能设置来看。从被告提交的网页公证可以看出,“95533”电话是具有挂失的功能的。但从上述两段录音来看,被告要求进行挂失时,均被首位接线员要求转入信用卡中心人工接听座席办理挂失业务。一般来说,转接电话,以及多数时候的人工接听均是需要等候的。显然转接信用卡中心人工座席这一处理方式,是不能够及时迅速地办理挂失业务,不能够满足持卡人在信用卡丢失后急切地停止卡片消费功能的需要,不利于减少持卡人风险。

第三,从银行对持卡人办理挂失业务的注意程度来看。根据领用合约的约定,办理挂失业务是需要交纳 50 元的挂失费而非无偿办理,因此,银行对此收费业务应有较高的注意义务。本案中 2009 年 12 月 19 日 18:26 的录音中,无接线员称将来电转到信用卡中心之后的录音。对此,原告庭审中称是由于被告挂断电话所致。但是,在上述录音中,被告已经明确是要办理挂失这一具有时间紧迫性的业务,“95533”的接线员并且已经知晓,一般来说被告不可能主动挂断电话,即使由于其他原因导致通话中断,接线员亦应当去电被告核实是否卡片丢失、是否需要办理挂失业务,而不应置之不理。从本案来看,从 18:26 的通话,到首次争议消费的时间 18:48:23,期间相距约 22 分钟,银行应是有充裕的时间来致电被告核实的。《领用合约》还约定:挂失经银行确认后即时生效,但是未约定具体的确认形式。本案中无证据证明银行在接到被告的挂失申请后,以短信或者某方式对挂失进行了确认。正是由于缺少这种确认,导致了被告相信其 2009 年 12 月 19 日 18:26 的挂失已经成功,而未继续跟进。

第四,从被告的信用卡使用情况来看。由原告提交的持卡人卡片历史对账单显示,被告在持卡使用期间未发生过逾期不还的情形,并且在争议的消费发生后,也还清了此前正常消费的欠款;被告所持信用卡是

2003年已经申请使用,其信用额度为15,000元。由此可以初步推定,被告在使用上述信用卡时具有良好的信用,被告无理由通过虚假挂失的方式谋求不当利益。

(四)裁判结果

本案中被告已经履行了在信用卡丢失后申请挂失的义务,而由于原告无证据证明上述挂失申请未被确认,故应当推定被告的挂失发生效力,此后的三笔有争议的消费,由于无证据证明系被告所为,因此该三笔消费所导致的债务、损失,依照《领用合约》的约定,不应由被告承担。原告的诉讼请求要求被告承担上述消费的债务,以及利息、滞纳金,不符合合同约定,法院予以驳回。依照《中华人民共和国合同法》第8条、《中华人民共和国民事诉讼法》第64条第1款的规定,驳回原告J银行股份有限公司S市分行的全部诉讼请求。

(五)专家点评(宋为民 深圳大学法学院副教授)

本案原告是银行机构,被告是银行的信用卡客户。双方订立的《信用卡领用协议》约定:信用卡持有人对使用信用卡发生的欠款负有清偿责任。未在到期还款日或之前偿还最低还款额的,除计收利息外还须按月支付滞纳金。遇信用卡遗失、被窃或遭持卡人以外的他人占用,持卡人应立即致电银行客户服务电话或利用网上银行等方式挂失,挂失经银行确认后即时生效。自挂失生效后发生的非持卡人所为而造成的债务和损失不再由持卡人承担,但持卡人未办妥挂失手续前的交易除外。

本案被告在持卡使用期间未发生过逾期不还的情形。2009年12月14日信用卡积累消费4438.58元。2009年12月19日18:26被告拨打原告的客户服务电话“95533”要求挂失信用卡,但录音在接线员说将电话转往信用卡中心后结束,录音时长33秒;2009年12月19日18:57,被告再次拨打“95533”要求核实信用卡挂失后为何还被盗刷一事。在被告第一次拨打原告客户服务电话要求挂失信用卡到第二次拨打原告客户服务电话要求核实信用卡被盗刷之事期间，被告涉案信用卡被三次刷卡消费 8164 元。

被告认为，自己在挂失信用卡后被他人盗刷信用卡的支付金额不应由持卡人偿付，在偿还了持卡人自己消费的金额后，不再向原告偿付信用卡消费金额。原告主张，信用卡持卡人对使用信用卡发生的欠款负有清偿责任。本案被告虽然向银行客服电话要求挂失信用卡，但挂失未得到银行的确认，挂失电话后被三次刷卡消费的 8164 元及银行计收的透支利息、滞纳金等费用都应由被告偿还。

这是一起涉及银行卡被他人盗刷，银行和持卡人如何承担民事责任的案件，本案审理有两个方面的事实要调查清楚：一是银行卡盗刷的事实；二是银行卡挂失的事实。从判决书上看，法庭对银行卡挂失的事实以及挂失后银行卡消费支付的事实给予了高度关注。证据显示，被告在 2009 年 12 月 19 日 18:26 拨打原告的客户服务电话“95533”要求挂失信用卡，18:48:23 时涉案信用卡又发生消费支付，相隔时间 22 分钟，接着又有两笔消费支付。18:57 时被告再次拨打“95533”要求核实信用卡挂失后为何还被盗刷一事。而对于银行卡盗刷的事实，应由主张人被告举证，但被告只提供了消费支付的证据。本案质证部分证据显示，涉案信用卡 2009 年 12 月 19 日在 POS 机上消费支付，有签购单 3 份，消费时间和金额分别为 18:48:23、4450 元，18:50:48、3299 元，18:54:08、415 元；没有非持卡人消费支付的证据，不能证明盗刷的事实。当然，进一步查证 POS 机和挂失电话的位置的证据可以证明三笔争议消费支付是非持卡人所为，但法官没有给予关注，而是以挂失行为和信用卡持有人的过往信用状态推定三笔消费支付均为非持卡人所为，构成盗刷的事实。这是本案判决书事实查证方面的一个缺陷。

银行卡持有人的电话挂失行为双方均予以认可。但银行认为，挂失电话没有转往信用卡中心因而没有生效。法庭审查意见认为,挂失电话内容记录中没有被告挂断电话的内容;而“95533”银行服务电话具有办理挂失的功能;被告再次拨打“95533”服务电话核实挂失后被盗刷的事实,证实被告相信挂失已经成功;银行收取了50元的挂失费,应当对挂失具有关注义务。因此,应推定挂失已经生效。

关于被告拨打银行服务电话挂失是否生效的问题,法院适用了银行的安全保障义务规则,认定在被告持卡人已经履行电话挂失的义务后,原告银行应当举证证明电话挂失未被确认的事实。原告无证据证明上述挂失申请未被确认,故应当推定被告的挂失发生效力。

所谓银行的安全保障义务,来源于《中华人民共和国侵权责任法》第37条的规定,即“宾馆、商场、银行、车站、娱乐场所等公共场所的管理人或者群众性活动的组织者,未尽到安全保障义务,造成他人损害的,应当承担侵权责任”。《中华人民共和国消费者权益保障法》第18条的规定“宾馆、商场、餐馆、银行、机场、车站、港口、影剧院等经营场所的经营者,应当对消费者尽到安全保障义务”。《中华人民共和国商业银行法》第6条规定“商业银行应当保障存款人的合法权益不受任何单位和个人的侵犯”。若本案持卡人的银行卡被盗刷确定是事实,只要持卡人电话挂失,就会产生银行方面的安全保障义务,银行应当采取措施防止持卡人的存款受到他人的侵害。这些措施不仅仅在账户止付等保护措施方面,甚至延伸至银行的服务措施方面。中国人民银行《银行卡业务管理办法》第52条就规定:“发卡银行应当向持卡人提供银行卡挂失服务,应当设立24小时挂失服务电话,提供电话和书面两种挂失方式,书面挂失为正式挂失方式。并在章程或有关协议中明确发卡银行与持卡人之间的挂失责任。”换言之,银行的安全保障措施包括在挂失活动中,银行应当设置电话挂失(临时挂失)和书面挂失(正式挂失)两种挂失方式。本案原告银行的服务电话“95533”是其挂失服务电话,被告持卡人拨打了挂失服务电话,原告也承认被告的电话内容是挂失信用卡,说明临时挂失已经完成,不存在对临时挂失还需要银行方面的确认行为。因此,法庭应当认定信用卡挂失已经生效,而不是“推定”挂失已经生效。

根据银行《信用卡领用协议》的约定,“挂失生效后发生的非申请人所为而造成的债务和损失不再由申请人承担。”约定中的挂失没有明示“挂失”是“临时挂失”还是“正式挂失”,而这两种挂失方式在时间上是先后安排的。从银行的安全保障义务规则来看,一旦持卡人完成电话挂失“临时挂失”,银行就须采取措施保护持卡人的账户安全。因此,非申请人(持卡人)所为造成的账户债务和损失不再由持卡人承担。本案的判决书驳回原告(银行)的诉讼请求是完全正确的。

案例 17 营业信托情景下的委托理财合同

——评毛某与J银行S市分行委托理财合同纠纷案

(一)案情介绍

毛某与X省G公司签订了一份《信托合同》,约定合同当事人包括委托人毛某、受益人(自益信托,委托人为唯一受益人)毛某以及受托人G公司;其中第2条信托类型、受托人和保管人约定,该信托的信托资金保管人为J银行S市分行;第6条信托利益约定,该信托计划成立之日起受益人取得相应的信托收益权,享有相应的信托利益……根据信托计划实际存续时间,委托人预期年化收益率和信托利益分配方式如下:(1)若该信托计划从正式成立之日起满12个月之日(含当日)终止,A类委托人和B类委托人的预期收益率分别为7.2%和7.5%;(2)若该信托计划从正式成立之日起的第13个月至第24个月(含当日)终止的,A类委托人和B类委托人在整个信托计划存续期间的年化预期收益率分别为8.2%和8.5%;(3)若本信托计划从正式成立之日起的第25个月至第30个月(含当日)终止的,A类委托人和B类委托人在整个信托计划存续期间的年化预期收益率分别为10%和11%。

根据毛某提交的银行卡客户交易查询清单显示,其于2011年3月29日通过J银行S市分行下属营业网点向G公司转账支付100万元用于认购前述《信托合同》所约定的信托产品。后《信托合同》项下的信托计划于2013年3月30日提前终止。毛某、J银行S市分行双方确认,信托计划存续期间,G公司分别于2012年4月5日及2013年4月1日向毛某支付了信托利益16.4万元,并返还了认购本金100万元。

就毛某于本案中主张的预期收益率与合同约定不符的问题,其曾先后向中国银行业监督管理委员会X省监管局及S市监管局进行过信访投诉。X省监管局在其《答复函》中称,(1)经核查,“X省某集团股权收益权投资集合资金信托计划”成立于2011年3月31日,信托期限24个月,未发现该信托计划期限确认存在差错;(2)经核查,G公司已于2011年3月31日在网站上披露了上述信托计划的《成立公告》,当日向J银行S市分行发送了《信托计划成立通知书》,并于2011年4月2日向J银行S市分行发送了所有委托人的《信托单位认购确认书》,你要求的信托收益的确认在《信托合同》中无相关约定。此外,针对毛某信访投诉的应当按照A类委托人还是B类委托人计算其信托利益的问题,S市监管局在其《信访事项通知书》中回复称,J银行S市分行愿意协调X省G公司承担相应责任,按照B类委托人的标准向毛某补足投资收益差额部分6000元。根据J银行S市分行提交的证据显示,毛某已于2013年10月30日收到了《信访事项通知书》中所提及的该笔投资收益差额6000元。

二审查明,J银行S市分行在一审期间向法院提交了一份《确认及承诺书》,《确认及承诺书》落款“承诺人”签字处有毛某的签名,时间为2013年10月29日。《确认及承诺书》的主要内容为:经J银行S市分行与X省G公司协商,由X省G公司补偿毛某6000元,该款由J银行S市分行代X省G公司交付毛某。毛某确认J银行S市分行不存在过错,没有法律规定的赔付责任。J银行S市分行主张上述《确认及承诺书》的签署是为了确定相关的补偿及双方协商的结果。毛某一审主张其签署上述《确认及承诺书》的原因是J银行S市分行按照B类委托人向其支付收益款,二审则主张其是被迫签订上述《确认及承诺书》。

(二)争议焦点

一审法院认为,根据毛某、J银行S市分行双方的诉辩主张,本案应存在以下两方面的争议焦点:其一为J银行S市分行的主体是否适格,其二则为毛某所收取的信托利益是否符合信托合同约定。

(三)法院观点

1. 一审法院观点

其一,对于J银行S市分行主体是否适格的问题。涉案《信托合同》为毛某与案外人G公司所签订,《信托合同》已明确载明合同当事人为委托人及受益人毛某,以及受托人G公司,J银行S市分行在该次信托计划中为“信托资金保管人”,并不负有向受益人支付信托利益或承担信托计划投资风险的合同义务。毛某以J银行S市分行系受托人G公司所选任的信托资金保管银行,以及受托人G公司利用了J银行S市分行的客户资源进行信托计划推介两方面的事实,据此认定J银行S市分行亦负有向其补足信托利益差额的义务,缺乏合同依据及法律依据,一审法院不予采纳。J银行S市分行对其主体是否适格提出的辩解,一审法院予以采纳。

其二,对于毛某收取的信托利益是否符合信托合同约定的问题,此争议焦点的关键在于对信托计划存续期间的认定。依照《信托合同》约定,信托计划存续期间应自信托计划成立之日起算。从中国银行业监督管理委员会X省监管局的《答复函》中可知,诉争信托计划成立于2011年3月31日,信托期限24个月,且“未发现该信托计划期限确认存在差错”。毛某主张以其交纳信托产品认购款项之日,作为确定信托计划存续期间的起始日期,同样缺乏合同依据和法律依据,一审法院不予采纳。在毛某未能举证证明J银行S市分行曾对信托计划的成立日期作出过误导性陈述,或对信托计划的预期收益率进行过夸大性宣传的情况下,毛某认为应当按照其所主张的信托计划存续期间及相应档次的预期收益率计算其应得的信托利益,一审法院不予支持。

2. 二审法院观点

本案为营业信托合同纠纷。涉案《信托合同》的双方当事人为委托人、受益人毛某和受托人G公司，J银行S市分行仅为该信托计划的信托资金保管人。毛某主张其为B类委托人，经J银行S市分行与G公司协商，J银行S市分行已经代G公司向毛某支付A类委托人与B类委托人的收益差额6000元。毛某二审主张虽然涉案信托计划成立时间为2011年3月31日，但J银行S市分行故意隐瞒该信息，故应以其交纳信托产品认购款之日作为确定信托计划存续期间的起始日期，J银行S市分行应向其承担因起始日期不同造成的收益差额。因G公司于2011年3月31日在其网站上传的《成立公告》披露了上述信托计划于该日正式成立，在毛某未能举证证明J银行S市分行曾对信托计划的成立日期作出误导性陈述，或对信托计划的预期收益率作夸大性宣传的情况下，毛某的上述主张不能成立，二审法院不予支持。

（四）裁判结果

一审法院裁判认为，本案J银行S市分行主体不适格，且毛某诉请的信托利益差额缺乏事实依据及法律依据，故其诉讼请求均不能成立，均不予支持。依照《中华人民共和国合同法》第8条，《中华人民共和国信托法》第2条、第3条，《中华人民共和国民事诉讼法》第64条第1款、第142条的规定，判决驳回毛某的全部诉讼请求。案件受理费425元（已由毛某预交），因适用简易程序该院收取212.50元，由毛某负担。

二审法院认为，原审认定事实基本清楚，适用法律正确，处理妥当，予以维持。依照《中华人民共和国民事诉讼法》第170条第1款第1项之规定，驳回上诉，维持原判。

（五）专家点评（刘博文　广东华商律师事务所合伙人律师）

1. 本案请求权基础及相应诉讼策略分析

（1）请求权基础及案由的确定。营业信托纠纷这一案由的使用率其实非常低，笔者经检索发现，自裁判文书公开以来，全国各级法院使用该案由的裁判案件仅有96宗，其中还包括撤诉裁定书、管异裁定书等，真正的实体判决只有45份。除该案和（2016）最高人民法院民终48号外，其他的营业信托纠纷，虽然有的把监管银行作为被告，但委托人和受托人都至少是当事人之一；而本案的案由是营业信托纠纷，当事人双方却是委托人和保管人，笔者认为，原告没有找到正确的请求权基础，从而导致法院案由的确定、原告证明方向上均值得商榷。

根据《中华人民共和国信托法》第3条，信托关系的主体包括委托人、受托人和受益人；银行作为信托财产保管人，是独立于信托当事人的第三人，《信托公司集合资金信托计划管理办法》第19条明确约定"信托当事人可约定实行第三方保管"，独立性是其作为保管人的充要条件。

信托存续期间，J银行S市分行是信托存续期间受托人选择的保管人，其与G公司之间构成委托合同关系，而与委托人毛某之间没有任何合同关系，即使J银行全权代理该产品，根据民法的代理制度，其买卖合同关系也同样存在于被代理人（受托人）和委托人之间。故毛某对J银行不享有《信托合同》的契约履行请求权，而只可能是侵权行为损害赔偿请求权。

根据《民事案件案由规定》，法院立案时应当根据当事人诉争法律关系的性质，按照四、三、二、一级案由的顺序适用相应的案由。由于毛某与J银行只可能构成侵权关系，故本案的案由应为侵权责任纠纷，[①]而非营业信托纠纷。

（2）请求权基础不同对法院认定的影响。由于毛某在起诉时没有找到正确的请求权基础，从而在一定程度上影响了法院的判决，具体而言：

一审中，由于毛某"以J银行系受托人选任的信托资金保管银行，以

① 侵权责任纠纷虽然是一级案由，但根据《民事案件案由规定》，第一审法院应当根据当事人诉争法律关系的性质，按照四、三、二、一级案由的顺序适用案由。也就是说，一级案由也是可用的。

及受托人利用了J银行的客户资源进行信托计划推介两方面的事实”，主张J银行负有向其补足信托利益差额的义务，从而使法院将本案认定为“因对受托人支付信托利益的合同义务持有异议而提起诉讼，属于营业信托纠纷”，并进而径行认定被告主体不适格。

二审中，毛某仍然以“J银行S市分行全权代理的产品，其负责全程营运服务，故应承担连带责任”为主张，故二审同样认定为“营业信托纠纷”，但二审法院同时强调“在毛某未能举证证明J银行曾对信托计划的成立日期作出误导性陈述，或对信托计划的预期收益率作夸大性宣传的情况下，毛某的主张不能成立”。可见，二审的裁判逻辑已经包含了原告不能证明被告有过错，因此被告不承担责任的侵权责任认定的逻辑。

在再审申请中，毛某主张本案的案由是“营业服务侵权纠纷”，广东省高级人民法院在“本院认为”部分没有明确案由，但与二审一样，一方面确认J银行只是“信托资金保管人”，不负有支付信托利益或承担投资风险的合同义务，另一方面也强调了毛某未能证明J银行有过错。

本案更恰当的诉讼思路为：或者以侵权纠纷起诉银行，或者以营业信托纠纷起诉信托公司。

(3)本案更恰当的诉讼思路为：或者以侵权纠纷起诉银行，或者以营业信托纠纷起诉信托公司。如前所述，原告与受托人之间的关系是信托合同关系，与银行之间可能构成侵权关系，因此，原告欲取得25,000元的收益差额，更恰当的诉讼思路为：要么以侵权纠纷起诉银行，要么以营业信托纠纷起诉信托公司。

①以银行作出误导性陈述和夸大宣传侵害原告利益为由，主张其承担侵权赔偿责任

首先，侵权责任起诉，则原告应按照“行为、结果、因果关系、过错”的证明思路，有的放矢地收集J银行所作出的误导性

的陈述和夸大性的宣传（如可以试图证明 J 银行曾称信托计划至少存续 25 个月以上，或为引诱委托人尽快交款，谎称从交款之日起算信托计划的成立等），并让委托人误认为预期收益率一定是 10% 而非8.2%，所以才在 3 月 29 日购买了该信托计划，因此 J 银行应当承担侵权责任，补偿差额。

其次，以侵权责任起诉，J 银行作为侵权人就是有诉讼主体资格的，一审法院不会径行裁判被告主体不适格。

当然，证明 J 银行虚假宣传的难度是非常大的，（2016）陕 01 民终 6896 号判决曾作出这样的认定："原告虽提交了产品推介说明书、产品推介书、路演收益资料等证据，以证明长安信托公司存在虚假宣传的事实，但涉案双方以签订信托合同的形式设立信托，合同双方未在信托合同中将信托计划说明书与认购风险申明书之外的材料作为该合同附件。"也就是说，即使确实存在虚假宣传，只要该虚假宣传资料未作为信托合同的附件，法院就不认可该虚假宣传会对委托人造成误导。可见，虚假宣传的证明标准是非常高的。

鉴于举证的难度之大，可以预见，即使找到了正确的请求权基础，适用正确的案由，对于本案最终驳回诉讼请求的判决没有根本性的影响，至少不用以诸如"J 银行提供了客户资源故应当补足信托利益差额""J 银行全权代理信托产品故应当承担连带责任"等完全没有法律依据的不知所云的理由为主张。

②以信托公司未妥善履行披露义务，主张信托公司承担违约责任

《信托公司集合资金信托计划管理办法》第 18 条规定："信托计划成立后，信托公司应当……在 5 个工作日内向委托人披露信托计划的推介、设立情况。"本案判决曾提到，《成立公告》没有明确信托计划的成立时间，且信托计划成立通知书一直没有转给委托人，因此，毛某可以以《信托公司集合资金信托计划管理办法》第 18 条的规定，主张 G 公司未履行披露义务，从而适用营业信托纠纷起诉，要求 G 公司承担责任，而不

是要求银行担责，因为披露义务的主体是信托公司而非银行，且起诉信托公司未履行披露义务，只需要证明自己没有收到《成立通知书》，转交的证明责任在信托公司，证明难度相对较小。

当然，该诉讼思路的前提是，《成立公告》中没有明确信托计划于2011年3月31日成立。

2. 信托计划的成立时间及其与信托合同成立的关系

(1)信托计划的成立时间

本案的另一个争议焦点是信托计划的成立时间。根据《信托公司集合资金信托计划管理办法》第13条，信托计划的规模、期限、信托利益的计算等本应在信托合同中明确约定。但从该案的判决书来看，《信托合同》很可能有一个重大瑕疵，即没有类似“信托计划的实际成立日期以受托人在其网站上的公告为准”这类关于信托计划成立时间的表征方式的约定，否则，一审法院也不必引用银监会的《答复函》来确定信托计划的成立时间。

但是，二审法院认为“G公司于2011年3月31日在其网站上传的《成立公告》披露了上述信托计划于该日正式成立”，或可以理解为，即使《信托合同》中未约定信托计划成立的表征方式，法院仍倾向于径行以《成立公告》作为信托计划的成立日期。

(2)信托计划的成立与信托合同的关系

根据《信托公司集合资金信托计划管理办法》的规定，在集合资金信托中，是可以先与委托人签订信托合同，委托人交付信托财产，在信托计划推介期限届满，未能满足信托文件约定的成立条件时，在将信托财产加付利息退还给委托人的。这里的问题在于，该规定与《中华人民共和国信托法》规定的信托的“成立”时间不一致。《中华人民共和国信托法》第8条第3款规定：“采取信托合同形式设立信托的，信托合同签订时，信托成立。”对于该不一致的情形，应当如何解释？

与此同时，《信托公司集合资金信托计划管理办法》又将信托计划分成了信托计划的设立与成立，为了保持《中华人民共和国信托法》和《信托公司集合资金信托计划管理办法》上的一致性，笔者倾向于认为，《信托公司集合资金信托计划管理办法》中信托计划的“设立”和“成立”分别对应《中华人民共和国信托法》中信托的“成立”和“生效”，[①]只是作为特殊的信托，集合资金信托合同成立的条件——信托计划设立的条件——有特殊的要求；同时，由于《中华人民共和国信托法》本身也未对信托的生效时间予以规定，故《信托公司集合资金信托计划管理办法》中将信托计划的成立条件交给信托合同的约定，法律适用上是行得通的，逻辑上也是通顺的。

(3)从信托计划成立时间角度出发的诉讼思路

在本案中，如果涉案《信托合同》中确实未约定信托计划成立时间，还可以采取的起诉思路是：以《信托合同》未约定信托计划成立时间为由，向信托公司主张适用《中华人民共和国信托法》第8条，即自合同签订时，信托既已成立并生效，从而以契约履行请求权为基础，以“营业信托纠纷”为由起诉(虽然得到支持的可能性也不大)。

3. 一般营业信托纠纷的类型及裁判要旨

本案并非典型的营业信托纠纷，一般而言，营业信托纠纷多发生在委托人和受托人之间，笔者系统梳理了裁判文书网上共计96篇判决，发现目前为止，一般营业信托纠纷的争议点具体包括：

(1)受益权的性质是物权还是债权？案件来源：陕西省高级人民法院(2014)陕民二初字第00007号，成都银行西安分行诉中体产业公司借款合同纠纷案。裁判要旨：信托受益权作为兼具物权和债权性质的财产性权利，在信托关系终止后、信托财产处理终结前，信托受益人仍可作为

① 有观点认为，资金信托合同在签订之日生效，信托计划则须满足《信托公司集合资金信托计划管理办法》、信托计划说明书规定的条件后才成立。该观点笔者并不认同，因为集合资金信托计划在本质上就是单一信托合同的集合，单一信托合同均生效，而集合信托则不“生效”，亦不符合逻辑。

信托受益权的权利所有人,依法对信托受益权进行转让。受让人亦可基于信托合同的约定,请求受托人继续履行信托合同项下的合同义务。

(2)信托合同成立在先,贷款资金来源信托募集资金,贷款合同依附于信托合同而产生,本案纠纷的性质为营业信托纠纷。案件来源:上海市高级人民法院(2013)沪高民五(商)终字第11号,安信信托诉昆山纯高信托经营纠纷案。

(3)信托财产账户的存款人名称应为受托人,监管账户不等于信托账户。案件来源:浙江省余姚市法院(2014)甬余执异字第23号民事裁定。裁判要旨:根据《中国人民银行关于信托投资公司人民币银行结算账户开立和使用有关事项的通知》,信托公司对受托的信托财产,应当在商业银行设置专用存款账户。信托财产专户的存款人名称应为受托人(信托公司)全称。

(4)银行依据《监管协议》对《信托贷款合同》项下账户监管不是保证责任。案件来源:最高人民法院(2014)民一终字第184号民事判决。裁判要旨:"保证监督支付专款专用"并非《中华人民共和国担保法》所规定的担保形式,而是基于当事人之间的合同约定而形成的一种合同义务,违反该义务产生的赔偿责任也是基于合同法产生的违约责任,与保证人根据保证合同约定,在被保证人不履行债务时产生的一般保证责任和连带保证责任,是完全不同的。《中华人民共和国担保法》规定的担保方式只有保证、抵押、质押、留置和定金五种,担保法相关司法解释也没有扩张解释担保方式的范围。

(5)信托受益权转让不以信息披露为生效必要条件。案件来源:上海市高级人民法院,上海般诺电子科技有限公司与中融国际信托有限公司信托纠纷案。裁判要旨:信托受益权转让属信托法律关系,《中华人民共和国信托法》及相关法律规范没有规定信息披露是变更信托受益人的生效要件,故信息披露不是受益权转让协议生效和受益权转让完成的要件,受益权转让协议没有进行信息披露的事实不影响受益权已经有效转让的法律效力。

(6)信托公司与委托人以不良债权为信托财产设立的信托合同无效。案件来源:天津市第二中级人民法院,J 银行某分行与信达资产管理公司信托合同纠纷案。裁判要旨:依据《中华人民共和国信托法》第 11 条第 4 项“专以诉讼或者讨债为目的设立信托”的规定,以不良债权设立的信托合同应属于无效情形。

案例 18 票据公示催告的程序与效力

——评 S 市 A 公司票据公示催告纠纷案

(一) 案情介绍

原告 A 公司主张其与 B 公司存在业务关系,原告向 B 公司销售电源变压器,该公司为支付变压器款,2015 年 8 月 12 日背书一张银行承兑汇票给原告,原告指派业务员李某收取,李某将该汇票交给原告,原告已在背书人处加盖了财务章及法定代表人印章。2015 年 8 月 12 日、13 日李某称该汇票有问题又拿该汇票到 B 公司重新更换,后就没有再交回 A 公司,并称其业务员李某于 2015 年 10 月中旬离职,庭后出具说明称,李某称涉案汇票在办公室遗失。原告 A 公司还主张 2015 年 8 月下旬涉案汇票在其办公场所不慎遗失,其间一直在寻找,后曾于 2015 年 11 月向法院申请公示催告,案号为(2015)深福法立民催字第 92 号,因被告在规定期限内申报权利,法院于 2016 年 4 月 11 日作出裁定书,裁定终结公示催告程序。在该案中 B 公司曾出具一份证明,确认因业务关系于 2015 年 8 月 12 日将涉案汇票背书转让给原告 A 公司。原告主张其系汇票的合法持有人,被告 D 公司业务员私自从原告 A 公司业务员手中购买该张汇票,然后再通过买卖而非背书行为将该汇票卖给第三人 C 公司,属于非法买卖票据行为,且原被告之间以及原告与 C 公司之间都没有交易关系和债权债务关系,因此被告不得享有票据权利。

现被告 D 公司持有该票据,显示汇票出票人为 S 市某科技公司,盖有该司财务章,收款人为 B 公司,出票日期为 2015 年 7 月 30 日,出票金额为56,457.18元,汇票到期日为 2016 年 1 月 13 日,承兑行为中国银行,付款行为地中国银行 S 市 F 区支行营业部。[①]

被告称 2015 年 8 月 18 日在东莞某工业园某电子厂经刘某介绍认识李某，李某称手持涉案银行承兑汇票，急需用钱，因汇票金额小，被告也正需要，就向李某支付了 54,481 元，从李某处取得涉案汇票。被告提交了其从李某处取得的《委托收款证明》《终止业务合作赔偿协议承诺书》《业务合作合同书》，称其中《委托收款证明》其在取得涉案汇票时李某向其出示过，其余材料为原告诉讼后向李某要的。《终止业务合作赔偿协议承诺书》中原告承诺给李某 20 万元补偿，在李某客户 2015 年 2 月、3 月中分批支付，最迟不超过 2015 年 12 月，在委托李某收取客户货款委托证明中会附有《终止业务合作赔偿协议》。《委托收款证明》显示原告 A 公司委托李某收取 2015 年 3 月变压器货款，并备注此笔承兑汇票金额作为原告承诺给李某的部分赔偿款，李某在原告 3 年半多的业绩贡献，至此笔款项支付后债务两清，在 2015 年 6 月双方协商好的《终止业务合作赔偿协议》条款中应赔给李某的 20 万元协议余下部分李某自愿放弃。三份材料均有原告 A 公司公章及法定代表人杨某某签名。原告称 2015 年 8 月李某以汇票存在问题需要换票为由，拿着汇票和公章去换票，并持有其司公章一个星期左右，上述材料系李某盗用公章伪造原告法定代表人签名制作，明确表示对公章真实性不予申请鉴定，但申请对法定代表人签名真实性进行鉴定。

（二）争议焦点

原告 A 公司因与 B 公司间的业务关系于 2015 年 8 月 12 日合法有效的取得涉案汇票，其为合法持票人并享有票据权利。从本案查明的事

---

① 汇票背书情况由 B 公司背书给原告、原告背书给 C 公司、C 公司背书给 H 公司、H 公司背书给 Z 公司、Z 公司背书给 G 公司、G 公司背书给 N 公司、N 公司背书给宁波银行股份有限公司 X 支行进行委托收款，因原告申请公示催告，2016 年 1 月 14 日付款行拒绝付款，各背书人逐手退票至被告。

实来看,被告系从案外人李某处取得涉案汇票,故本案的争议焦点为被告能否合法有效的取得涉案汇票。

(三)法院观点

原告持有的合法有效的涉案汇票,已进行了背书转让签章,但未进行被背书人的填写,属于空白背书转让,被告从李某处取得涉案汇票并有李某出具的《委托收款证明》,被告有理由相信原告已将涉案汇票转让给李某用于支付对李某的赔偿款,李某为票据所有人,被告以支付双方认可的对价取得涉案汇票,且未有证据显示被告系以欺诈、偷盗或胁迫等手段或明知存在上列情形而恶意取得票据的,被告合法取得涉案汇票并享有票据权利。虽原告主张《委托收款证明》等材料系李某盗用其公章并伪造法定代表人签名制作,系其与李某之间的法律关系,本案并无对原告法定代表人签名进行鉴定的必要,即使原告主张属实,被告取得涉案汇票亦不具有过错或过失。原告主张确认涉案汇票归其所有并享有票据权利,法院不予支持。

(四)裁判结果

法院依照《中华人民共和国票据法》第 10 条、第 12 条,《中华人民共和国民事诉讼法》第 64 条第 1 款、第 142 条之规定,驳回原告 S 市 A 公司的诉讼请求。

(五)专家点评(吴学斌　深圳大学法学院教授)

原告 S 市 A 公司诉被告 D 公司票据纠纷案前后经过两个法律程序,所涉及的关键法律问题有如下几个。

1. 公示催告程序与公示催告程序的恶意启动问题

原告 S 市 A 公司第一步走的是公示催告程序。根据《中华人民共和国民事诉讼法》的规定,公示催告程序是指人民法院根据当事人的申请,以公示的方式催告不明的利害关系人,在法定期间内申报权利,逾期无人申报,作出宣告票据无效(除权)的判决程序。公示催告程序属于非诉讼程序。公示催告程序不是从实体的角度来解决民事权益的争议,因此基于便宜主义,在诉讼程序上实行一审终审,且不得上诉。

公示催告程序的申请主体必须是按照规定可以背书转让的票据持有人即票据被盗、遗失、灭失前的最后持有人。申请的原因必须是可以背书转让的票据被盗、遗失或灭失,且利害关系人处于不明状态,对其他事项申请公示催告必须有法律的明文规定。

与公示催告程序相关联的是公示催告程序的恶意启动。在司法实践中,它并不比公示催告程序罕见。公示催告程序的恶意启动是指票据原持有人为了达到非法目的而故意在票据并未遗失、被盗等其他不具备公示催告程序的法定申请条件的情况下,虚构公示催告程序申请条件,启动公示催告程序的行为。

在恶意启动公示催告程序的情形下,票据原持有人一般都是谎称票据发生了遗失或被盗,为防止产生所谓的损失而申请法院启动公示催告程序。而利害关系人之所以能够觉察到票据权利受到影响往往并非因为法院的对外公告,而是票据款项的支付人拒绝支付票据款项。因为法院一旦受理公示催告申请,首先需要通知支付人暂停支付,直至公示催告程序终结。

公示催告期间,如果有利害关系人提出权利申报,法院应当裁定终结公示催告程序,申报权利人与公示催告申请人之间的票据权利之争,应通过普通民事诉讼解决。

原告S市A公司开始即以票据不慎遗失为由向法院申请公示催告。在公示催告期间,被告D公司向法院申报权利,法院即终结公示催告程序。根据本案的证据情况,包括由被告后续提供的《委托收款证明》《终止业务合作赔偿协议承诺书》《业务合作合同书》等证据的内容,本案事实上可能存在公示催告程序的恶意启动问题。

2. 票据取得的法律途径与效力问题

票据的取得可以通过原始取得和继受取得两种途径。持票人不经任何其他前手权利人而最初取得权利即为原始取得，包括发行取得与善意取得。本案中被告D公司取得票据权利显然不属于这种情形。票据权利常见的取得方式是继受取得。受让人从有处分权的前手权利人处，通过背书转让、保证、付款等票据法规定的转让方式取得票据权利的，即属于继受取得。被告D公司取得涉案票据权利是通过背书转让所得，因此其属于继受取得的方式。

根据《中华人民共和国票据法》第10条第2款规定："票据的取得必须给付对价，即应当给付票据双方当事人认可的相对应的代价。"这里规定的"相对应的代价"是指相等或大致相等的代价。同时，《中华人民共和国票据法》第12条第2款规定："持票人因重大过失取得不符合本法规定的票据的，也不得享有票据权利。"民法、公司法甚至刑法中规定的"重大过失"一般是指行为人因为疏忽或过于自信，明显地连一般人应当注意并能够注意的要求都未达到，以致造成某种损害后果。《中华人民共和国票据法》规定的持票人因重大过失取得票据是指，票据受让人虽不是明知，但如果凭一般业务交往和日常生活之基本经验和习惯稍加注意就可知道票据转让人转让的票据不符合票据法规定的票据。在此情况下，票据取得人不得享有票据权利。

本案中，被告D公司不仅向原告A公司的业务员李某支付了票据的对价，而且被告还提交了其从李某处取得的《委托收款证明》《终止业务合作赔偿协议承诺书》《业务合作合同书》，其中《委托收款证明》是其在取得涉案汇票时李某向其出示过，其余材料为原告诉讼后向李某要的。所以，被告D公司不存在《中华人民共和国票据法》上所要求的重大过失的情形，因此被告D公司取得票据权利是合法有效的。

3. "空白背书转让"的效力问题

我们注意到法院在本判决书中，归纳本案的焦点是被告能否合法有效地取得涉案汇票,特别强调了空白背书转让的效力问题。判决书对其中的法理进行了自然法意义上的分析,但没有援引相关的法律依据。

空白背书(Blank Endorsement),又称无记名背书、略式背书、不完全背书,是指不记载被背书人名称而仅由背书人签章的背书。在日内瓦票据法体系中,空白背书的效力与正式背书的效力相同。

《中华人民共和国票据法》和最高人民法院《关于审理票据纠纷案件若干问题的规定》对空白背书的法律效力作了不同的规定。

《中华人民共和国票据法》明文规定“被背书人名称”为背书绝对记载事项,因此空白背书缺乏票据法上的法律效力。但是最高人民法院《关于审理票据纠纷案件若干问题的规定》第 49 条结合中国的审判实践,认可了持票人补记的方式:“依照票据法第二十七条和第三十条的规定,背书人未记载被背书人名称即将票据交付他人的,持票人在票据被背书人栏内记载自己的名称与背书人记载具有同等法律效力。”但该规定是否意味着我国承认空白背书汇票的法律效力,目前还没有更为权威的解读。一般认为,空白背书是否具有法律效力,还是应该结合具体案情,要看汇票的取得和转让是否遵循诚实信用原则,票据的取得是否具有真实的交易关系和债权债务关系且是否给付对价等条件,这是《关于审理票据纠纷案件若干问题的规定》第 49 条的适用前提。

空白背书是否具有法律效力,还是应该结合具体案情,要看汇票的取得和转让是否遵循诚实信用原则,票据的取得是否具有真实的交易关系和债权债务关系且是否给付对价等条件,这是《关于审理票据纠纷案件若干问题的规定》第 49 条的适用前提。

4. 真实的交易关系和债权债务关系问题

原告 S 市 A 公司在起诉书中以“原被告之间以及原告与 C 公司之间都没有交易关系和债权债务关系”为由,主张被告不享有票据权利。原告主张的法律依据在于《中华人民共和国票据法》第10条。法院的判决书对原告的这种主张以及它所依据的法律规定没有作出任何的回应。

票据属于无因债权,无因性是票据和《中华人民共和国票据法》的基本原则。同时,票据行为具有独立性,不受原因关系的影响。持票人行使票据权利时不负证明给付原因的责任。持票人只要能够证明票据的真实和背书的连续,即可以对票据债务人行使票据权利。票据无因性的宗旨在于促进票据流通,保护善意第三人。

票据关系都是基于一定的原因关系而发生的,票据关系成立后,即与其原因关系相分离。《中华人民共和国票据法》并未设定商业汇票必须具有"真实贸易背景"的基础条件,只是规定了"真实的交易关系与债权债务关系"。真实的交易关系与真实的贸易背景还不是完全一样。《中华人民共和国票据法》秉承了《日内瓦统一汇票本票法》中票据的无因性原则,并未规定商业汇票必须具有"真实贸易背景"。

《中华人民共和国票据法》《关于审理票据纠纷案件若干问题的规定》以及其他一些法律规定事实上都没有足够厘清"真实交易关系与债权债务"的内涵,司法实践基本上都遵循票据的无因性原则来处理票据权利的问题,即只要能够证明票据的真实性与背书的连续性,基本上都可以肯定票据的权利。

只要能够证明票据的真实性与背书的连续性,基本上都可以肯定票据的权利。

可以借鉴的是,中国人民银行在颁发的《支付结算办法》中也删除了"签发商业汇票必须以合法的商品交易为基础,禁止签发无商品交易的汇票"的规定,将"承兑、贴现、转贴现、再贴现的商业汇票,应以真实、合法的商品交易为基础"的约束条件缩小在信贷政策范围内。

在原告S市A公司诉被告D公司票据纠纷案件中,法院的判决书比较清晰地归纳了案件事实,也比较准确地抓住了本案的焦点问题,即票据取得的法律效力问题,但是未就涉及的法律问题一一展开充分阐述,对原告A公司在起诉书中的主要起诉理由和它认为的法律依据也没有进行解读与回应,这是此判决书有待改进之处。

案例 19 银行票据承兑中的风险预防与应对

——Z 银行股份有限公司 S 市分行诉 S 市某丰公司、H 市某丰公司、某丰集团公司票据纠纷案

(一)案情介绍

2015 年 3 月 9 日,原告 Z 银行股份有限公司 S 市分行与被告 S 市某丰公司签署《银行承兑汇票承兑协议》,约定原告作为承兑人同意承兑该协议项下的承兑汇票,承兑汇票保证金为 2000 万元,申请人发生诈骗及其他重大变更事宜,可能损害承兑人利益的,以及申请人违反该协议第 5 条任一承诺事项的,承兑人有权要求申请人提前交存票款或采取相应措施。为保证上述协议项下的债权得到清偿,原告与被告分别签署如下合同:2015 年 3 月 6 日,原告 Z 银行股份有限公司 S 市分行与被告 S 市某丰公司签署《最高额质押合同》,约定质押担保的范围包括主合同项下的债务本金、利息、逾期利息、复利、罚息、违约金、损害赔偿金以及诉讼(仲裁)费等质权人实现债权的一切费用。上述质押合同相关质权于 2015 年 3 月 6 日在中国人民银行征信中心办理了质押登记手续。2015 年 3 月 6 日,原告 Z 银行股份有限公司 S 市分行与被告 H 市某丰公司、被告某丰集团公司签署《最高额保证合同》,约定保证人担保的范围包括主合同项下的债务本金、利息、逾期利息、复利、罚息、违约金、损害赔偿金以及诉讼(仲裁)费等债权人实现债权的一切费用。前述系列合同签署后,被告 S 市某丰公司未能按照合同约定向原告交存应付票据款。同时,被告 S 市某丰公司因涉及其他诉讼导致其资产被法院依法查封、冻结,已经严重影响其履约能力并可能损害承兑人的利益。

涉案承兑汇票共有 5 张,汇票金额均为 800 万元,出票人均为被告 S

市某丰公司,收款人均为 S 市 W 贸易有限公司,出票日期均为 2015 年 3 月 9 日,到期日期均为 2016 年 3 月 9 日。从中国人民银行企业信用信息基础数据库中查询的信息显示,截至 2016 年 2 月 16 日,被告 S 市某丰公司名下所欠垫款余额 435,244,968.73 元、贷款余额 126,962,637.50 元、承兑汇票未结清金额 6000 万元、信用证余额 49,201,148.15 元。原告提交从 S 市法院网上诉讼服务平台查询的信息显示,被告 S 市某丰公司涉及被诉的诉讼案件有 41 宗。

(二)原告诉求

Z 银行股份有限公司 S 市分行起诉至法院,要求 S 市某丰公司交存应付票据款及相应罚息、费用;要求依法处置质押财产以及 H 市某丰公司、某丰集团公司承担连带清偿责任。

(三)法院观点

原告与被告 S 市某丰公司签订的《银行承兑汇票承兑协议》《最高额质押合同》,原告与被告 H 市某丰公司、被告某丰集团公司等签订的《最高额保证合同》均系各方当事人的真实意思表示,内容没有违反法律和行政法规的强制性规定,上述合同依法成立,对各方当事人均具有法律约束力。根据涉案票据的记载,原告与被告 S 市某丰公司分别为票据的承兑付款人和出票人,依照《中华人民共和国票据法》第 21 条的规定,双方之间系委托付款的法律关系,即原告因承兑而成为票据债务人,负有于汇票到期时向持票人无条件支付票款的义务,被告 S 市某丰公司则是票据最终债务人,负有于票据到期前向付款银行交存足额票款的义务。双方在涉案《银行承兑汇票承兑协议》中约定:“申请人发生诈骗及其他重大变更事宜,可能损害承兑人利益的……承兑人有权要求申请人提前交存票款。”对于上述“重大变更事宜”的外延范围,该协议虽未予明确,但根据双方委托付款关系的性质及条款中“可能损害承兑人利益”的用语,运用目的解释及系统解释的方法,所谓“重大变更”显然是指发生出票人不能足额偿付汇票款项的风险之情形。根据本案查明事实,被告 S 市某丰公司目前涉诉多起巨额债务,能否于票据到期后偿付票款确有重大疑问,其如不及时交存票款,原告确有于支付票款后无法追索的重大现实风险。因此,原告请求被告 S 市某丰公司提前交存票款的理由符合合同约定,该请求依法成立。由于涉案承兑汇票未到期,原告尚未垫付票据款项,故原告与被告 S 市某丰公司双方在票据上的资金关系并未转化成借款合同关系,原告要求被告 S 市某丰公司支付罚息、费用的条件未成就。根据涉案《最高额质押合同》《最高额保证合同》,质押担保和保证担保的范围系涉案《银行承兑汇票承兑协议》项下的“债务本金”等项目,结合该协议中关于“承兑人所垫付票款自付款之日起转作申请人逾期贷款”的约定,上述质押合同和保证合同中所谓的“债务本金”既应包括因原告垫款而形成的贷款本金,亦应包括在提前交存票款义务成立情形下的票款本金,故原告关于其就被告 S 市某丰公司出质的应收账款享有优先受偿权及被告 H 市某丰公司、被告某丰集团公司对涉案债务承担连带清偿责任的诉讼请求,均依法成立。

(四)裁判结果

法院判决:被告 S 市某丰公司应在判决发生法律效力之日起 10 日内向原告 Z 银行股份有限公司 S 市分行交存承兑汇票款项 1900 万元;原告 Z 银行股份有限公司 S 市分行有权就被告 S 市某丰公司对 S 市 L 区某商行、H 市 H 区某商行、H 市 H 区某购销部、H 省某公司、T 市某公司五家企业的应收账款优先受偿;被告 H 市某丰公司、被告某丰集团公司对被告 S 市某丰公司经判决确定的债务承担连带责任;驳回原告 Z 银行股份有限公司 S 市分行的其他诉讼请求。

(五)专家点评(李磊明 深圳市蓝海现代法律服务发展中心副理事长)

随着我国经济的发展,银行承兑汇票已成为商业银行的一项重要业务。本案原告 Z 银行股份有限公司 S 市分行与被告 S 市某丰公司签订了《银行承兑汇票承兑协议》《最高额质押合同》,约定原告作为承兑人,同意承兑协议项下的承兑汇票,申请人发生诈骗及其他重大变更事宜,可能损害承兑人利益的,承兑人有权要求申请人提前交存票款或采取相应措施。为保证上述协议项下的债权得到清偿,原告与被告 H 市某丰公司、被告某丰集团公司等签订《最高额保证合同》。前述合同签署后,被告 S 市某丰公司未能按照合同约定向原告交存应付票据款。同时,被告 S 市某丰公司因涉及其他诉讼导致其资产被法院依法查封、冻结。Z 银行股份有限公司 S 市分行起诉至法院,要求 S 市某丰公司交存应付票据款及相应罚息、费用;要求依法处置质押财产以及 H 市某丰公司、某丰集团公司承担连带清偿责任。最后,法院认为依据票据债务人涉及多起巨额债务诉讼衡量涉案金融票据资金安全程度,其如不及时交存票款,银行确有于支付票款后无法追索的重大现实风险,支持原告要求票据债务人提前交存票款的诉讼请求。

从本案涉及的法律问题来看,主要集中在以下几个方面:(1)本案当事人之间的法律关系认定;(2)法院裁判的法律依据;(3)对金融机构的风险防控的警示。由于没有看到涉案合同原文,因此本人关于本案判决的评析皆依据判决书的内容。

1. 本案当事人之间的法律关系认定

(1)原告与被告 S 市某丰公司之间的票据关系

票据关系是指基于票据行为所产生的债权债务关系,即根据票据享有权利的人与承担义务的人之间的关系,如出票人、受款人、背书人、受背书人、持票人、承兑人彼此之间的关系等。这是票据本身所固有的法律关系。

在本案中Z银行股份有限公司S市分行与被告S市某丰公司签订了《银行承兑汇票承兑协议》,根据《中华人民共和国票据法》第19条规定,汇票是出票人签发的,委托付款人在见票时或者在指定日期无条件支付确定的金额给收款人或者持票人的票据。本案中,原告系票据的委托付款人,被告S市某丰公司系出票人,依照《中华人民共和国票据法》第21条规定,汇票的出票人必须与付款人具有真实的委托付款关系,并且具有支付汇票金额的可靠资金来源。原告与被告S市某丰公司双方之间系委托付款的法律关系。另外,双方签订的《银行承兑汇票承兑协议》约定,承兑人所垫付票款自付款之日起转作申请人逾期贷款。由于涉案承兑汇票未到期,原告尚未垫付票据款项,所以原告与被告S市某丰公司之间尚未转化成借款合同关系,仍然系票据关系。

(2)原告与被告H市某丰公司、被告某丰集团公司之间的担保关系

原告与被告H市某丰公司、被告某丰集团公司签订的《最高额保证合同》《最高额质押合同》系各方当事人的真实意思表示,内容没有违反法律和行政法规的强制性规定,上述合同依法成立,对各方当事人均具有法律约束力。根据《中华人民共和国担保法》和《中华人民共和国合同法》及相关司法解释,最高额保证合同是约定保证人、借贷人、贷款人三方权利、义务的协议。最高人民法院《关于适用〈中华人民共和国担保法〉若干问题解释》第23条规定,最高额保证合同的不特定债权确定后,保证人应该在最高债权限度内就一定期间内连续发生的债权余额承担保证责任。

虽然原告与担保人签订了《最高额质押合同》《最高额保证合同》,质押担保和保证担保的范围系涉案《银行承兑汇票承兑协议》项下的"债务本金"等项目,但由于原告与被告S市某丰公司双方之间仍旧系票据关系。因此,原告无权要求被告S市某丰公司支付罚息、费用,继而担保人也不承担对罚息、费用部分的连带责任。

2. 法院裁判的法律依据

本案中，法院认为 Z 银行股份有限公司 S 市分行与被告 S 市某丰公司在涉案《银行承兑汇票承兑协议》中约定“申请人发生诈骗及其他重大变更事宜，可能损害承兑人利益的……承兑人有权要求申请人提前交存票款”。对于上述“重大变更事宜”的外延范围，协议虽未予明确，但根据双方委托付款关系的性质及条款中“可能损害承兑人利益”的用语，运用目的解释及系统解释的方法，所谓“重大变更”显然是指发生出票人不能足额偿付汇票款项的风险之情形。根据本案查明事实，被告 S 市某丰公司目前涉诉多起巨额债务，能否于票据到期后偿付票款确有重大疑问，其如不及时交存票款，原告确有于支付票款后无法追索的重大现实风险。所以，法院支持了原告要求被告交存应付票据款的诉讼请求。对于本案，有以下几个问题值得思考。

(1) 本案是否属于合同约定的“重大变更事宜”

文字本身的含义或目的可能与理解者所理解的目的不一致。这就造成了法律的文义与理解者所阐释的目的不一致的情况。理解者的目的在不同的时期是多种多样的，但目的解释方法中的目的却不是任意确定的目的，它应当是法律价值（正义等）支配下的目的，而不能是任意的目的。

法院认为“重大变更事宜”的外延范围是指发生出票人不能足额偿付汇票款项的风险之情形。根据本案查明事实，被告 S 市某丰公司目前涉诉多起巨额债务属于重大变更事宜。本案查明的事实是基于原告从中国人民银行企业信用信息基础数据库中查询的信息显示，截至 2016 年 2 月 16 日，被告 S 市某丰公司名下所欠垫款余额 435,244,968.73 元、贷款余额126,962,637.50元、承兑汇票未结清金额 6000 万元、信用证余额49,201,148.15元。原告提交从 S 法院网上诉讼服务平台查询的信息显示，被告 S 市某丰公司涉及被诉的诉讼案件有 41 宗。

合同约定重大变更应当系指与签订合同前的情况有重大的不同，而从材料显示,涉案承兑汇票出票日期均为2015年3月9日,到期日期均为2016年3月9日。原告举证证明截至2016年2月16日被告S市某丰公司目前涉诉多起巨额债务。原告的证据只证明了被告的负债现状。如果在合同签订前,被告S市某丰公司名下已经欠下了上述垫款、贷款等,已经涉诉多宗,那么被告的情况就不属于出现了重大变更事宜。法院依据该合同条款作为依据,要求被告提前交存票据款欠妥。

本案原告的证据能证明合同签订前后,被告发生了重大变更事宜。法院结合查明被告有巨额债务及较多的涉诉案件的事实和订立合同时该条款在于保障承兑人收回票据款的目的,运用目的解释及系统解释的方法进行解释,系充分发挥了审判职能作用,积极地提供了司法服务。

(2)能否适用情势变更原则

由于现实生活中存在种种难以预测的市场因素的变动,经济上的商业风险无处不在,它往往与合同履行过程中的情势变更交织在一起,这就使正常的商业风险与情势变更的关系难以划清。

商业风险是指在商业活动中,由于各种不确定因素引起的、能够给商业主体带来损失的机会或可能性的一种客观经济现象。情势变更原则,是指合同有效成立后,因不可归责于双方当事人的事由发生重大变化而使合同的基础动摇或者丧失,若继续维持合同会显失公平,因此允许变更合同内容或解除合同的原则。物价的降浮,币值、汇率的涨落,企业的兴亡、市场的兴衰等都可能成为商业风险与情势变更的原因。因此,在合同履行过程中,引起商业风险的原因可能与引起情势变更的原因相同,但法律效果可能截然不同。如果被认定为商业风险,按照风险自负的原则,遭受损失的一方当事人应当自我承担;而被认定为情势变更,则意味着遭受损失的一方当事人可请求变更或解除合同,使风险由对方承担或双方分担。

最高人民法院《关于适用〈中华人民共和国合同法〉若干问题的解释(二)》第26条规定,合同成立以后客观情况发生了当事人在订立合同时无法预见的、非不可抗力造成的不属于商业风险的重大变化，继续履行合同对于一方当事人明显不公平或者不能实现合同目的，当事人请求人民法院变更或者解除合同的，人民法院应当根据公平原则，并结合案件的实际情况确定是否变更或者解除。本条款一般认为是我国民事司法实践中适用情势变更原则的基础性规定。

本案中，被告公司在履约前欠下巨额债务，影响了其还款的能力，这都是原告在合同订立时所不能预见的。如果法院没有运用目的解释及系统解释的方法进行对重大变更事宜的外延作出解释，该情况属于商业风险不能以情势变更为由解除或变更合同，承兑人得到票据额的权利就变得没有保障。

(3)能否使用不安抗辩权

《中华人民共和国合同法》第 68 条规定："应当先履行债务的当事人，有确切证据证明对方有下列情形之一的，可以中止履行：(一)经营状况严重恶化；(二)转移财产、抽逃资金，以逃避债务；(三)丧失商业信誉；(四)有丧失或者可能丧失履行债务能力的其他情形。当事人没有确切证据中止履行的，应当承担违约责任。"原告的证据能够证明被告有丧失或者可能丧失履行债务能力的情形，但原告行使不安抗辩权后却因为票据的无因性，导致原告无论如何都要向持票人承兑，中止合同无法降低其承兑后无法追回票款的风险。

票据的无因性是指，票据如果具备票据法的条件，票据权利就成立，票据权利的存在只依票据本身的文义为准。权利人享有票据权利只以持有票据为必要，一经签发，就产生了独立的债权债务关系，并与票据的原因相分离，即无论原因关系有效与否，对于票据权利的效力不发生影响。所以即使原告与被告中止了合同，对于持票人，原告仍须履行承兑的义务。

3. 对金融机构的风险防控的警示

随着社会经济持续较快发展，经济活动日益频繁，银行金融纠纷案件数量持续增长，且案件审理和执行难度不断增大。案件审结进入执行程序后被执行人无执行财产或隐匿、转移财产，导致法院执行难。

且近年来，不法分子的票据诈骗行为愈演愈烈，涉案金额甚为巨大，手段也越来越高明，链条非常复杂，严重扰乱了正常的金融市场秩序，破坏了经济运行的基础，给商业银行和企业造成了巨大的经济损失。因此采取有效措施防范票据纠纷发生，是商业银行面临的迫切任务。

第一，事前防范。在审批环节中严格把好客户资格准入关，防范信用风险是重中之重。部分商业银行认为银行承兑汇票是一种低风险业务，从而没有遵守信贷业务相关管理规定，放松警惕，加大了银行承兑汇票审批环节的风险，容易增加承兑垫款，形成不良资产。因此，银行在办理票据业务时必须全方位评估出票人，客观评价其还款能力和还款意愿，确保第一还款来源真实有效。这就要求银行在给客户批准银行承兑汇票额度之前，应该尽职调查，合同、发票、会计报表都有可能不真实，都有可能是虚构的、虚增的，不能被表面现象迷惑，要加强交易背景和业务需求真实性的审查，重点审查交易合同和发票的真实性，必要时可以调查其真实的交易流水，询问相关部门的员工，甚至可以走访上下游企业进行调查，确保企业的财务状况、经营成果、生产状况等信息的真实有效。如果没有真实的商品交易，那么商业银行就相当于在发放“信用贷款”，一旦企业出现困境，风险被转嫁给了银行。

第二，事中监督。在承兑汇票开出后定期对客户的还款能力进行评测，确保企业的财务状况没有恶化。

第三，事后清收。在发现客户经营状况恶化，有丧失或者可能丧失履行债务能力的其他情形应当及时要求客户提前交存票据款，或者向法院起诉要求依法处置担保财产。所以，金融机构应该在工作中履行事前严格审查、事中监督，事后及时清收，进而规避风险。金融机构与法院共同努力，一方面，可以帮助金融部门资金快速回笼；另一方面，也有利于维护辖区的金融秩序。

案例 20 商业保理中的债权债务关系

——评 S 市 A 商业保理公司与 S 市 B 公司、陈某、张某合同纠纷案

(一)案情介绍

2014 年 7 月 25 日,原告和被告 B 公司签订一份《保理业务合同》和一份《应收账款转让登记协议》。保理合同约定被告 B 公司向原告申请商业保理业务,保理融资额度 400 万元,期限一年,被告 B 公司转让给原告的应收账款债权为 2014 年 5 月 1 日至 2015 年 7 月 31 日被告 B 公司作为卖方对买方 C 公司、D 公司享有的所有应收账款。双方选择隐蔽性保理,即应收账款债权转让给原告后,暂不将转让的事实通知买家,如到期被告 B 公司不溢价回购,原告再将转让的事实通知买方。溢价回购金融为融资总额年化上浮 12%。如被告 B 公司逾期不溢价回购应收账款债权的或者有其他违约行为的,被告 B 公司应从保理融资期限届满次日起至完成应收账款溢价回购当日期间或者自违约之日起,按照应支付的应收账款溢价回购总额每日 1‰的标准向原告支付违约金。如被告 B 公司违约,逾期不溢价回购债权,则原告有权向买方(C 公司与 D 公司)追索,即向买方行使债权请求权和其他权利,要求买方对已转让给原告的应付账款清算;原告有权再向被告 B 公司追偿的款项包括但不限于保理融资金、溢价回购成本、违约金以及实现追偿权、追索权等的全部费用。原告为实现本合同项下的权益而产生的所有费用均由被告 B 公司承担并直接向原告支付。

上述应收账款质押于 2014 年 7 月 28 日在中国人民银行征信中心办理登记。转让财产描述为:“S 市 B 公司于 2014 年 1 月 1 日至 2015 年 3

月31 日期间对 C 公司、D 公司(买家)的所有应收账款。”

同日,被告陈某、张某向原告出具了《保理融资债务连带保证责任保证书》自愿对被告 B 公司向原告负有的应收账款债权回购等所有义务的履行提供连带保证。保证期间自主合同《保理业务合同》约定的被告 B 公司应支付的应收账款债权溢价回购金额的回购日期之日起满两年。合同签订后,原告分别于 2014 年 7 月 29 日、8 月 5 日、6 日向被告 B 公司转账支付保理融资款 100 万元、200 万元、100 万元。被告 B 公司于 2014 年 9 月 28 日、10 月 10 日、12 月 11 日向原告付款合计 400 万元。原告确认被告 B 公司已支付了该笔保理融资的应付款项。

2014 年 10 月 10 日,原告和被告 B 公司签订《补充协议(一)》约定,在主合同约定的保理融资期限内,以该补充协议生效之日为起点计算,每满 2 个月的对应日被告 B 公司应向原告全额溢价回购被告 B 公司所转让给原告的全部应收账款,每次溢价回购总金额为:400 万元 ×(1 + 2%)=4,080,000 元。若被告 B 公司不能履行该补充协议的约定,原告有权解除合同,以被告 B 公司监管账户中的回款作为溢价回购款,并有权以主合同约定的规定追究甲方(B 公司)的违约责任。同日,原告向被告 B 公司转账支付 400 万元保理融资款。被告 B 公司于 2014 年 12 月 12 日向原告付款 400 万元,原告确认被告 B 公司已支付了该笔保理融资的应付款项。

2014 年 12 月 12 日,原告再次向被告 B 公司转账支付 400 万元保理融资款。依照《补充协议(一)》的约定,被告 B 公司应于 2015 年 2 月 12 日全额溢价回购款项,但被告 B 公司未依约履行。

另查,2015 年 4 月 21 日,原告和广东某律师事务所签订一份《委托代理合同》约定,原告就本案决定聘请该律所提供法律服务,原告同意向该律所支付律师费 20 万元,在合同签订后 3 日内支付。原告并向法院提交了律师费发票一份。

(二)争议焦点

在买方未向原告支付应收账款的情况下,被告B公司未依约清偿保理融资款时违约责任的承担问题。

(三)法院观点

原告与被告B公司签订的《商业保理合同》及附件、《应收账款转让登记协议》,被告陈某、张某向原告出具的担保书均是双方当事人的真实意思表示,内容不违反法律及行政法规的效力性强制性规定,合法有效,双方当事人应全面诚实履行合同义务。在买方未向原告支付应收账款的情况下,被告B公司未依约清偿保理融资款,应承担相应的违约责任。原告请求被告B公司支付溢价回购款408万元,有合同依据,法院予以支持。合同约定的违约金计收标准过高,法院酌情调整为24%/年。原告主张超出法院认定部分,法院不予支持。

关于律师费。按照《委托代理合同》的约定,原告应于合同签订后3日内支付律师费。但原告仅提交了增值税普通发票,未提交相应的付款凭证,故法院不予支持,原告可待该笔费用实际产生后另行主张。

原告请求被告陈某、张某承担连带保证责任,符合合同约定和法律规定,法院予以支持。三被告经法院合法传唤未到庭参加诉讼,视为放弃相应的诉讼权利,应承担不利的法律后果。

(四)裁判结果

依照《中华人民共和国合同法》第8条、第107条、第114条,《中华人民共和国担保法》第18条、第21条,《中华人民共和国民事诉讼法》第64条第1款、第142条、第144条的规定,判决如下:

被告S市B公司应在本判决生效之日起10日内向原告S市A商业保理公司支付溢价回购款4,080,000元及违约金

(违约金以4,080,000元为本金,按照24%/年的标准,自2015年2月12日起计至实际履行之日止);被告陈某、张某对判项一确定的被告S市B公司的债务向原告S市A商业保理有限公司承担连带清偿责任;驳回原告S市A商业保理有限公司的其他诉讼请求。

(五)专家点评(刘博文　广东华商律师事务所合伙人律师)

本案虽然案情比较简单,法院的判决看似也中规中矩,以保理合同和连带保证合法有效为依据,按照借款纠纷的标准,调低违约金后,支持了原告请求履行合同的诉讼请求。由于被告未答辩,故本案涉及的很多问题,未列为争议焦点,但却是保理法律关系中常见且有争议的问题,详述如下。

1.保理的概念和基本法律关系

我国法律层面没有对保理定义,《商业银行保理业务管理暂行办法》(系部门规章,以下简称《银行保理办法》)和《关于审理前海蛇口自贸区内保理合同纠纷案件的裁判指引》中,对保理的定义类似,即保理的核心是:债权人将其现在(或未来)的应收账款转让给保理商,保理商在受让应收账款的前提下,为债权人提供如下应收账款催收、管理、坏账担保及融资等金融服务;且《银行保理办法》明确将应收账款质押排除在保理范围之外。

典型的保理业务的基础法律关系为:(1)应收账款的原债权人(以下简称债权人)与应收账款的债务人(以下简称债务人)签署产生应收账款的基础合同,多为买卖、租赁、服务合同。(2)债权人与保理商签署保理合同,将自己相应的应收账款转让给保理商,从而从保理商处获得保理融资款以及其他附加服务;此时,保理商成为基础合同的当事人,即应收账款的债权人,负有催讨应收账款的义务。(3)债权人和保理商发给债务人的应收账款转让通知书,债务人直接向保理商支付应收账款;保理商在实际收到全部应收账款后,会将保理余额退还给债权人。

典型的保理法律关系不同于一般借款关系,其还款来源是债务人支付应收账款,而非债权人直接归还保理融资款(因此,对于“隐蔽性保理”,在通知债务人之前或债务人通知有瑕疵的,可能被认定为借贷,容后详述);也不完全等同于债权转让关系,保理商接受债务人支付的应收账款,在扣除保理融资本息及相关费用后,应将余额返还债权人(但债权转让关系是保理关系成立的基础)。

典型的保理法律关系不同于一般借款关系,也不完全等同于债权转让关系。

2. 该判决的参考价值之一:认可了隐蔽性保理

(1)隐蔽性保理产生的原因、特点和争议点以及认可其存在的实益

本案的原被告选择了隐蔽性保理,又称“暗保理”,与公开性保理相对,其不将应收账款债权转让给原告的事实通知债权人,而是在被告不履行保理合同时再为通知。隐蔽性保理业务之所以产生,一部分是因为给大型企业供货的中小企业,不愿下游客户了解自身正在保理融资,或很难从大客户处获取应收账款转让回执;另一部分是因为一些大型企业,谈判能力很强,不愿意增添账款转让手续。

按照保理的定义,保理业务是以应收账款(债权)的转让为基础的;《中华人民共和国合同法》第80条规定“债权人转让权利的,应当通知债务人。未经通知,该转让对债务人不发生效力”。据此,有观点认为,隐蔽性保理不是保理,因为其构成保理关系的基础不存在;而如果不将其认定为保理,就有可能认定为借贷,那么,基于保理合同所发生的保理融资本息之外的“保理费用”将受到利息上限的规制,这不符合双方当事人的真实意思表示,也不利于资金流通,这是认可隐蔽性保理是保理的实益。

（2）认可隐蔽性保理的实践和理论依据

无论从理论上还是实践中，隐蔽性保理都应当被认定为保理关系，甚至是无瑕疵的保理关系。

鉴于本案的判决不但支持了年利率12%的保理融资本息，还支持了年利率24%的违约金，这已经超过了民间借贷所支持的24%的利息上限，故本案的价值之一在于，表明其认可了隐蔽性保理的存在，但也许是因为被告没有答辩，本案的判决并没有论述认可隐蔽性保理的原因。笔者认为，无论从理论上还是实践中，隐蔽性保理都应当被认定为保理关系，甚至是无瑕疵的保理关系，理由如下：

一方面，从实践来看，一般国内的保理商都会保留通知债务人应收账款转让的权利（如本案中即已约定），在保理期届满之后一段时间内，最迟在保理商起诉之前，应收账款转让一般已经有效地通知了债务人，隐蔽型保理已经转化为公开性保理业务。

另一方面，从理论上来讲，虽然"债权让与的客体为'债权'而非'物'，但具有相当于物权移转的法律结构"，[①]即债权让与是处分行为，保理合同是该处分行为的原因行为，只要该原因行为不存在《中华人民共和国合同法》第52条规定的无效情形，且债权不存在《中华人民共和国合同法》第79条规定的不可转让情形，那么，该处分行为作出即生效，而不依赖于任何人——包括债务人——的同意或知晓；只是为了保护债务人，赋予了债务人未经通知得对抗债权人的效力。因此，以未通知债务人从而使得隐蔽性保理的基础关系——债权让与关系——不存在而否定隐蔽性保理的观点，从理论上讲是站不住脚的。

在本案中，原告未提供被告盖章的《应收账款转让通知书》以及债务人确认的《通知书回执》，也就是说，对于"通知债务人债权转移"这一事实的证明，至少从判决来看，原告提供的证据

① 王泽鉴：《民法概要》（第2版），北京大学出版社2011年版，第228页。

是不足的。但或许法官通过庭审，确定了被告已经通知债权转移的事实，或许法官认为，只有通知债权转移，才构成保理，判决的“本院认为”部分的表述为“‘在买方未向原告支付应收账款的情况下’，被告应依约清偿保理融资款”，其实前述债权转让的理论分析，笔者认为，无论原被告是否为通知行为，本案都应属于保理，而不是借贷，且S市某新区法院已有判例，认定未经债权通知，也属于保理合同关系。[①]

(3)隐蔽性保理的风险

虽然隐蔽性保理是保理，保理人依据保理合同请求债权人履行回购义务并无异议，但也存在风险，主要风险包括：

其一，无法对抗诉讼执行。如果债权人在其他案件中作为债务人涉诉，法院在执行中有权直接向债务人发送《协助执行通知书》，要求债务人对第三人履行，在此种情况下若债权人没有提供其他充足的增信措施，那该笔保理业务将发生损失。

其二，无法对抗债务人的善意履行。如果在债权转让通知前债权人已经基于基础合同关系履行了给付义务，且并未将款项汇入债权人与保理人约定的监管账户，保理商不能据此向债务人主张赔偿。

其三，无法识别债权真实性和质量。在当前经济形势下，应收账款是否真实合法也是保理商需要承担的风险。隐蔽型保理在这一问题尤其突出。

(4)适用隐蔽性保理时，对保理商的建议

第一，及时将“暗保理”转为“明保理”。一旦发现债权人资信状况出现问题或者应收账款回款异常，马上向债务人送达债权人盖章的《应收账款转让通知书》，并尽快启动救济程序。需要特别注意的问题是：

---

① (2015)深前法商初字第15号。此外，主张未经债权转让通知，不构成保理的，多会以(2014)锡商终字第0306号案件为判例依据，但仔细区分可以发现，0306号案件并没有直接否定保理的效力，只是因为案件涉及债务人，但保理人的债权通知有瑕疵，故法院判决债务人无须依据转让通知还款。

债权转让通知的通知主体必须是原债权人,而不能是保理商。

根据债权让与法理,以及《审判监督指导》列明的裁判规则,债权转让通知的通知主体必须是原债权人,而不能是保理商。因此,保理商一定要在签订《保理合同》时就要求债权人提供其盖章的《应收账款转让通知书》,且该通知(1)必须对转让的应收账款予以明确列明,如说明涉及的合同号、所转让债权的具体金额等;(2)明确告知债务人保理合同已成立并生效的事实;(3)明确告知债务人的特定账户是保理融资收款账户的事实,否则可能被认定为债权未发生转移。[①]

虽然根据2017年新修订的《应收账款质押登记办法》,明确规定应收账款的转让登记可以参照质押登记办理,但由于合同法明确规定债权转让对债务人发生法律效力的前提是通知,且不同于物权变更登记,应收账款转让登记并非强制性规定,故即使债权转让进行了登记,也不能免除合同法确定的债权转让通知义务,这《审判监督指导》一书也将其列为一条明确的裁判规则。

第二,将保理账户信托。债务人将款项汇入保理账户后,如果遇到债权人的账户被采取保全措施或者债权人破产,该账户的资金是否仍属于保理上,实践中操作不一。为了避免这一现象,可以将保理账户设立为以保理上作为信托委托人和受益人,债权人作为信托受托人,利用信托财产独立性,将保理账户独立于债务人,以保障保理商的权利。

3. 该判决的参考价值之二:认可未来债权可以申请保理

未来债权属于应收账款并可以予以转让,这在法理和规范层面应无疑义:首先,《应收账款质押登记办法》第2条明确规

① (2012)沪二中民六(商)终字第148号判决书,即以此认定即使债务人确认收到债权转让通知,也不能从该通知推定出债权人履行了系争保理合同项下债权转让的通知义务。该案入选《审判监督指导》一书。

定,应收账款包括"现有的和未来的金钱债权";其次,全国人大法工委在《物权法释义》中,将未来债权作为应收账款的一种,可以进行质押,且明确权利质权的标的"必须具有让与性",故推导出未来债权亦可以转让。因此,从理论上来讲,未来应收账款应当可以申请保理,[①]但《银行保理暂行办法》为了防范金融交易风险,禁止商业银行基于未来应收账款开展保理融资业务,对于保理商则没有法律规定。

本案签订《保理合同》的时间是2014年7月25日,而其约定转让的债权则是2014年5月1日至2015年7月31日,即属于以未来应收账款申请保理,因此,本案的判决的第二大重要参考价值在于,其表明法院认可非银行保理机构以未来应收账款作为基础,开展保理业务。

法院认可非银行保理机构以未来应收账款作为基础,开展保理业务。

4. 管辖法院的确定

保理合同纠纷管辖法院如何确定,也是实务中存在争议的问题。《关于审理前海蛇口自贸区内保理合同纠纷案件的裁判指引(试行)》第4条至第6条分别规定了仅起诉债权人、[②]仅起诉债务人,[③]以及同时起诉债权人和债务人时[④]的诉讼管辖,该规定与《天津市高级人民法院关于审理保理合同纠纷案件若干

① 根据《银行保理暂行办法》第13条第2款规定,未来应收账款是指合同项下卖方义务未履行完毕的预期应收账款。

② 第4条:"因保理合同的签订、履行等发生纠纷,保理商仅起诉债权人的,合同有约定且不违反法律规定的,从其约定;合同没有约定的,依照《中华人民共和国民事诉讼法》的相关规定确定管辖。"

③ 第5条:"因应收账款给付发生纠纷,保理商仅起诉债务人的,按以下原则确定管辖:(一)基础合同有约定的,按照其约定确定管辖,但转让协议另有约定且债务人同意的除外;(二)债务人对应收账款转让通知书中变更原约定管辖的要求予以确认的,按变更后的管辖约定确定管辖法院;(三)基础合同中无管辖约定或者约定不明的,依照《中华人民共和国民事诉讼法》的相关规定确定管辖。"

④ 第6条:"保理商将债权人、债务人作为共同被告,根据保理合同约定向有管辖权的人民法院起诉后,债务人提起管辖权异议的,不予支持。"

问题的审判委员会纪要(一)》第5条关于“管辖的确定”的规定不一致。[①] 从本案的判决中来看,无从得知为什么S市F区法院会受理该案,因为本案的原告注册地在S市N区,被告的住所地在S市B区。笔者推测,其应当是根据保理合同的约定确定管辖。

5. 支持律师费的事实依据

本判决还涉及一个小点,即表明法院在合同情况下会支持律师费。从判决的“经审理查明”部分,不能得出双方明确约定了律师费的结论,因为判决的表述是“原告有权再向被告追偿的款项包括但不限于保理融资金、溢价回购成本、违约金以及实现追偿权、追索权等全部费用”;而法院虽然最终没有支持律师费,但理由是原告仅提供了与律所签订的《委托代理合同》以及律所发票,未提供转账流水。如果不是判决对《保理合同》约定的引述不全面的话,或许可以得出:法院是否支持律师费,不在于“律师费”三个字是否出现在协议中,更重要的是当事人有无实际支付。当然,建议当事人还是尽可能在协议中明确约定律师费,以增加得到法院支持的可能性。

6. 本案原告起诉债权人的优劣分析,兼论保理纠纷中的诉讼思路选择问题

本案中,保理商采取的是依保理合同请求债权人及保理合同担保人承担清偿责任的诉讼思路。该诉讼思路的优点在于:其一,法律关系简单,争议较少,如关于隐蔽性保理,债务人是否认可其付款义务,债权转让通知是否有瑕疵等问题,均未发生争议。其二,保理合同是保理商与债权人签订的,一般较为严谨,对方产生抗辩权的可能性相对较低,诉请

① 《天津市高级人民法院关于审理保理合同纠纷案件若干问题的审判委员会纪要(一)》第5条规定保理商向债权人和债务人或者仅向债务人主张权利时,应当依据《民事诉讼法》的有关规定,结合基础合同中有关管辖的约定确定管辖。保理商和债权人仅因保理合同的签订、履行等发生纠纷,按照保理合同的约定确定管辖。保理合同中无管辖约定或者约定不明确的,应当由被告住所地或者保理合同履行地法院管辖,保理融资款的发放地为保理合同的履行地。保理商向债权人、债务人及担保人一并主张权利的,应当根据债权人与债务人之间的基础合同确定管辖。保理商、债权人与债务人另有管辖约定的,按照其约定确定管辖。

被支持的可能性较大。其三，由于保理融资款加上相关费用后的数额一般要小于应收账款，故诉讼成本较低。

该诉讼思路最大的缺陷在于：当债权人是中小企业时，其偿债能力较弱，即使胜诉，最终实现利益的难度较大。

还有一种思路是，保理商同时根据基础合同与保理合同，请求债权人及债务人一并承担清偿责任。此方案的优点是对方当事人的范围较大，债务人资信一般高于债权人，一旦诉请得到支持，承担责任的主体较多，实体权利较为容易实现。但缺点也非常明显，包括：基础合同中条文的法律风险、基础合同履行情况的法律风险、管辖的争议（根据前海保理裁判指引则不存在该风险）、诉讼程序复杂、强制执行中的问题，如执行回款中往往包括存在违约金和迟延履行利息，如保理合同中对此无具体约定，保理商与债权人往往要通过进一步协商来划分具体权益归属，容易产生纠纷。

图书在版编目(CIP)数据

金融创新：问题分析与纠纷解决思维／余智晟主编；深圳市福田区法学会编. --北京：法律出版社，2018
(法治实践前沿丛书)
ISBN 978-7-5197-2000-1

Ⅰ.①金… Ⅱ.①余… ②深… Ⅲ.①金融－经济纠纷－案例－深圳 Ⅳ.①D927.653.228.05

中国版本图书馆CIP数据核字(2018)第029343号

金融创新:问题分析与纠纷解决思维
JINRONG CHUANGXIN: WENTI FENXI YU JIUFEN JIEJUE SIWEI

余智晟 主编
深圳市福田区法学会 编

策划编辑 陈 妮
责任编辑 陈 妮
装帧设计 马 帅

出版 法律出版社
总发行 中国法律图书有限公司
经销 新华书店
印刷 固安华明印业有限公司
责任校对 马 丽
责任印制 吕亚莉

编辑统筹 财经出版分社
开本 710毫米×1000毫米 1/16
印张 17.25
字数 230千
版本 2018年2月第1版
印次 2018年2月第1次印刷

法律出版社／北京市丰台区莲花池西里7号(100073)
网址／www.lawpress.com.cn
投稿邮箱／info@lawpress.com.cn
举报维权邮箱／jbwq@lawpress.com.cn
销售热线／010-63939792
咨询电话／010-63939796

中国法律图书有限公司／北京市丰台区莲花池西里7号(100073)
全国各地中法图分、子公司销售电话：
统一销售客服／400-660-6393
第一法律书店／010-63939781/9782 西安分公司／029-85330678 重庆分公司／023-67453036
上海分公司／021-62071639/1636 深圳分公司／0755-83072995

书号:ISBN 978-7-5197-2000-1
定价:60.00元
(如有缺页或倒装,中国法律图书有限公司负责退换)